緒　言

税務会計研究学会第34回全国大会は、2022年11月18日（金）から20日（日）（研究大会は19日と20日の両日）にかけて、横浜国立大学常盤台キャンパスにて開催された。当学会誌第34号には、この全国大会において報告され、討論された研究成果が収録されている。具体的には、統一論題報告及び座長による解題、シンポジウムの内容とともに、特別委員会の研究報告のうち一つの中間報告及び査読を通過した自由論題報告に係る論文、そして研究活動に資すると考えられる資料・文献が含まれている。一つの特別委員会が行った最終報告については、その研究成果が書籍として公刊されることが予定されているため、収録されていない。

第34号における重要な変更は、自由論題報告に係る論文について査読制度を導入したことである。査読制度の導入に際しては、理事会において何年にもわたって議論が行われ、税務会計の研究の質を高め、研究者の活動・研究成果が社会的に認識されることで、税務会計研究の発展に寄与するために、また税務会計研究を支える研究者の裾野を拡げるためにも、査読が必要であるとの認識が共有された。それを受け、2020年10月開催の総会にて査読制度についての議論の機会が設けられ、2021年11月開催の総会にて翌年度から導入することが報告された。学会誌等編集委員会規則及び学会誌投稿規程、学会誌査読規程が整備された上で、今年度より査読制度が導入された。

今回、研究大会での自由論題報告すべてについて、その論文が学会誌へ投稿されたわけではない。投稿規程により大会での報告が投稿への条件となっているが、当該年度の大会に限定されてはいない。今後、より多くの会員が大会にて研究成果を報告し、学会誌に投稿されることを大いに期待したい。

なお学会の活動内容に該当する大会記並びに大会でのすべての報告の要約、加えて会則や上述の規則等は、新たに発行される税務会計研究学会会報に所収されることとなった。

末筆ながら、招待論文として統一論題報告や特別委員会報告の論文を提出していただいた方々に感謝申し上げるとともに、論文を投稿された方々に敬意を表したい。そして無償で査読をお引き受けいただいた方々には、その懇切丁寧なご指摘やご助言、コメント等により掲載論文がより充実したものとなったことに心から感謝申し上げたい。また第34号の刊行が、学会誌等編集委員会の方々及び編集事務を担当していただいた第一法規株式会社の方々のご尽力によることに、お礼申し上げる。

2023年 7 月31日

税務会計研究学会　学会誌等編集委員会

委員長　齋藤真哉

統一論題報告――コロナ禍で生じた税務会計の諸問題――

規模別税制
――コロナ禍における中小法人の画定基準に関する一考察――

青山学院大学
小　林　裕　明

はじめに――コロナ禍における減資の実態及び問題意識

近年、コロナ禍を背景に、大法人が減資し中小法人化する事例がみられる。東京商工リサーチの「『減資企業』動向調査」[(1)]によれば、国内企業約262万社のうち、2020年度に減資した企業は3,321社（2019年度2,448社）にのぼり、そのうち資本金１億円超から１億円以下に減資した企業は997社（2019年度715社、前年比39.4％増）にのぼるという。この中には、グリーやカッパ・クリエイトなど東証一部上場企業が含まれるほか、JTB（21年３月）、スカイマーク（20年12月）、毎日新聞（21年３月）等の著名企業も減資している。2021年度には、さらに４割程度増加し、約1,400社にのぼるとする推計もある[(2)]。

減資を行った企業のうち、売上高100億円以上の割合は129社、12.9％（20年度は126社、17.6％）にのぼり、相当の事業規模の企業が中小法人化する事例がみられる。また損益の状況では、38.6％の法人が当期利益ベースで赤字であり、20年度の27.9％から急増していることから、コロナによる業績の悪化が減資に踏み切る一因となったものと推察される。このような大法人の中小法人化が進む背景として、コロナ禍で経営が厳しい企業が、中小法人を対象とする税

（１）　2021年６月９日公開（https://www.tsr-net.co.jp/news/analysis/20210609_01.html）。
（２）　東京商工リサーチ「2021年度上半期『減資企業』動向調査」（2021年11月12日公開、https://www.tsr-net.co.jp/news/analysis/20211112_01.html）。

制の恩典を受けることを目的として減資を行う実態が浮かび上がる。

本稿では、こうしたコロナ禍における企業の動向を踏まえ、法人の規模に着目した課税上の取扱いについて、主に中小企業庁が主導する「中小企業税制」をとり上げ、その目的及び内容に言及しながら、大法人と中小法人を画定する規模別基準について、特に資本金基準に焦点を当てて検討を行う。現行の法規制は、税法以外の法律でも資本金を基準とするものが多く、諸外国の取扱いを参考としつつ資本金基準を採用する趣旨と規模別基準のあり方についても考察を加える。

Ⅰ　わが国の中小法人税制の特徴と画定基準

1　中小法人に対する政策目的の変化

課税公平主義の下で規模別に税の取扱いに差異を設けるのは、特に中小法人に対する税制の観点から政策的配慮を設ける必要性を認めたところにあると考える。中小法人は、経営規模が小さく、大法人と比して価格交渉力や資金調達力が脆弱でその存立基盤の安定性を欠くことから、政策的な支援が必要な存在と位置づけることが可能となる。

中小法人を対象とする政策的支援を理解するために、中小企業基本法が掲げる基本理念が参考となる。同法は、昭和38（1963）年に制定され、「中小企業構造の高度化」（平成12年改正前の同法３四）、すなわち「特に中小企業の規模の過小性に着目して、中小企業者が生産性及び取引条件を最も効率的に向上することができるようにその基盤を整備」（中企庁（2000）３頁）[3]することを政策方針としていた。ここでは中小企業は相対的に経済的弱者と位置づけられ、大企業との間の、生産性や賃金水準等の競争上の格差を是正していくことを目標としていた（中企庁（2000）３-４頁）。

中小企業基本法は、わが国の経済の成熟化や産業構造の変化等の経済環境の変化を踏まえて、平成12（2000）年に改正された。改正法は中小企業に対し、

（３）　なお、具体的政策目標として、「中小企業の規模の適正化、事業の共同化、事業の転換及び小売商業における経営形態の近代化」をあげる（旧法３四）。

ア新たな産業を創出し、イ就業の機会を増大し、ウ市場における競争を促進し、エ地域における経済を活性化する存在と位置づけ、中小企業の「多様で活力のある成長発展」を政策理念としている（同法3）。そして、その理念を実現する政策目標として、①経営の革新及び創業の促進、②経営基盤の強化（経営資源確保の円滑化）、③経済的社会的環境の変化に対する適応の円滑化、④資金供給の円滑化及び自己資本の充実を挙げている（同法5）。

これらの政策方針からは、中小企業を一律に経済的弱者と位置づけるのではなく、イノベーションの担い手、雇用の受け皿、地域経済発展の担い手として期待し、その持続的な成長を後押しするような態度に改められている。近年の「中小企業税制」は、大局的にはこの方針に沿って整備が進められていると考えられる（中企庁（2000）113-114頁）。

2　中小法人税制の政策目的に応じた分類

中小法人を対象とする税制の内容は、前述した中小法人に対する政策的支援のあり方を踏まえて、次の五つの目的の観点から分類できると考える。[4]

第一に、中小法人の担税力の低さに配慮し、税負担を軽減し変動を抑制する措置である。この分類には、中小法人に対する軽減税率の適用（法法66②、措法42の3の2①）、欠損金繰越控除の控除割合（法法57①⑪）、欠損金の繰戻還付の適用（法法80①、措法66の12）があげられる。これらは担税力に配意し、納税額を平準化・安定化する措置である。

第二に、中小法人の経営資源の確保を円滑にし、経営基盤を強化する措置である。この分類には、中小企業経営強化税制（措法42の12の4）、中小企業投資促進税制（措法42の6）、中小企業向け所得拡大促進税制（賃上げ税制、措法42の12の5②）が当てはまる。これらは、生産性や収益性を向上する設備投資又は給与の増額を行ったときに、特別償却又は税額控除を認める制度であ

（4）　以下の記述は、中小企業庁発行の「中小企業税制〈令和3年度版〉」を参照しており、中小法人を対象とする税制の中に、「中小企業税制」が含まれるものとしている。

る。つまり、特別の割増（即時）償却又は税額控除を通じて、生産性等の高い設備の導入・更新あるいは人材の確保を支援する趣旨がある。

第三に、経営の革新を促進し、成長を拡大するための投資を後押しする措置である。この分類の中には、研究開発税制（措法42の４）、オープンイノベーション促進税制（措法66の13）が当てはまる。経営革新に対する支援は、必ずしも中小企業固有の政策目的ではなく、対象は大企業にも及ぶが、経営資源を確保する能力が弱い点に鑑み、中小企業に対しては適用基準を緩和し、あるいは控除率等を優遇する配慮がなされている。

第四に、納税のための事務コストを軽減し、簡素な計算方法や申告手続を認める制度である。貸倒引当金の法定繰入率の適用（措法57の９、措令33の７）や少額減価償却資産の特例（30万円未満、措法67の５、措令39の28）が該当する。

第五に、公共政策や産業政策目的に基づく政策税制がある。これらには、公共的な投資に関する税制（地域未来投資促進税制（措法42の11の２）、中小企業防災投資促進税制（措法44の２））や、個別の産業政策目的の税制（DX投資促進税制（措法42の12の７①②）、カーボンニュートラル投資促進税制（措法42の12の７③）等）が設けられている。

なお、ここでは少数株主が固定的、持続的に株式を保有する閉鎖会社に対する税制、すなわち同族会社の行為計算否認（法法132①）や特定同族会社に対する留保金課税（法法67①）は、少数の同族株主による専断的行為を規制するもので、中小法人税制とは趣旨を異にするものと理解される。もっとも、特定同族会社の留保金課税において、中小法人の資本調達の困難性と財務基盤の強化（財務省（2007）334頁）に鑑みて、平成19（2007）年度に資本金１億円以下の法人を適用対象から除外する改正がなされた例もあり、閉鎖会社規制の中にも中小法人に配慮した例がみられることに注意が必要である。

3　税法上の中小法人を区分する基準

中小法人を画定する基準は、税法上、「中小法人等」と「中小企業者」の基準が存在する。中小法人は、普通法人のうち資本金（出資金）が１億円以下のもの、又は資本（出資）を有しないもの[5]（法法57⑪）と定義されており、これらから大法人（資本金５億円以上の法人、相互会社、受託法人）の完全支配子会社（法法66⑤二）と複数の大法人に完全支配されている法人（法法66⑤三）等が除かれる。

一方、中小企業者は、資本金（出資金）が１億円以下の法人のうち、次のアからウ等の法人以外の法人、又は資本（出資）を有しない法人のうち常時使用従業員数が千人以下のものをいう（措法42の４⑲七、措令27の４㉕、なお後述する適用除外事業者を除く[6]）。

ア　発行済株式総数の２分の１以上が同一の大規模法人[7]の所有に属する法人

イ　発行済株式総数の３分の２以上が複数の大規模法人の所有に属する法人

ウ　ア、イの法人を他の通算法人とする通算法人

これらの中小法人を対象とする税制は、「資本金１億円」という基準が適用の柱となり、そこから大法人グループの関係会社を除外する構成をとっている。法人税法において資本金基準が用いられたのは、昭和41（1966）年改正で、資本金１億円超の法人に対し軽減税率を不適用とする措置が講じられたときとされる（武田（1985）17頁）。このときの改正は、軽減税率が適用される所得金額の上限が段階的に引き上げられ対象が拡大していたところ、「中小法人の負担軽減を目的」とする制度趣旨に立ち返り、適用対象を中小法人に限定したとされる（大蔵省（1966）58頁（武田昌輔稿））。

以後、資本金基準は、会社の規模を表す基準として、法人税法や租税特別措置法において適用が拡大された。資本金は、特に中小閉鎖会社においては、増

（５）　保険業法に規定する相互会社、投資法人、特定目的会社、受託法人が除かれる（法法57⑪一イ、法法66⑤一、四乃至六）。

（６）　ただし、中小企業者の適用範囲は、租税特別措置法の中でも制度によって微妙に異なる。金子（2020）59頁図表３に対象ごとの分類が整理されている。

（７）　資本金の額が１億円超の法人、又は資本を有しない法人のうち常時使用従業員数が千人超の法人、若しくは大法人等と完全支配関係がある法人をいう（措令27の４㉕）。

減資による変動が少なく簡明なため、他の多くの法制度[(8)]においても適用基準として使われている。また、旧来からの価値観によれば、資本金額はいわば会社の格を表すという観念が根強く、減資は会社規模の縮小に直結するという感触を抱かせる。一方で、資本金額が必ずしも会社の規模を反映するものではないとする批判も旧来より存在しており、資本金額のみをもって一律に租税優遇措置の適用・不適用を画定する制度には疑問が呈されていた。

4　会計検査院からの指摘及び税制改正による対応

会計検査院は、中小企業者に対する各種租税特別措置について適用状況を検証し、「大企業の平均所得を超えるなど多額の所得を得ていて財務状況が脆弱とは認められない中小企業者が、中小企業に適用される特別措置の適用を受けている」実態を指摘した。そして、「地域経済の柱となり雇用の大半を担っている財務状況が脆弱な中小企業者を支援するという当該特別措置の趣旨に照らして有効かつ公平に機能しているかの検証を踏まえ、中小企業者に適用される特別措置の適用範囲について検討するなどの措置を講ずる[(9)]」ように意見表示した。

この意見を踏まえ、平成24（2012）年度の税制改正大綱において「企業の予測可能性にも留意しつつ、所得金額のみならず、各種指標による中小企業者の定義づけの可能性を含めて、そのあり方を引き続き検討する[(10)]」こととされた[(11)]。以降、この方針は税制改正大綱に連年提示されている。平成26（2014）年には「中小法人に対する優遇措置の趣旨に鑑みれば、真に支援が必要な企業に対象

(8)　制度対象を定める場合（下請代金支払遅延等防止法2⑦⑧⑨、中小企業投資育成株式会社法5①）や業法の最低出資額（信用金庫法5）を定める場合に資本金が用いられる。
(9)　会計検査院「中小企業者に適用される租税特別措置について」2010年10月26日。なお、同日付で法人税法の軽減税率についても同旨の意見表示がなされている。
(10)　政府税制調査会「平成24年度税制改正大綱」（2011年12月10日閣議決定）82頁。
(11)　なお、この方針の前にも、平成22年及び23年改正において、大法人による直接又は間接の完全支配関係を有する子法人に対する特例の不適用が措置された（法法66⑥）。

を絞り込むべき[12]」との指摘があり、翌年には「資本金１億円以下を中小法人として一律に扱い、同一の制度を適用していることの妥当性について、検討を行う。[13]」として、資本金基準の見直しを示唆した。

見直しの方針を踏まえ、租税特別措置法の「中小企業者」の範囲が順次改正され、平成29（2017）年改正において、一定の所得規模を超える事業者が「適用除外事業者」とされた（措法42の４⑧六の二、現42の４⑲八）。この改正の趣旨は、「中小企業向けの租税特別措置については、特定の政策目的を推進する観点から、財務状況の脆弱な中小企業に対して、特別に支援を行うものであるという点に鑑み、大法人並みの所得を超えて得ている中小企業を適用の対象外とする」（財務省（2017）533頁）と説明されている。

適用除外事業者は、事業年度開始前３事業年度の平均所得金額が（一定の調整計算後）15億円を超えるものとされる。この金額は、「資本金１億円超の大法人のうち利益法人の10年間の平均所得金額」（財務省（2017）533-534頁）を根拠に設定された。この改正は、中小企業者向けの特例措置全般に一律に適用されるのではなく、各特例制度の適用期限が到来し制度が延長される都度、順次個別に改正が行われている。また、中小法人税制の中でも交際費等（800万円控除）や欠損金繰戻還付の容認措置は、中小企業の経営安定化に配慮（財務省（2017）534頁）して適用対象を限定しないなど、一律に適用除外が措置されるものではない。

5　外形標準課税における免税基準

このような法改正の動向にかかわらず、法人事業税の外形標準課税（付加価値割、資本割）は依然として資本金のみを課税対象外の基準とする。法人事業税の外形標準課税は、平成15（2003）年に成立し翌年４月から施行された。税調の中期答申（2000年[14]）は、外形標準課税導入の意義として、事業活動の規模

（12）　政府税制調査会「法人税の改革について」2014年６月７頁。
（13）　与党「平成27年度税制改正大綱」（2014年12月30日）５頁。
（14）　税制調査会中期答申「わが国税制の現状と課題－21世紀に向けた国民の参加と選

に応じた応益課税、変動の少ない安定的な財源という性格（204-206頁）をあげている。かかる視点から付加価値[(15)]（利潤、給与総額、支払利子、賃借料の総和）及び資本金等[(16)]を課税標準とする税が創設された。外形標準課税は、立法時に応益課税の性格を明確にしながら、同時に中小法人の税負担に対する配慮を行った[(17)]結果、導入当初から資本金１億円基準が採用され、基準以下の中小法人は所得割のみの負担となっている（地法72の２①一ロ）。この取扱いは現在も継続している。

外形標準課税は、所得割に加え外形標準（付加価値割、資本割）に対する負担を求めている（地法72の２①一）。導入当初は事業税総額のうち所得割を４分の３とし、残りを外形標準とする構成割合であったが、平成27（2015）年に、段階的に所得割の税率を引き下げ、付加価値割、資本割の税率を引き上げる改正が行われ、平成28年度以降外形標準部分が総額のおよそ８分の５を占めることとなった（財務省（2016）914頁）。

Ⅱ　会社法の規制及び諸外国の規模別基準

１　資本金及び減資に関する商法・会社法規制の沿革

昭和13（1938）年改正商法において、資本金額と一株の金額が定款で定められ、資本金額と株金総額は一致していた。資本金額を変更する際には定款変更が求められ、資本金は変動しないものとされた。昭和25（1950）年に授権資本制度が採用され、額面株式は原則、発行価額全額を資本に組入れるが額面超過額は払込剰余金とすることが容認され、無額面株式は発行価額の４分の１を超

択」2000年７月。

(15)　中期答申では、「事業活動価値」と仮称され、「生産要素である労働、資本財及び土地等への対価として支払われたものが当該価値を構成する」ものとされた（206-207頁）。

(16)　各事業年度終了の日における資本（出資）金等（法法２十六）又は連結個別資本金等（法法２十七の二）の金額の合計額である（地法72の21①）。

(17)　「税制の中立性を確保する観点からも、中小法人であることを理由とした特別な取扱いは適当でな」いとの意見（地方法人課税小委員会報告四２.(1)）が覆され、中小法人の「担税力に配慮することが適当」（中期答申214頁）とされた。

えない額を払込剰余金とすることが許容された（昭和56年改正前商法284の２①)。この時点で、株式発行価額と資本金額とが一致しないことが容認された。[18]

昭和56（1981）年改正では、設立時の発行価額は１株当たり５万円を超えることとし、設立後は株式発行価額の２分の１を超えない範囲で資本金に組入れない（ただし、額面株式は額面、無額面株式は５万円は必ず資本金に組入れる）こととされた。株金総額が資本の最低限度を画する意味はあるが、発行価額と資本金額との乖離がさらに進んだ。

平成２（1990）年に株式会社1,000万円（平成17年改正前商法168の４）、有限会社300万円（有限会社法９）[19]とする最低資本金制度が導入された。これは、設立時の最低出資額の下限を画するとともに、資本金として維持すべき最低限を表示する機能を有すると説明される（江頭ほか（2008）364頁［河野・古澤稿］)。この制度は、起業の支障になるとして、新事業創出促進法（平成15（2003）年）の改正により、経産省の確認を受けた個人が設立する株式会社、有限会社は５年間不適用とされた。[20]

平成13（2001）年改正において額面株式制度が廃止されたことにより、株金額の概念が消失し、設立時を除き株式の最低発行価額の制限がなくなった。資本金額は最低額1,000万円を下回らない範囲であれば、株式の併合や消却による株式数の減少を伴わず、計数のみを形式的に切り下げることが可能となったことから、株式と資本の関係が「徹底して切断された」（山下（2020）140頁）と評されている。

---

(18)　新株発行を伴わない準備金の資本組入（旧商法293の３①）や償還株式の制度(旧商法222①）の導入も加わり、資本と株式の関係が制度上切断されたとされる(竹中（1983）317頁)。

(19)　有限会社は、昭和13（1938）年の立法時に１万円、昭和26（1951）年に10万円の最低資本金が定められていた（稲葉（2010）239頁)。

(20)　この改正をもって、「資本金の額と大小会社区分とを分断する動きの端緒となった」との見解がみられる（中東（2010）10頁)。

2　会社法における規制及び資本金額の形骸化

会社法は、最低資本金を廃止するとともに、その他の資本剰余金の分配財源への算入や配当の回数制限を撤廃し分配規制の弾力化を図った。資本金については、分配可能額への不算入や減少時の厳格な手続規制（株主総会特別決議（会社法309②九）、債権者異議手続（449））を維持したが、金額はゼロまで切下げ可能（447②）となり、債権者保護のために会社が最低限度維持すべき財産額(21)という象徴的な意義を失った。

さらに、株式発行と同時に資本金の額を減少する場合、当該行為の効力発生日前の資本金額を下回らなければ取締役会決議のみで足りる（447③）とする。これは増加する株主資本の総額が計上されれば、その内訳は単なる計数の構成の問題であるとして、総会決議すら不要とする取扱いが容認されている。この制度を使えば、株式発行による多額の資金調達を行いながら、資本金額を増資前と同額に切り下げることが役会決議のみで可能となる。最近では、上場会社が多額の新株を発行しながらも資本金額を従前の１億円に留めている例(22)があり、株式払込金額の２分の１以上の資本金組入れを強制する規定（445①②）を形骸化している。

会社法において資本金は、「単なる計算書類上の計数」として割り切られ、その変更は一定の手続さえ踏めば、「特段の事情がなくても行うことができる」（相沢ほか（2006）536頁）ものと整理された。資本金額の減少についても、株式の消却・併合あるいは金銭による払戻しとは無関係(23)とされ、会社財産の実質的変動を伴わない、単なる資本構成の変化と位置づけられている。

---

(21)　なお、純資産額が300万円を下回る場合の配当制限が置かれ（会社法458）、会社債権者保護の観点から一定の純資産の確保を要請している（江頭（2021）39頁）。

(22)　スカイマーク㈱は、2020年12月に資本金約90億円を１億円に減資したが、翌年に約20億円の増資と同時に、同額の資本金及び資本準備金をその他資本剰余金に振替える取締役会決議を行っている（2021年８月26日発表、https://www.skymark.co.jp/press_2021）。

(23)　自己株式の消却（会社法178）又は株式の併合（会社法180）によって株式数は減少するが資本金額は変更されない。旧商法下と同様の払戻しを伴う実質上の減資を行う場合、資本金の減少と剰余金の配当を並行して行うこととなる（相沢ほか（2006）539頁）。

3　諸外国における規模別基準とわが国との比較

(1)　EU

EU では、中小零細法人を画定する基準として、2003年５月６日付委員会勧告[(24)]が示す定義が使われる。勧告は、「従業員数250人以下、かつ年間売上高5,000万ユーロ以下・総資産額4,300万ユーロ以下の両方又はいずれか一方」を中堅企業（medium-sized enterprises）とする基準を示している（Article 2-1）。この基準となる数値は、独立企業（autonomous enterprise）を想定しており、パートナー企業（partner enterprises）の場合は該当企業の各指標に持分比率を乗じた分を合算し、結合企業（linked enterprises）の場合は該当企業の各指標を合算して判定する（EU（2016）p20, 22）。

勧告は法的な拘束力や強制力はないが、加盟国による法令等の制定や改正を促すものとされており、税制においても加盟国の実情に応じた適用基準の立法例が見られる（蜂屋（2020）41頁）。

(2)　中国

中国では、小規模低所得企業（小型微利企业）に対する軽減税率の制度を有する。企業所得税法は、条件を満たす小規模低所得企業に対して20%の軽減税率の適用を定める（法28条１項）。そして、この対象となる企業は、①工業企業の場合、年度の納税所得額が30万元以下、従業員数が80人以下、資産総額が3,000万元以下であること、②その他の企業の場合、年度の納税所得額が30万元以下、従業員数が100人以下、資産総額が1,000万元以下であることのいずれの条件も満たすことが必要となる（実施条例92条）。

ただし、小規模企業に対する特例は、近年、国家税務総局公報によって拡大して取扱われる傾向にある。国際的な金融危機の影響へ対処するため、2010年１月より同年末まで、小規模低所得企業のうち年間納税所得額３万元以下の企業は課税所得が50%とされ、その所得に対して20%の軽減税率が適用されるこ

（24） Commission of European Communities, Commission Recommendation of 6 May 2003 concerning the definition of micro, small and medium-sized enterprises, 2003/361/EC

ととなった。[25]この措置は公報によって適用期限が延長されるとともに、適用対象が、納税所得額6万元以下より直近では300万元以下へと段階的に拡大され、併せて課税所得の減免率が大幅に引き上げられていった。[26]

(3) 韓国[27]

韓国では、租税特例制限法に中小企業（small and medium enterprise）に対する特例を規定する（租税特例制限法5①）。ここで特例の対象となる中小企業を画定するために次の基準が設けられている（租税特例制限法施行令2①）。[28]

ア　総資産基準　総資産額が5,000億ウォン未満の企業（令2①柱書）

イ　数値基準　中小企業基本法施行令別表1の売上高基準額[29]を下回る企業（令2①一）

ウ　特定業種基準　一定の消費者サービス事業（ホテル・旅館業、バー事業、娯楽事業等）を主として営むものでない（令2①四、29③）。

エ　実質的独立性基準　独占禁止法の相互投資制限の対象となるコングロマリットに属する会社、総資産額が5,000億ウォン以上の会社に最大株主と

---

(25)　国家財務総局公報2009年133号。簗瀬［2021］938頁。この措置は翌年以降も延長されている。国家税務総局公報サイト（http://www.chinatax.gov.cn）から閲覧（最終閲覧日2022年7月22日）。

(26)　さらに、2019年から減税の対象となる中小企業の総資産額が5,000万元以下に引き上げられた。特に最近の急激な適用対象の拡大と減免率の上昇は、コロナで事業環境が急速に悪化する中小企業を支援し、雇用を安定させ経済力の回復を促す目的をもっている。

(27)　本項は韓国法令検索サイト英語版（http://www.law.go.kr/LSW/eng）の表記による（最終閲覧日2022年8月25日）。

(28)　中小企業向けの優遇措置として、中小企業に対する特別税額減免（法7）、特定の業種を営むスタートアップ中小企業に対する法人税の減免（法6）、大統領令規定の機械設備を含む事業資産等に対する関連投資額の3％の税額控除（法5①）、特定の新成長産業に対する研究・人材開発支出の税額控除（法10①）等の制度がある。

(29)　例えば、製造業は製品の種類ごとに800億～1,500億ウォン、建設業、卸売・小売業は1,000億ウォン、運輸・倉庫業、情報通信業は800億ウォン、専門・科学・技術等のサービス業は600億ウォン、金融・保険業、不動産業、賃貸業は400億ウォンの上限値が設定されている（韓国大法院総合法律情報サイト（https://glaw.scourt.go.kr）、最終閲覧日2022年7月10日）。

して30%以上の株式を直接又は間接的に保有されている事業体等（令２①三、中小企業基本法施行令３①二）。

⑷　わが国資本金基準との比較

諸外国においては、中小企業を画定する基準として、主に業種別の売上高、従業員数、総資産額を指標として使用する傾向がみられる。また、グループ会社に対しては、大法人の資本系列会社を除外する等の規制を設けている。これら諸外国の立法例と比較すると、法人への過去の拠出金額を基準とするわが国の資本金基準は、事業活動との関連性を有さず、課税年度における法人の事業規模を直接的に反映するものではないため、規模別に課税上の取扱いを分ける基準としては特異な例として映る。

Ⅲ　規模別税制の基準のあり方に関する考察

1　資本金基準を使用する意義と問題点

現行の税法は、資本金１億円を基準の柱に据えて各種の優遇制度を認めている。資本金額は、会社の事業規模や財産規模と直接関係するものでないため、規模別税制の基準として適当でないとする批判は従前よりみられる。一方で、資本金が事業活動の規模とある程度の相関関係があるとする見解及び分析[(30)]や、法人の所得金額と資本金の間の有意な関係性を実証する研究（藤井（2019）９-10頁）[(31)]もある。資本金は簡明で把握が容易であり、金額の変動が少ないことから、税法以外の法律でも適用対象を画定するための指標として定着したとみられる。

会社法制定後、資本金額は、株式数及び現実の財産の裏づけとは切り離され、株主資本の一項目を構成する単なる計数と位置づけられた。これを基準に

(30)　TSR（2020）２頁は、製造業における売上高と資本金額の相関関係を示している。ただし、総資産や従業員数と比較すれば、その相関が弱い点も指摘する。

(31)　同稿は、中小法人に対する優遇措置を狙って意図的に１億円以下へ減資する例があり、資本金を企業規模の指標とする妥当性の評価を留保している。また、資本金階級5,000万円超１億円以下のレンジで法人の乖離税率が拡大した点をとらえ、中小法人税制の適用が一因となったと推察している（10-11頁）。

優遇税制の適用可否を判定する場合、金額の操作性が問題となる。すなわち、多額の資本金を有する会社であっても、会社財産に対する実体的な影響を伴わずに、一定の手続要件を経て金額を切り下げ、比較的容易に税制上の要件を満たすことが可能となる点に問題がある。

既述のように、上場会社であっても、実質的な財産変動（１株当たり純資産額）がないことを理由[(32)]に、株主総会の特別決議を得て１億円以下に資本金を切り下げることが可能であり、最近その例が散見されている。加えて、ひとたび１億円以下に減資を行うと、株式発行による資金調達を行っても、同時に資本金を発行前の水準に切り下げることが、取締役会決議限りで行うことができる。すなわち、新株発行による多額の資金調達を行いながら資本金額は従前の水準に据え置くことが、簡易な機関決定のみで可能となる。

資本金基準については、実体的影響を伴わない形で基準をクリアできる手段を選択できる点に、課税の中立性、公平性を害するおそれがある。このため、事業規模を表す、操作性が少ない別の指標に代替するか、資本金と他の指標を併用することが求められる。

2　「適用除外事業者」基準及び外形標準課税適用対象外の問題点

会計検査院の意見表示を機に、大法人の完全子会社や大通算法人のグループ会社等を除外する改正が手当てされ、「適用除外事業者」として大法人並みの所得を稼得する中小法人が特例から排除された。しかし「15億円」の所得基準は、資本金１億円以下の利益計上法人の平均所得（約2,200万円、国税庁編（2021）234頁）の約68倍もの金額であり、除外される法人数は資本金１億円以下の法人数の0.1%にも満たない[(33)]。コロナ禍で業績が悪化している法人が多い

---

(32)　上場会社の株主向けの減資議案に関する周知文書には、資本金額の減少によって、発行済株式数、純資産額及び１株当たり純資産額に影響しないことが説明されている（グリー㈱2020年８月20日、カッパ・クリエイト㈱2020年12月21日付株主向け文書）。

(33)　国税庁編（2021）238-239頁によれば、所得階級10億円超の中小法人の標本数は1,721社であり、中小法人数標本数2,725,834社の0.06%にすぎない。資本金１億

現状では、除外基準としての意義は大きく減殺されていると思われる。

会計検査院は「大法人並みの所得」を指摘しているが、平均所得に上場会社まで含めるのは比較対象として違和感がある。大法人として比較し得るのは多額の株主資本の集積を前提としない非公開大会社に限定するか、あるいは大法人を所得順に並べた中央値(34)付近に定めるのがより適切と考える。また、会計検査院の指摘にとどまらず、法人税の特例措置を受けるにふさわしい法人の所得規模を検討すべきと考える。

また、法人事業税の外形標準課税は、大法人の資本系列企業であっても資本金を１億円以下とすることで付加価値割、資本割が免除されている。そもそも外形標準課税は、地方の安定的な自主財源を確保するため、応益的な視点で過大な負担とならないように広く薄く課税を行うことを目的として導入された経緯がある。そこに規模の小さい法人の担税力への配慮を持ち込み、資本金基準以下の法人を一律に対象外とすることは、当初の導入趣旨に反するのみならず、資本金を取崩し剰余金を増加するといった資本構成の外形的な変更による節税を認め、課税の公平性、中立性を害することが指摘できる。

この課税上の不均衡は、コロナ禍でさらに拡大しているとみられる。中小企業税制による税の恩典は主として早期（即時）償却と税額控除であるから、所得及び税額が生じない赤字法人にとっては、赤字でも税負担がある外形標準課税を回避する点にこそ最大のメリットがある。さらに2015年以降、外形標準課税の税率が段階的に引き上げられており、コロナ禍で損失を被った大法人やその系列法人が減資して中小法人化する事例も拡大しているとみられる。この状況を背景に、令和４（2022）年度の与党税制改正大綱に、「外形標準課税の適用対象法人のあり方について、地域経済・企業経営への影響も踏まえながら引

円超の大法人の中でも15億円超の所得を有する法人数は少なく、大法人全体の２割に満たない。

(34)　国税庁編（2021）238-239頁によれば、資本金１億円超法人の標本の中央値は、２億円超５億円以下の所得階層に所在する。所得２億円超の中小法人は、0.6%となる。

き続き慎重に検討を行う。[35]」と記述され、今後の改正に含みを残している。

3　税以外の減資インセンティヴの存在

税負担を軽減する目的以外にも、コロナ対応の補助金・助成金の支給対象や融資制度の対象となるために、中小法人化する動向が推測される。中小企業基本法の定め方は、資本金額又は従業員数のいずれか一方を満たせば「中小企業者」に該当するので、減資により基準を満たすケースがほとんどであろう。アンケート調査によれば、中小企業基本法上の中小企業であるメリットとして、補助金及び融資制度の適用が、それぞれ68.1%、31.9%（複数回答可）と高い割合を示した（TSR（2020）16頁）。また、資本金の減資を行うか、又は資本金の増資を見送る判断を行ったことがあると答えた企業は、全体の29.7%に上るという結果を示している（TSR（2020）13頁）。その理由として、税目的、中小企業政策目的がそれぞれ48.6%、32.3%（複数回答可）と高い割合を占めている（TSR（2020）13頁）。

コロナ禍においては、中小企業を支援するための緊急対策が矢継ぎ早に打ち出された。助成金としては、持続化給付金、家賃支援給付金、事業再構築補助金、事業復活支援金[36]等があり、資金繰りの支援としては新型コロナウイルス感染症特別貸付、危機関連保証、資本性劣後ローン等（柿沼ほか（2020）25-29頁）がある。いずれの制度も中小企業者や個人事業者を対象としており、中小企業者については資本金基準をクリアすれば適用対象となる仕組みを取っている。業績が悪化し資金繰りに窮している企業にとっては、税の減免よりもこれら即効性のある支援制度の恩恵に与ることが喫緊の課題であり、税以外にも強

（35）　自由民主党・公明党「令和４年度税制改正大綱」2021年12月11日頁「外形標準課税のあり方」。なお令和４年度改正で、法人事業税の所得割について、資本金１億円超の外形標準課税法人に対する軽減税率が廃止された。

（36）　持続化給付金、家賃支援給付金、事業復活支援金は、資本金10億円未満の法人を適用対象としている（柿沼ほか（2020）６、17頁、https://jigyou-fukkatsu.go.jp）。また、事業再構築補助金は、中小企業（中小企業基本法の定義と同じ）と中堅企業（資本金10億円未満）を対象とし、両者の補助率に差を設けている。

い減資のインセンティヴがあることが推察される。

4　資本金基準以外の基準のあり方について

資本金以外の企業規模を表す別の指標を付加することが、現行制度の改善点として求められる。わが国における他の法制度及び諸外国の税法の規定に照らせば、主な基準として①売上高、②総資産額、③従業員数の三つの指標があげられる(37)。これら三つの基準は、会社の人的・物的活動の規模をある程度客観的に表すものとして利用可能であり、またいずれも年度決算・申告において作成が義務づけられており把握が容易である。

一方で、これらの基準は、業種・業態による差異(38)が大きく、全業種を統一した基準として設定するのは妥当ではない。このため、業種・業態ごとに基準値を設定する必要がある。また、三つの基準は、資本金と比べると年度による変動が大きい点が指摘される(39)。この点は、現行の「適用除外事業者」の所得基準のように過去３年間程度の平均値を取ることにより、年度による変動を平準化することがある程度可能と考える。

結語

かつて2013年に経営難に陥ったシャープが１億円減資を企図し、その後多くの批判に晒され撤回したが、現況のコロナ禍では損失を被る企業が急増し、世論の批判が出にくい傾向にある。かかる批判的論調の弛緩によって、コロナ収

(37)　この三つの指標を規模別の基準に用いた例として、取引相場のない株式の財産評価がある（財基通178、179）。平成６（1994）年の通達改正前は、資本金１億円以上の会社をすべて「大会社」と取扱っていたが、「従来の資本金１億円という基準は、……企業活動の実態を適切に反映するものとはいえないものとなっていた。」（宇野沢（2020）623頁）という理由から廃止され、従業員100人以上を「大会社」とする基準に改めた経緯がある。

(38)　一企業当たりの従業員数は、製造業28.5人、卸売業15.5人、小売業15.1人、サービス業19.6人（1997年、法人企業統計）という開差がみられる（中企庁（2000）180頁）。

(39)　1966年の改正の際に、従業員基準の併用が検討されたが、数値変動によるトラブルを嫌い資本金のみの基準となった経緯がある（伊田（2016）119頁）。

束後も、業績が回復せず資金繰りが悪化する大法人が、減資により中小法人化する例が定着するのではないかと考える。

資本金基準を排除せずとも、他の指標を併用して規模別税制の画定基準とすることが現実的方策として考えられる。諸外国では、業種別に従業員数、売上高、総資産の指標を選択的に組合せ、規模別の基準を構築している例がみられる。わが国も担税力への配慮が必要となる事業規模とそれに見合う基準値を測りながら付加的な基準を設定すべきと考える。

（附記）　報告当日は長谷川記央、末永英男、香山忠賜、菅原英雄、上野隆也、宮森俊樹の各先生方から有益なご質問やご指摘をいただいた。この場を借りて厚く御礼申し上げたい。

[参考文献]

・　相沢哲ほか編著（2006）『論点解説新・会社法』商事法務。
・　伊田賢司（2016）「中小企業をめぐる税制の現状と課題」『立法と調査』381号、113-123頁。
・　稲葉威雄（2010）『会社法の解明』中央経済社。
・　宇野沢貴司（2020）『財産評価基本通達逐条解説』大蔵財務協会。
・　江頭憲治郎ほか編（2008）『会社法大系－機関・計算等　第３巻』青林書院。
・　江頭憲治郎（2021）『株式会社法第８版』有斐閣。
・　大蔵省（1966）『昭和41年税制改正のすべて』。
・　柿沼重志ほか（2020）「コロナ禍における中小企業向け支援策の概要と課題－持続化給付金、家賃支援給付金、資金繰り支援」『経済のプリズム』190号、１-40頁。
・　金子友裕（2020）「法人課税制度における中小企業優遇措置の概要と課題」『税研』36巻２号、56-62頁。
・　韓国六法編集委員会編（2019）『現行韓国六法改版』ぎょうせい。
・　国税庁編（2021）『令和元年度版第145回国税庁統計年報書』。
・　財務省（2007、2016、2017、2020）『改正税法のすべて』大蔵財務協会。
・　酒巻俊雄（1985）「大小会社区分立法の動向（商法）」『租税法研究』13号、144-177頁。
・　佐藤英明（2010）「わが国における『中小企業税制』の意義と展望」『租税法研究』第38号、65-83頁。

・　末永英男編著（2012）『「租税特別措置」の総合分析』中央経済社。

・　武田昌輔（1985）「中小企業課税の問題点」『租税法研究』13号、1-39頁。

・　竹中正明（1983）「改正商法における株式の額面金額の意義」慶應義塾創立125周年記念論文集、301-321頁。

・　中小企業庁（2000）『新中小企業基本法－改正の概要と逐条解説－』同友館。

・　東京商工リサーチ（TSR）（2020）「令和元年度中小企業実態調査事業（中小企業の基準や成長等に関する調査研究）報告書」(https://www.meti.go.jp/meti_lib/report/2019FY/000386.pdf)。

・　中東正文（2010）「中小法人税制のあり方」『租税法研究』38号、1-25頁。

・　蜂屋勝弘（2020）「諸外国の税制優遇措置とわが国への示唆」『税研』36巻2号、41-47頁。

・　藤井誠（2019）「中小企業にかかわる税務会計上のゆがみ」『中小企業会計研究』5号、6-19頁。

・　簗瀬正人＝品川克己（2004）『中国税務総覧　実務と対策』（加除式）第一法規（最終加除：追録第29号（2021））

・　山下友信（2020）「資本金の額の減少等」酒巻俊雄ほか編『逐条解説会社法第6巻』中央経済社、139-171頁。

・　EU (2016). *User guide to the SME Definition*.

・　OECD (2015). *Taxation of SMEs in OECD and G20 Countries*, OECD Tax Policy Studies.

（補足）　脱稿後、TSR「2023年3月末『減資企業』動向調査」に触れた（2023年7月18日公開、https://www.tsr-net.co.jp/data/detail/1197819_1527.html）。2023年3月末までの1年間に減資した企業数3,023社のうち、1億円超から1億円以下に減資した企業数は1,235社（2022年3月末959社）にのぼり、依然として高水準であることが指摘されている。

統一論題報告――コロナ禍で生じた税務会計の諸問題――

事業支援
――経営の支援と資金の支援の観点からの検討――

東　洋　大　学
金　子　友　裕

はじめに

本稿は、税務会計研究学会第34回全国大会の統一論題「コロナ禍で生じた税務会計の諸問題」のうち、「事業支援」を取り上げて検討を行うものである。中小企業は、資金的基盤も弱く、災害等の影響を受けた場合等には自社のみで対応することが困難である場合も多く、事業支援が重要である。しかし、一方で、自主的な努力なしに事業支援に依存することは、健全な経営という観点や公的な資金等を利用した支援である場合等を考慮すると好ましくない。

このため、本稿では、まず事業支援の対象や方法について検討を行う。そして、事業支援を、経営の支援と資金の支援に区分し、経営の支援としてBCM(事業継続マネジメント）を中心に、また、資金の支援として税の減免等の諸制度を中心に、検討を行うこととする。

Ⅰ　検討の前提

1　事業の支援の対象

事業支援に関する資金が無限に存在するのであれば、事業支援を必要とする企業に対し無限に支援をするという方法も考えられるが、現実には資金は無限に存在する訳ではない。このため、事業支援の対象を限定する必要がある。事業支援の対象について、金融的な支援を行う金融機関等では、多面的で、かつ、実態的な評価が重要であると思われるが、これらを厳密に考慮することには困難が伴う。また、税制・補助金等の政策という観点では、実行性を確保するために一定の要件を設定せざるを得ず、資本金による規模判定等の客観的・具体的な指標による区分が、一定の問題を内在させつつも、制度としては採用されている。しかし、このような要件では、実態と異なる場合が生じることが懸念される。

さらに、事業支援の対象については、事業継続をすべき企業に対して措置を行うべきであり、いわゆる「ゾンビ企業」といわれるような企業にまで措置を行うべきではないという側面もある。

このため、本稿では、コロナ禍で経済的に悪影響を受けている企業を念頭に、事業継続すべき企業に事業支援を行うとすれば、どのような要素を考慮しなければならないかの検討を行う事とする。

2　経営の支援と資金の支援

本稿では、事業支援を、経営の支援と資金の支援に区分して検討することとする。[(1)] コロナ禍等の災害時には、緊急に資金的な支援をしなければ倒産の危険があり、雇用や流通等に大きなダメージを与える可能性がある。特に、中小企業は、大企業と比較して資金的な余裕が少ないため、倒産の危険性がより高いという特徴がある。

一方で、企業は自主的な経営上の準備により、災害時にも倒産を回避し、事

（1）　なお、この経営の支援と資金の支援は、安易な二分論になるものではない。例えば、令和３年補正予算IT導入補助金では「新型コロナウイルス感染症の影響を受けつつも、生産性向上に取り組む中小企業・小規模事業者を支援し、将来の成長を下支えします。」（中小企業庁（2022a）、１頁）との説明がされており、資金補助と将来への投資を兼ね備えた支援も存在する。また、事業再構築補助金についても、「ポストコロナ・ウィズコロナの時代の経済社会の変化に対応するため、中小企業等の思い切った事業再構築を支援することで、日本経済の構造転換を促すことを目的とします。」（中小企業庁（2022b）、１頁）と説明され、コロナ禍において中小企業が事業再構築により将来への取組みを行うことを支援するため、補助金という資金の支援の実施を行っている。このように、実際には、経営の支援と資金の支援とは、明確に区分される性格のものではないが、事業支援を分析するにあたり、経営の支援の資金の支援を区分することで、それぞれの観点から、事業支援の対象や支援の方法の検討を試みている。

業を継続できるように備えることも重要である。当然、中小企業には、経営資源の制約も大きく、大きな災害等に自主的な努力だけで対応できる訳ではない。このため、緊急の資金的な支援が必要になるわけであるが、緊急の資金的な支援を期待して十分な対応をしていない中小企業も少なくはないと思われる。近年、津波や台風等の災害も多く発生し、コロナ禍も長期間に及ぶ影響を与えており、中小企業であっても事後的な外部からの資金の支援を期待するだけではなく、このような災害等をも経営上考慮する必要がある。

ちなみに、中小企業は、大企業と比較し経済的基盤が弱いという特徴を有する一方、雇用の受け口として大きな役割を果たしている等の特徴がある。中小企業について経済的基盤が弱く雇用の維持等の必要性という点を強調し、「経済的弱者であり、社会的公正の実現のために政策的な支援を必要」（佐藤(2010)、73頁）(2)という考え方もあるが、現行の中小企業基本法は、「中小企業者は、経済的社会的環境の変化に即応してその事業の成長発展を図るため、自主的にその経営及び取引条件の向上を図るよう努めなければならない」（中基法７①）としており、経済的弱者への支援というよりは、「市場から退出すべきものは退出させることを前提」（佐藤（2010)、75頁）として、中小企業ゆえの困難性に関する支援のみを行うという方向性になっている。

Ⅱ　経営の支援

１　経営の支援に対する基本的な考え方

経営の支援を検討するに際し、経営の巧拙により結果が異なるが、経営の責任は経営者に帰するものであり、基本的には支援の対象とすべきではないことを考慮する必要がある。

また、そもそも経営が順調であれば、資金の枯渇が生じないはずということも考慮する必要がある。ちなみに、経営が順調にもかかわらず、資金の枯渇が生じる事態（黒字倒産）に対しては、資金管理を含めたアドバイスが必要な場

(２)　これは平成12年改正前の中小企業基本法のスタンスを説明した記述の一部である。

合がある。また、経営が順調であれば、事後に課税所得に対する税金の負担が生じることになり、現金納付が原則である税金に対して資金管理を含めたアドバイスが必要な場合がある。これらの管理についても経営者が責任をもって行うべきものであるが、零細企業等で経営者がこれらに関する知識や経験が不足している場合は、税理士等の専門家のサポートが重要となる。

そして、経営の支援の問題となるのは、経営が順調ではない理由が、経営の巧拙を超えた事象（災害等）に起因する場合である。このような場合でも、経営の責任は経営者にあるが、経営者にある選択肢は事業の継続か、事業の中止（廃止）を選択するのみとなるため、経営者としては、このような事象に対しても一定の備えをもって経営を行うべきであり、このような備えを行う事業を支援していく必要がある。

2　経営の支援におけるBCMの活用

⑴　コロナ禍におけるBCMの必要性

一定の備えについては、BCM[(3)]（Business Continuity Management）という考えが参考になる。BCMは、「災害時に特定された重要業務が中断しないこと、また万一事業活動が中断した場合に目標復旧時間内に重要な機能を再開させ、業務中断に伴う顧客取引の競合他社への流出、マーケットシェアの低下、企業評価の低下などから企業を守るための経営戦略。バックアップシステムの整備、バックアップオフィスの確保、安否確認の迅速化、要員の確保、生産設備の代替などの対策を実施する[(4)]」と説明されるものである[(5)]。

BCMは新型コロナウイルス等の感染症を含む災害等の備えとして有用なもの[(6)]であり、かつ、中小企業においても考慮されるべきものである。そして、

（3）　BCP（Business Continuity Plan）とされることもあるが、計画したものを管理・実行することの重要性を考慮し、本稿ではBCMで表記する。
（4）　内閣府HP（2023年3月6日）https://www.bousai.go.jp/kyoiku/kigyou/keizoku/sk.html
（5）　内閣府の説明を離れて、広義に（災害等の枠を外して）事業継続を捉えるのであれば、事業承継等の問題もBCMの対象となると考えられる。

経営者にBCMの十分な知識等が備えられていなくとも、税理士等の専門家のサポートを受けつつ対策すべきものと考えられる。

ただし、中小企業の規模的な観点からは対策可能なものと対策不能なものがある。このため、中小企業では対策不能な部分については保険等でカバーするしかない。しかし、保険等でも、地震保険のように災害時に損害のすべてをカバーできるわけではないという限界が存在する。このような限界を意識してかもしれないが、災害時には国等の支援を期待すると割り切り、何ら対策しない中小企業も存在するものと思われる。しかし、対策の有無は災害時においてダメージの差異にもなり、支援すべきものを限定して選択しなければならない場合には、このような事前の対応の差異は支援の優先度として考慮すべきものと思われる。

⑵　BCMへの取組みの実態

中小企業にはBCMのコスト等の負担が重すぎるという問題がある。BCMの取組みをすべきであるが、経営的な余裕がない場合には、まずは将来への取組みではなく、現在の課題への対応が優先される傾向が生じるものと思われる。現実には、取り組みたくても取り組めないという実情を有する中小企業も少なくないと思われる。

東日本大震災後に東北税理士会所属の税理士に行ったアンケート調査では、次の図表１のように被災地の税理士であってもBCMの取組みが十分ではない結果となっている。

（６）　BCMにおける感染症への対応の必要性については、「感染症のように徐々に被害が浸透してくる危機的事象では、現拠点が存在する地域における著しいまん延に備えて代替拠点を確保する戦略も持つとともに、現拠点で業務が続けられる場合でも、地域でまん延の続く期間、重要業務の操業度（復旧レベル）を許容限界以上に維持していくための戦略も重要になります。したがって、既にBCMを導入している企業は、危機的事象の範囲を積極的に広げる発想を持ち、被害の個々の原因よりも、結果として自社の事業継続に重要な要素（経営資源）に生じる被害に着目して、多くの事象に対して有効な事業継続戦略を検討し、それを持つことが必要なのです。」（内閣府（2014)、19頁）とされている。

図表１　2016年度アンケート調査におけるBCMへの取組み

	青森県	岩手県	秋田県	宮城県	山形県	福島県	東北６県
取り組んでいる	14	6	11	35	8	25	99(19.2%)
取り組んでいない	44	39	29	83	26	57	278(54.0%)
尋ねたことがない	6	11	7	29	11	13	77(15.0%)
先生自身が知らない(興味がない)	6	5	4	21	5	7	48(9.3%)

（出典）金子友（2017）、50頁（一部修正）

図表１では、大きな災害を経験した東北でさえ、BCMの取組みは20%弱でしかなく、税理士でさえ10%弱はBCMを知らない（興味がない）状態であった。

また、BCMの取組みが進まない理由は、図表２のようになっている。

図表２　2016年度アンケート調査におけるBCMの取組みが進まない理由

	青森県	岩手県	秋田県	宮城県	山形県	福島県	東北６県
必要ない	6	0	2	13	2	4	27(4.9%)
取り組む余力がない	41	34	33	88	28	61	285(51.6%)
どのように取り組めばいいか分からない	22	23	17	54	18	39	173(31.3%)
役に立たない	3	5	1	16	5	14	44(8.0%)
その他	2	2	1	17	0	1	23(4.2%)

（出典）金子友（2017）、50-51頁（一部修正）

ここでは、BCMの取組みが進まない最大の理由は、取り組む余力がないとの回答になっているが、取組みの方法が分からないとの回答も31%程度あり、税理士でも対応が難しいという問題が存在している。

経営の支援という観点からは、災害等の前後で事業継続を意識し、災害の影響が収まったのちに従前と同様（またはそれ以上）の事業活動を継続する企業を支援する必要がある。しかし、図表１及び図表２に示されるBCMへの取組みの実態からは、経営者をサポートすることが期待される税理士でさえ、

BCMに対して十分な理解がない等の問題が存在している。

経済産業省では、コロナ禍における事業継続に向けたBCPの公表・登録を行っている[7]。これは、優良なBCMの取組みについての情報を共有すること等に意義があるものと思われる。しかし、中小企業自体の取組みの意識の向上を図る施策とともに、これをサポートする税理士等への啓蒙も重要であり、実質的な支援が必要である。既に、㈱日本政策投資銀行のBCM格付融資[8]等があるがさらに拡充が必要と考えられ、今後の災害を考慮してBCMに取り組む中小企業に対して課税上の特典等も含め実質的な支援を検討すべきであろう。

Ⅲ　資金の支援

1　資金の支援の種類

資金の支援には、①自主的な対応（保険・デリバティブ（例えば、ウェザーデリバティブ）等の活用）、②公的ではない支援（融資（通常のもの）、寄附、債権放棄）、③公的な支援（補助金、融資（国等の公的な保証があるもの）、税の減免）が考えられる。本稿では、公的な支援に焦点を当てて検討を続けることとする。

公的な支援のうち、補助金に関しては、緊急の資金の支援として効果的であり、企業では対応不能な事態が生じた場合に、重要な役割を果たすものと思われる。しかし、一方で、迅速な支給と必要とする人への支給というトレードオフの問題があり、緊急時に早期の支給が望ましいが、補助金を支給すべき人をどのように識別するかという問題（厳密にしすぎると支給が遅れる等の問題が生じる）がある。この点は、発生した事態により異なるものであり、政治的な

（7）「1．各事業者は、策定したBCPを可能な形で自社のホームページ上に積極的に公表する。2．各事業者の公表サイト（各事業者がホームページ上に公開するBCPのリンク先）等を、経済産業省が作成した以下のサイト上で登録する。3．各社のBCPも御参照いただき、引き続き、自社のBCPの充実に取り組む。」経済産業HP（2023年3月6日）https://www.meti.go.jp/covid-19/bcp/index.html

（8）内閣府HP（2023年3月6日）https://www.bousai.go.jp/kaigirep/gekijin/dai2kai/pdf/shiryo6-2.pdf

判断が必要である。例えば、緊急性が極めて高い場合には、一律の支給として、コスト削減や迅速化を図る事態もあるだろうし、限定した地域のみの被害の場合等で被害の把握が比較的行いやすいときは実態に対応した支給が望ましいだろう。

そして、補助金について、最も重要なことは、事後の検証が十分に行われるべきということである。特に、緊急の資金の支援については、中途半端な支援では効果が生じにくい場合も考えられ、迅速にかつ大幅な支援が必要となる場合がある。このような支援について、過剰な支援がなかったか、支援は有効であったか、等の検証が重要であり、この検証の結果が次の支援に活用されることが重要である。残念ながら、近年の補助金についての検証は最低限のものに限定されているように思われる。

また、融資についても、緊急時には公的な保証により支援が必要となる場合が考えられる。このような融資についても事後の検証が重要であることは、補助金と同様である。融資の場合は、このような検証に加えて、返済という問題もある。つまり、災害時に一時的な資金不足を補うことは重要であるが、融資は返済が必要であり、いつ・どのように返済するかという出口戦略が極めて重要になる。(9)

2　返還不要の補助金の取扱い

資金の支援のうち、返還不要の補助金に関しては、法人税法上の益金の額を構成すべきかという問題がある。

この点に関しては、会計主体論として検討すれば、企業体理論の場合、資本

(9)　いわゆるゼロゼロ融資と呼ばれる無利子・無担保融資（新型コロナウイルス感染症特別貸付）が2022年９月で打ち切られた。融資は無限に継続すべきものではなく、期限を限定して実施すべきであり、どこかの時点で打ち切ることは必要な措置であると思われる。しかし、コロナ禍が完全に収束していない中での打切りで良かったのか、コロナ禍に加えウクライナにおける戦争や急激な円安の進行等の経済情勢を踏まえても返済できると判断できる状況であったか等も考慮する必要があったと思われる。

助成目的であれば資本を構成すると考えられるため、返還不要の補助金は益金の額に算入すべきではないということになる。しかし、資本主理論の場合、株主以外からの拠出は資本を構成しないと考えられるため、返還不要の補助金は益金の額に算入すべきということになる。

資本主理論の考え方は、現行の会社法とも整合的であり、法人擬人説にもなじむものである。また、現行の法人税法が、確定決算主義を採用しており（法法74①）、会社法の考え方との平仄をとっていることを考えれば、返還不要の補助金は益金の額に算入すべきということになる。

現行の法人税法の取扱いを確認すると、国税庁が公表した「国税における新型コロナウイルス感染症拡大防止への対応と申告や納税などの当面の税務上の取扱いに関するFAQ」の問7「法人が交付を受ける助成金等の収益計上時期の取扱い」によれば、「法人税の所得金額の計算上、ある収入の収益計上時期は、原則として、その収入すべき権利が確定した日の属する事業年度となります。ご質問の助成金等については、国や地方公共団体により助成金等の交付が決定された日に、収入すべき権利が確定すると考えられますので、原則として、その助成金等の交付決定がされた日の属する事業年度の収益として計上することになります。」（国税庁（2022）、44頁）とされる。ここでは、補助金（助成金）が益金の額を構成する前提で、権利確定日で収益計上を要請し、理論的な検討と同様の取扱いとなっている。

ここで、本稿に与えられた課題（コロナ禍で生じた税務会計の問題）に照らし、所得概念等からの検討から離れ、コロナ禍等の災害時の政策的な課税という観点から改めて検討してみたい。補助金は国等から交付される資金であり、税は国等へ納付する資金であることを考えると、国等から受け取った資金を国等に返還するだけの手続きにもみえる。法人税法における所得概念から、あるいは、その課税所得計算の背後にある資本概念からは、益金の額に算入すべきとなるが、これを政策的に益金の額に算入しないことも考えられる。つまり、緊急的な資金の支援であり、課税がこの支援の効果を減退させることになるため、緊急的な支援が必要な場合には、返還不要の補助金を益金の額に算入しないという措置を講じることも可能であろう。ただし、この場合には、政策の趣旨を国民によく説明をし、事後の検証をより充実したものにする等が条件となるものと思われる。

なお、圧縮記帳は、補助金が益金の額に算入されることを前提として、固定資産に充当された部分の課税の繰延べをする制度であり、返還不要の補助金を益金の額に算入しない政策を実施するのであれば、圧縮記帳を併用することはできないこととなる。このため、災害の状況に応じて、圧縮記帳による課税の繰延べの効果で十分か、または、益金の額に算入しない程の状況か、という判断が必要になる。

3　税の減免

(1)　コロナ禍における寄附金課税

コロナ禍において、納税の猶予制度の特例等の税制上の措置が行われてきた[10]。本稿では、事業支援に関する税制として、寄附金課税及び貸倒れに対する課税に焦点を当てて検討を行う。

コロナ禍等の災害時には、国等の補助金だけでなく、民間での資金援助も重要である。民間での返済不要の資金援助は、寄附として行われるものであるが、この寄附に対する課税が問題となる。

法人税法における寄附金課税の特徴を整理すると、「アメリカでは企業の支出した費用のうち、損金の額に算入するには『通常性、必要性』が要件とされるが、日本ではこのような規定がなく、寄附金を画一的に損金不算入とする戦時立法をそのまま残し[11]、資産の贈与、経済的利益の無償の供与を損金の額に算入しないと規定している」(山本(2016)、36頁)とされ、「日本では、『公序の論理』は適用されず、損金不算入とするためには別段の定めをおかなければな

---

(10)　国税庁 HP(2023年 3 月 6 日)https://www.nta.go.jp/taxes/shiraberu/kansensho/keizaitaisaku/index.htm

(11)　主税局通牒昭和17年 9 月26日付主秘487号「寄附金トハ、一方ガ相手方ニ対シ、任意ニシカモ反対給付ヲ伴ワズシテ為ス財産的給付ヲ云フ」

らない」（山本（2016)、74頁）とされる。ここで、公序の論理（パブリックポリシー）とは、「支出自体が不法であるものとして支出を禁止する連邦又は州の政策が法律によって示されているものについては、公序に反する結果が生ずるので控除が認められない」（山本（2016)、74頁）と説明される。確かに、法人税法では、平成18年度税制改正において、不正行為等に係る費用等の損金不算入（法法55）の規定が新設されており、別段の定めでの対応がされている。

そして、寄附金課税に関する先行研究の整理では、非事業関連性、事業関連性、非対価性による検討が行われており、通説、判例及び課税実務では、非対価性によっているとの指摘がある（大淵（1996)、571頁)。

しかし、現行の法人税法の取扱いにつき、法人税基本通達９－４－１や９－４－２を考慮すると、非対価性だけとはいえないものになっていると思われる。法人税基本通達９－４－１に関して「親会社が子会社の整理のために行う債権の放棄、債務の引受けその他の損失負担については、一概にこれを単純な贈与と決めつけることはできない面が多々認められるということであり、したがって、このようなものについて、その内容いかんにかかわらず、常に寄附金として処理する等のことは全く実態に即さないのである。」（高橋（2021)、1011頁)）とされ、対価との関連での説明ではなく実態の観点からの説明がされている。寄附という行為の識別と寄附金を課税所得計算上損金の額に算入しないという取扱いの選択という異なるフェーズでの判断が行われている可能性があり、それぞれどのような態様が該当するかを明確にしなければ予測可能性を担保できないものと思われる。

また、現行の寄附金課税は、完全支配関係にある法人間の寄附金（法法37②）や国外関連者に対する寄附金（措法66の４③）の取扱いが含まれている。つまり、現在の寄附金には、これらの制度の導入前の寄附金課税とは異なる他の制度の目的も混入している。

寄附という行為の識別に関しては対価がない資金の移転ということで共通されるのかもしれないが、これを課税所得計算においてどのように取り扱うかについては、複数の目的の影響が混在している。これらの目的の混在が、寄附金課税を複雑にしているものと思われる。そもそも、寄附金に関しては、「寄附金が法人の純資産の減少の原因となることは事実であるが、それが法人の収益を生み出すのに必要な費用といえるかどうかは、きわめて判定の困難な問題である」（金子宏（2021）、415頁）とされ、実態と異なる可能性があるとしても損金算入限度額により損金算入と損金不算入を区分する制度設計となっている。このような割り切った取扱いと国外関連者に該当した場合には全額損金不算入とする取扱い等が混在することになり、寄附金課税が複雑化し、不明確なものにさせていると思われる。

例えば、寄附金の損金算入限度額（所得基準額）の計算上[(12)]、「(仮計＋支出寄附金の額)×割合（0.025)」という計算が行われることになるが、全額が損金算入となる指定寄附金等まで枠（限度額）に考慮している。損金算入限度額で損金算入と損金不算入に区分するものは、「どれだけが費用の性質をもち、どれだけが利益処分の性質をもつかを客観的に判定することが困難であるため」（金子宏（2021）、416頁）に計算されるものである。この計算に、仮計に支出寄附金が損金不算入になった場合を想定したものを加算した所得を対象に所得基準額の計算を行っているのであれば、税務上損金不算入の余地のないものまで含めて計算すべきであるかという問題である。

このように課税所得計算においても問題が内在しており、寄附という行為の識別と寄附金を課税所得計算上損金の額に算入しないという取扱いの選択という異なるフェーズのものであると明示して議論することの必要性は、こうした計算にも表れているものと思われる。

⑵　貸倒れに対する課税の問題

コロナ禍においては、企業間の融資も重要になるが、融資には返済の問題があり、将来の貸倒れの問題として考慮する必要がある。ここでは、貸倒れの課税上の取扱いについて検討を行う。

現行の法人税法では、貸倒れに対し、貸倒損失（法法22③Ⅱ、法基通９－６－

---

(12)　紙幅の関係から、特別損金算入限度額（特定公益増進法人等に対する寄附金の額の関する損金算入限度額）は触れていないが、同様の問題が存在している。

１～９－６－３）と貸倒引当金（法法52）の取扱いを定めているが、法人税法の貸倒損失に関しては、部分貸倒れを認めないという問題がある。この点につき、「わが国の公定解釈および裁判例は否定的に解しているが、筆者の考えるところでは、それを認めることによって、期間損益の計算がより適正で実体に合ったものとなり、あるいはフレクシブルになる場合が少なくないのみでなく、金融機関の不良債権の処理にも役立つと思われる。」（金子宏（2010）、95頁）との指摘があり、部分貸倒れを認めるべきとする主張がある。

近年、ファイナンスの技術的な前進もあり、金銭債権を金融商品として譲渡する取引も考えられる。ここでは、金銭債権の時価評価額は、部分貸倒れに相当する部分を金銭債権の評価の低下として認識することになり、売却損に含められることになる。企業の内部的な評価による部分貸倒れに操作性等の危険が存在することは理解しなければならないが、若干のコストをかけることで金銭債権を譲渡（ファクタリング等を含む）できるとすれば、金債債権の譲渡という金融取引により損失（売却損）の計上が可能になることにも考慮すべきものと思われる。

ちなみに、金銭債権の譲渡に関しては、コスト的な問題、技術的な問題、資金繰りの問題、等を考慮すると中小企業では採用しにくく、大企業では比較的採用しやすいという規模等による差異が存在する可能性がある。そうであれば、これは大企業と中小企業の取扱いの不平等となっている可能性もある。

また、法人税法では、貸倒引当金繰入額に対し、損金算入限度額まで損金算入が認められる。しかし、この取扱いが適用可能な法人は、一定の中小企業、銀行、保険会社等に限定されている（法法52①）。そもそも、法人税法は課税ベースの拡大等に応じ引当金の廃止を続けており、引当金については一定の法人に対する貸倒引当金のみが残るだけである。この点については、国際的な税率引下げの要請の中で、一定の税収を確保する手段ということであろうが、全体損益に影響しない引当金を廃止したとしても納税時期の差異から生じる利子分の差異が生じるだけであり、本質的意味での税収の増加につながるものではない。[13]

所得を基礎とする課税により、所得に応じた垂直的な公平に資する課税を行うことが可能であり、この課税の公平が所得税や法人税を基幹税とする理由にある。この観点からは引当金の廃止は妥当ではない。適切な課税所得によるからこそ課税の公平に資するという原理原則に戻り、引当金のあり方を再度検討するべきである。

さらに、貸倒引当金については、評価性引当金（資産の控除項目）であり、債務性に関する議論は及ばないものである。この点でも、貸倒引当金の適用企業は限定されている現状は妥当ではないと思われる。前述のように、金銭債権として譲渡する金融取引も考えられ、貸倒引当金を控除し回収可能価額とすることで時価に近似させる必要があるものと思われる。

ちなみに、部分貸倒れを認めた上で貸倒引当金も認める場合、部分貸倒れによる損失と個別評価金銭債権の貸倒引当金の繰入額の区分の検討が必要になる。部分貸倒れと個別評価金銭債権に対する貸倒引当金の繰入額には、性質的な同等性（当期の損金の額を構成する）はあるが、現時点で回収不能な部分（元本及び現時点までの利息）が貸倒れとなるのであり、次期以降に回収が難しくなると見積もられる部分（元本及び将来の利息）は貸倒引当金として計上すべきであり、立法論としてはこのように区分した制度が望ましいものと思われる。[14]

---

(13)　現行の法人税法では、欠損金の損金算入に時期的制限が存在するため（法法57①等）、欠損金を通じた差異が生じる余地がある。理論的には、欠損金は無期限で損金算入を認めるべきであり、欠損金を通じた引当金の廃止の影響を税収に反映しようとするものであれば、引当金の取扱いの検討と同時に欠損金の期限に関する検討を急ぐ必要があるものと思われる。

(14)　ここで生じる部分貸倒れの損失及び貸倒引当金繰入額は、寄附金に該当する可能性がある。つまり、全部貸倒れではないという特徴があるため、部分の回収をあきらめた（寄附金となる）とみるか、一時的な金融資産の価値が下落したとみるか（寄附金になるとは限らない）、という問題が生じることになり、部分貸倒れをどのような性質の取引と位置づけるかに依存することになる。

おわりに

本稿では、事業支援を経営の支援と資金の支援に区分し、経営の支援としてBCMを中心に、資金の支援として税の減免等を中心に検討した。

コロナ禍においては、これまでの災害のような瞬間的な被害ではなく、持続的な被害があり、また、これが長期化している状況にある。このような状況において、事業支援を必要とする企業も多く生じているものと思われるが、いつまで支援するか、支援の出口戦略はどのようにするか、等の今後の方針が重要になるものと思われる。

税の減免に関しては、所得がないと効果がでないという特徴もあり、コロナ禍においては補助金や融資での対応が重要であった。今後、コロナ禍を脱した後に収益性が回復したとしても融資の返済に苦しむ企業も生じることが懸念される。このような状況において税の減免が重要になると思われる。ここで、税の減免では、政策的な判断も必要になり、課税の公平を担保しつつコロナ禍で弱っている企業をどのように救済するかという難しいかじ取りが要求されることになる。

[参考文献]

- 大淵博義（1996）『裁判例・裁決例からみた役員給与・交際費・寄付金の税務（改訂増補版）』税務研究会出版局。
- 金子友裕（2017）『大震災後の中小企業の復旧・復興の現状と課題に関する調査報告書－税理士アンケート調査（2014年度～2016年度）に基づいて－』。
- 金子宏（2010）『租税法理論の形成と解明　下巻』有斐閣。
- 金子宏（2021）『租税法24版』弘文堂。
- 佐藤英明（2010）「わが国における「中小企業税制」の意義と展望」『租税法研究』38号、65-83頁。
- 国税庁（2022）「国税における新型コロナウイルス感染症拡大防止への対応と申告や納税などの当面の税務上の取扱いに関するFAQ（令和4年4月18日更新）」。
- 高橋正朗編著（2021）『法人税基本通達逐条解説十訂版』税務研究会出版局。
- 中小企業庁（2022a）「サービス等生産性向上IT導入支援事業（IT導入補助金）

令和３年度補正予算の概要（令和４年４月）」。
・　中小企業庁（2022b）「事業再構築補助金の概要（中小企業等事業再構築促進事業）（9.0版令和４年10月３日）」。
・　内閣府（2013）「事業継続ガイドライン（平成25年８月改定）」。
・　内閣府（2014）「事業継続ガイドライン第三版－あらゆる危機的事象を乗り越えるための戦略と対応－解説書」。
・　山本守之（2016）『寄附金課税の問題点』中央経済社。

統一論題報告――コロナ禍で生じた税務会計の諸問題――

事業再生・再編

税　理　士
藤　曲　武　美

はじめに

新型コロナウイルス感染症の感染拡大で実施されたコロナ関連融資制度[(1)]は、中小企業の半数を超える企業が利用したといわれている（「帝国データバンク・景気動向調査2022年２月調査」）。コロナ禍の金融支援、給付金等支援は、新型コロナウイルス感染症の影響を大きく受けたいわゆるコロナ４業種（又はコロナ７業種[(2)]）だけでなく、多くの企業が借り入れ等を受けたといわれている。そのようなコロナ対策における手厚い金融支援等の結果、2021年度の倒産件数は、５月を除く11か月において前年同月を下回り、倒産件数は6,015件で半世紀ぶりの低水準となった[(3)]。しかし、2022年９月の全国企業倒産集計によれば、倒産件数は583件（前年同月比13.9％増）と、５カ月連続で前年同月比増加となった。特に、前年同月比は４カ月ぶりに２ケタ増を記録するなど、2022年５月以降続くコロナ禍初の増加基調は加速化の様相を呈しつつある。負債総額は1,350億3,100万円（前年同月比47.7％増）と、４カ月連続で前年同月比増加となり、2020年７月以来２年２カ月ぶりに２カ月連続で1,000億円超えとなった。業種別にみると、７業種中４業種で前年同月比が増加し、サービス業

（1）　典型的なものが、いわゆるゼロゼロ融資といわれる３年間金利ゼロ・５年間返済ゼロの融資である。
（2）　４業種とは対人接触業務である宿泊業、飲食サービス業、生活関連サービス業、娯楽業をいい、７業種とは、陸運業、小売業、医療福祉業を加えた業種をいう。
（3）　帝国データバンク「全国企業倒産集計2021年報」による。

は、約13年ぶりの７カ月連続増加となっている[4]。コロナ禍で生じた事業再生・再編に関する税務に焦点を当てて、その課題と問題点を検討する。

Ⅰ　ポストコロナ時代における事業再生・再編の課題

1　日本経済の構造的改革の必要性

ポストコロナ時代においては、中小企業を中心として事業再生・再編が重要な課題となる。日本における中小企業の低成長、低給与水準に象徴される日本経済の構造的問題の改革が必要であり、企業の生産性を向上させていくことが課題である。単なる現事業の存続・延命ではなく、生産性の高い事業の構築に向けた、メリハリのある事業再生、再編が必要である[5]。従って、単に現行事業の存続・延命策ではなく、将来性のない事業と残すべき価値のある事業を明確化し、日本特有の産業構造における二重構造を改革し、事業の再構築を実現するための再生・再編が問題になる。

2　ポストコロナにおける事業再生の動向

(1)　中小企業活性化パッケージの策定・実施等の支援策

①　政府系金融機関による実質無利子・無担保ローンの2022年６月までの継続、資本性劣後ローンの2023年３月末までの継続、セーフティネット保障４号の2023年６月30日までの延長。

②　認定支援機関による経営改善計画策定支援を強化し、「中小企業の事業再生等に関するガイドライン」を策定（2022年３月４日）して私的整理のルールを整備し、経営改善計画の策定に要する費用の３分の２（合計700万円が上限）を補助するものとした。

③　旧中小企業再生支援協議会・経営改善支援センターが統一されて「中小企業活性化協議会」が発足（2022年４月１日）[6]。

（4）　帝国データバンク「全国企業倒産集計2022年９月集計」による。

（5）　福田慎一編著『コロナ時代の日本経済』東京大学出版会255頁以下。

（6）　中小企業活性化協議会の位置づけ・活動については、「中小企業活性化協議会実

④　「中小企業の事業再生等に関するガイドライン」の私的整理手続きにおいては、従来の私的整理ガイドラインとの相違は、実質債務解消までの年数を従来の「3年以内」から「5年以内」に2年延長した。さらに、経営者責任について従来は退任が原則であったものについて、「経営者責任の明確化」にとどめることとした(7)。

⑤　廃業者における経営者保証ガイドラインを策定し、個人破産の回避に向けて保証債務の整理を行い、保証人の保証債務能力の状況によっては、弁済する金額が無い計画（ゼロ円弁済）も許容されうることにし、円滑な従業員の再就職、経営者の再チャレンジ等を行い易くする。

⑵　事業再生に関する税務上の対応

「中小企業の事業再生等に関するガイドライン」を策定、「中小企業活性化協議会」の発足を受けて次の質疑応答が国税庁より公表されている。

①　「中小企業の事業再生等に関するガイドライン（再生型私的整理手続）」に基づき策定された事業再生計画により債権放棄等が行われた場合の税務上の取扱いについて（2022年4月1日）

②　「中小企業の事業再生等に関するガイドライン（廃業型私的整理手続）」に基づき策定された弁済計画により債権放棄が行われた場合の税務上の取扱いについて（2022年4月1日）

③　上記⑴③を受けて、国税庁より、次の文書回答事例が公表された。

「中小企業活性化協議会の「中小企業活性化協議会実施基本要領」に基づき策定された再生計画により債権放棄等が行われた場合の税務上の取扱いについて」（2022年6月17日）

⑶　ポストコロナを意識した「中小企業の事業再生等に関するガイドライン」等の特徴

①　旧中小企業再生支援協議会・経営改善支援センターが統一して「中小企

施基本要領」等が公表されている。

（7）「中小企業の事業再生等に関するガイドライン」等には、各「Q＆A」が公表されており、税務上の取扱いについても回答がされている。

業活性化協議会」を発足させ、今後予想される大量の事業再生案件に組織的にも対応できるようにした。これに関与する弁護士、会計士、税理士等の専門家の体制も整備するものである。

② 「廃業型私的整理手続きに関するガイドライン」を策定することにより、廃業をスムーズに行えるようにし、従業員の早期転職、代表者等の個人破産の回避と再チャレンジの促進、それらによる地域経済への悪影響を軽減することが目指されている。

③ 税務上は、これまでの事業再生税制をフルに使えるようにし、特に、中小企業における事業再生をスムーズに行うために、「中小企業の事業再生等に関するガイドライン」においては、期限切れ欠損金を青色欠損金に優先して利用できる財産評定等をあえて採用せずに、期限切れ欠損金に優先して青色欠損金を利用するパターン（法法59③）にしている。時間をかけないで、スムーズに処理することを優先していると考えられる。なお、期限切れ欠損金を優先するパターン（法法59②）を利用する場合は、中小企業活性化協議会実施基本要領・別冊３「中小企業再生支援スキーム」に定められた手順による。(8)

Ⅱ　期限切れ欠損金の損金算入の各パターン

事業再生の手続きにおける税務上の問題は、上記で触れたように、債権者、債務者、保証人の各立場に応じて、いくつかの税務上の論点がある。期限切れ欠損金の損金算入については、事業再生にあたって適用する法的手続きの種類や私的整理手続きの形態によって、その取扱いが異なるので、整理をする必要がある。(9)

（８） 中小企業活性化協議会実施基本要領・別冊２「再生支援実施要領Q&A」Q７参照。

（９） 令和２年度改正により、グループ通算制度の規定の複雑化を避けるため、法人税法第59条は条文の整備が行われ、資産の評価益、評価損の適用を受けない場合について、新たに法人税法第59条第３項が設けられた。

1　更生手続開始の決定があったことによる債務免除等があった場合の期限切れ欠損金額の損金算入

(1)　制度の概要

内国法人について更生手続開始の決定があった場合において、その内国法人が次の①から③に掲げる場合に該当するときは、その該当することとなった日の属する事業年度（「適用年度」という。）終了の時における前事業年度以前の事業年度から繰り越された欠損金額の合計額（以下、便宜的に「期限切れ欠損金」という）のうち、次の①から③の合計額に達するまでの金額は、適用年度の所得の金額の計算上、損金の額に算入する（法法59①）。

①　更生手続開始の決定があった時においてその内国法人に対し会社更生法に定める更生債権を有する者からその更生債権につき債務の免除を受けた場合（債権が債務の免除以外の事由により消滅した場合でその消滅した債務に係る利益の額を含む。以下同じ）において、その債務の免除を受けた金額（その消滅した債務に係る利益の額を含む。以下同じ）

②　更生手続開始の決定があったことに伴いその内国法人の役員等（役員、株主等又はこれらであった者をいい、その内国法人との間に連結完全支配関係がある連結法人を除く。）から金銭その他の資産の贈与を受けた場合において、その贈与を受けた金銭の額及び金銭以外の資産の価額

③　資産の評価益に係る規定（法法25②、会社更生法又は金融機関等の更生手続の特例等に関する法律の規定に従って行う評価換えに係る部分に限る。）による評価換えをした場合において、この評価換え規定により、適用年度の所得の金額の計算上、益金の額に算入される金額がある場合には、益金の額に算入される金額から損金の額に算入される金額（資産の評価損の損金算入・法法33③）を控除した金額。この金額には、「控除した金額」と規定されていることからマイナスがないことに留意する必要がある。[10]

(10)　髙橋正朗「法人税基本通達逐条解説（十訂版）」税務経理協会、1240頁。

⑵　期限切れ欠損金の範囲

上記のとおり便宜的に期限切れ欠損金としたものは、適用年度終了の時における前事業年度以前の事業年度から繰り越された欠損金額の合計額である（法令116の２）。

なお、この欠損金額の合計額は、実務的には適用事業年度の別表五（一）「利益積立金額及び資本金等の額の計算に関する明細書」の期首現在利益積立金額の合計額として記載されるべき金額のマイナスである金額による（法基通12-３-２）。

2　再生手続開始の決定があったことによる債務免除等があった場合の期限切れ欠損金額の損金算入（「法法25③、33④の適用を受ける場合」法法59②）

⑴　制度の概要

内国法人について再生手続開始の決定があり、又は内国法人に法人税法25条３項又は同法33条４項に定めるその他これに準ずる事実が生じた場合において、その内国法人が次の①から③に掲げる場合に該当するときは、その該当することとなった日の属する事業年度（「適用年度」という。）前の各事業年度において生じた欠損金額のうち次の①から③に掲げる金額の合計額に達するまでの金額は、適用年度の所得の金額の計算上、損金の額に算入する（法法59②）。

①　再生手続開始の決定等があった時においてその内国法人に対し再生債権等を有する者からその債権につき債務の免除を受けた場合において、その債務の免除を受けた金額（法法59②一）

②　再生手続開始の決定等があったことに伴い、その内国法人の役員等から金銭その他の資産の贈与を受けた場合において、その贈与を受けた金銭の額及び金銭以外の資産の価額（法法59②二）

③　再生計画認可の決定があったこと等の場合において、資産の価額につき評価益の益金算入（法法25③）、又は評価損の損金算入（法法33④）の規定の適用を受ける場合において、評価益の益金算入により適用年度の所得の金額の計算上、益金の額に算入される金額から評価損の損金算入により

適用年度の所得の金額の計算上、損金の額に算入される金額を減算した金額（「減算した金額」とあることからマイナスがある点に留意する必要がある。）（法法59②三）

(2)　期限切れ欠損金の範囲

上記のとおり、再生手続き開始の決定による期限切れ欠損金としたものは、適用年度終了の時における前事業年度以前の事業年度から繰り越された欠損金額の合計額である（法令117）。したがって、この場合の期限切れ欠損金の損金算入措置は、青色欠損金額の繰越控除及び災害損失欠損金額の繰越控除に優先して適用される。

3　再生手続開始の決定があったことによる債務免除等があった場合の期限切れ欠損金額の損金算入（「法法25③、33④の適用を受けない場合」法法59③、）

(1)　制度の概要

内国法人について再生手続開始の決定があったことその他これに準ずる事実が生じた場合において、その内国法人が次の①、②に掲げる場合に該当するときは、その該当することとなった日の属する事業年度（「適用年度」という。）前の各事業年度において生じた欠損金額のうち下記(2)に掲げる金額で次の①、②に掲げる金額の合計額に達するまでの金額は、適用年度の所得の金額の計算上、損金の額に算入する（法法59③）。

①　再生手続開始の決定等があった時においてその内国法人に対し再生債権等を有する者からその債権につき債務の免除を受けた場合において、その債務の免除を受けた金額（法法59③一）

②　再生手続開始の決定等があったことに伴い、その内国法人の役員等から金銭その他の資産の贈与を受けた場合において、その贈与を受けた金銭の額及び金銭以外の資産の価額（法法59③二）

(2)　期限切れ欠損金の範囲

上記(1)の場合に控除することが出来る期限切れ欠損金の金額は、次の算式により計算された金額である（法令117の４）。したがって、この場合の期限切れ欠損金の損金算入措置は、青色欠損金額の繰越控除及び災害損失欠損金額の繰越控除が優先して適用される。

（控除できる欠損金の額）＝①－②－③

① その該当することとなった日の属する事業年度（「適用年度」という。）終了の時における前事業年度以前の事業年度から繰り越された欠損金額の合計額

② 欠損金の繰越控除（法法57①）の規定により適用年度の所得金額の計算上損金の額に算入される欠損金額

③ 適用年度におけるグループ通算制度における損金算入欠損金額（法法64の７①四）の合計額

４ 各種の欠損金額の損金算入の適用順序

上記３で結論は記載したが、更生手続、再生手続等の決定があった場合の期限切れ欠損金の損金算入の適用順序は、それぞれ次のようになる。

⑴ 上記１、２の場合

期限切れ欠損金の損金算入措置は、青色欠損金額の繰越控除及び災害損失欠損金額の繰越控除に優先して適用される。

⑵ 上記３の場合

期限切れ欠損金の損金算入措置は、青色欠損金額の繰越控除及び災害損失欠損金額の繰越控除の後に適用される。

両者において取扱いが異なる理由は、直接には、法人の資産の価額につき評定を行い、税務上で評価益（法法25③）、評価損（法法33④）の計上を行っているかどうかによる。法的整理手続きの必要性により一律に計上された評価益についての課税を回避することに期限切れ欠損金を優先的に損金算入する趣旨があるからである。

ところで、法人税法第33条第２項の再生手続開始の決定があった場合（法令68①、法基通９-１-３の３）の損金経理方式では、税務上、評価益の計上はで

きないので法人税法第59条第２項の適用がないのは当然であるが、仮に、再生計画認可の決定により資産評定している場合でも、評価損益関係書類の添付要件を満たさない場合とか法人の有する資産の全てが評価損益計上の対象とならない資産（法令24の２④）に該当するケースでは同法第59条第２項の適用がないことになる（法基通12-３-５）。

５　損金経理方式・書類添付方式

民事再生手続きの場合は、再生手続開始の決定時の評価損益の計上については二通りの処理方法がある。一つは、再生計画認可の決定があったことに伴う資産評定時に評価益、評価損を益金、又は損金の額に算入する方法（書類添付方式・法法59②、法法25③、33④）と評価損について損金経理を行い、損金の額に算入する方法（損金経理方式・法法59③、法法33②）との二つの方法があり、いずれの処理によっているかによって、欠損金の繰越控除の順序が異なることに留意する必要がある。

Ⅲ　私的整理手続きと支援税制

１　企業再生税制の適用がある私的整理手続き

期限切れ欠損金の繰越控除が優先するいわゆる企業再生税制の適用がある再生手続きに準ずる私的整理手続きとは、次の要件を満たすものである（「再生計画認可の決定に準ずる事実等」という。法令24の２①、68の２①）。

⑴　一般に公表された債務処理を行うための手続きについての準則（公正かつ適正なもので、特定の者が専ら利用するためのものでないもの）に従って再生計画が策定されていること。

⑵　公正な価額による資産評定が行われ、その資産評定に基づく実態貸借対照表が作成されていること。

⑶　上記⑵の実態貸借対照表に基づく債務超過の状況等により債務免除等をする金額が定められていること。

⑷　二以上の金融機関が債務免除等をすることが定められていること（政府関

係金融機関、株式会社地域経済活性化支援機構又は株式会社整理回収機構（「RCC」）は単独放棄でも可）。

(注)　再生計画が上記(1)の準則に従って策定されたものであること、及び上記(2)、(3)の要件に該当することにつき第三者機関等が確認する必要がある（法令24の２①一ロ、法規８の６①）。

2　企業再生税制の適用がない私的整理手続き

たとえば、中小企業再生支援協議会が定める準則に従って策定された再生計画により債権放棄等が行われるものであるが、債権放棄を行う金融機関が１行のみであるような場合は、再生計画において「二以上の金融機関が債務免除等をすることが定められていること（政府関係金融機関、株式会社地域経済活性化支援機構又は株式会社整理回収機構は単独放棄でも可）」という要件（法法25③、法令24の２①四）を満たさないため、いわゆる企業再生税制の適用はないことになる。

しかしながら、法人がその子会社等に対して債権放棄等をした場合において、その債務免除等が多数の債権者によって協議の上で決められる等その決定について恣意性がなく、かつ、その内容に合理性がある（合理的な再建計画に基づくもの）と認められる次のような事実があった場合には、原則として、期限切れ欠損金の損金算入規定の適用ができることとされている（法基通12-３-１(3)）。

(1)　法人税法施行令117条の①再生手続き開始の決定があったこと、②特別清算開始の命令があったこと、③破産手続き開始の決定があったこと以外において法律の定める手続による資産の整理があったこと。

(2)　主務官庁の指示に基づき再建整備のための一連の手続きを織り込んだ一定の計画を作成し、これに従って行う資産の整理があったこと。

(3)　上記(1)及び(2)以外の資産の整理で、例えば、親子会社間において親会社が子会社に対して有する債権を単に免除するというようなものでなく、債務の免除等が多数の債権者によって協議の上決められる等その決定について恣意性がなく、かつ、その内容に合理性があると認められる資産の整理があったこと。

このようなケースでは、本件再生計画が合理的な再生計画に該当するものであれば、債権放棄をした金融機関にあっては寄附金に該当せず（法基通９-４-１、９-４-２）、また、債務免除を受けた債務会社にあっては期限切れ欠損金の損金算入規定（法法59③一、二）の適用ができる。なお、この場合には、法人税法第59条第２項第３号には該当しないので、期限切れ欠損金を青色欠損金等に優先して控除することはできないことになる。

Ⅳ　法人税法第59条第１項、第２項、第３項の相違点

1　図表による相違点の比較

(1)再生手続きの形態	会社更生手続（法法59①）	民事再生手続（法法59②・資産評定・書類添付方式）・これに準ずる私的整理手続き（法法25③、33④）を含む	民事再生手続（法法59③・評価損・損金経理方式）・これに準ずる私的整理手続きを含む
(2)事業年度	事業年度の特例有り ①更生手続き開始前の通常の事業年度開始の日～更生手続き開始の決定日 ②更生手続き開始の決定日～更生計画認可の決定日 ＊１年を超える場合は１年ごと。 ③更生計画認可の決定日の翌日から通常の事業年度終了の日。	定款の事業年度による。 事業年度の特例は無し。	定款の事業年度による。 事業年度の特例は無し。
(3)財産評定	更生計画の開始決定時	再生計画の認可決定時	再生計画の開始決定時
(4)資産評定等	「みなし取得価額」規定有り。帳簿価額の増額又は減額を行う（法法25②、33③）。	資産評定による評価換え（資産評定・書類添付方式、別表14(1)）。この場合の時価は使用	損金経理により帳簿価額の減額。税法独自の財産評定は行わない。

		収益価額で、処分価額でない。	
⑸評価損益の処理	①更生計画の認可決定時の属する事業年度でみなし取得価額の処理により、評価益、評価損の計上（法法25②、33③）。 ②更生手続きの評価換えには、対象資産の制限はなく、金銭債権の評価損の計上も可。	①再生計画の認可決定時の属する事業年度に別表添付で評価益、評価損の計上（法法25③、33④）。 ②申告調整による評価損益には少額資産などの除外資産がある（法法25③、法令24の2④）。 ③法的事実が生じた場合の損金経理による損金算入との併用はできない。	①再生計画の開始決定時の属する事業年度で損金経理により、評価損の計上（法法33②、法令68①、法基通9‐1‐3の3）。評価益の計上はない。 ②損金経理は会計上の減損処理（損金経理）による損金算入が可能になる。
⑹期限切れ欠損金の損金算入の適用順序等	①期限切れ欠損金を優先して損金算入（法法59①） ②評価益の範囲で評価損を控除して期限切れ欠損金を適用（法法59①三）。評価損超過のマイナスはない。 ③免除益等以外の所得については、損金算入限度額の計算の適用制限がある。	①期限切れ欠損金を優先して損金算入（法法59②、法令117） ②評価益から評価損を減算して期限切れ欠損金を適用（法法59②三）。マイナスは免除益等から控除。 ③免除益等以外の所得については、損金算入限度額の計算の適用制限がある。	①青色欠損金を優先して損金算入（法法59③、法令117の4） ②（債務免除益＋私財提供益）と期限切れ欠損金のいずれか低い金額が損金算入額 ③青色欠損金の繰越控除後のその適用年度の所得金額を上限とする。 ④損金算入限度額の計算の適用制限がある。
⑺期限切れ欠損金の損金算入額の計算	適用年度の所得金額を限度としない。	適用年度の所得金額を限度とする。	適用年度の所得金額（青色欠損金等の控除後）を限度とする。
⑻欠損金の繰戻還付（法法80④）（注）	①措置法の適用停止措置の適用がない。 ②更生手続開始の申立日（法基通17‐2‐5）が一定の事実が生じた	①措置法の適用停止措置の適用がない。 ②再生手続開始の決定日が一定の事実が生じた日となる。その事実	同左

	日となる。その事実が生じた日前１年以内に終了した事業年度又はその生じた日の属する事業年度において生じた欠損金額について適用になる。 ③事業年度の特例により還付事業年度を判定。	が生じた日前１年以内に終了した事業年度又はその生じた日の属する事業年度において生じた欠損金額について適用になる。 ③通常事業年度で還付事業年度を判定。	
⑼仮装経理に基づく過大申告の更正に伴う税額の還付・控除（法法135④、⑥）	更生手続開始の決定日以後１年以内に仮装経理法人税額の還付請求書の提出	再生手続開始の決定日以後１年以内に仮装経理法人税額の還付請求書の提出	同左

(注)　資本金１億円超10億円以下の企業の令和２年２月１日から令和４年１月31日までの間に終了する事業年度に生じた青色欠損金について、欠損金の繰戻しによる還付制度の適用が可能とする新型コロナ対応措置が手当てされた。

2　各再生方法による取扱いの煩雑さ

上記の図表のとおり、法人税法第59条第１項、第59条第２項（評価損益申告調整方式)、第59条第３項（評価損益無しの場合）において、それぞれ課税上の取扱いの相違点が存在する。会社更生法と民事再生法では財産評定の性格が異なり、対象範囲、目的等に違いがある。その結果、会計帳簿への記載方式も異なる。また、同法第59条第２項（評価損益申告調整方式）と同法第59条第３項（評価損益無しの場合）とでは、前者は財産の評価損益の計上を行い、それに基づいて債務免除額等が決定されるのに対して、後者の損金経理により評価損を計上する場合では、資産の評価損だけの計上になる。そうすると、評価益が計上されないことから、期限切れ欠損金を先取り的に利用することも考えられ、現行のような取扱いになっていると考えられる。

しかし、民事再生法手続き、それに準ずる私的手続きにしても、債権者等の合意に基づく合理的な再生計画の策定を前提としている。そのように考えると、現行法のように厳格に区分し、煩雑に区別した取扱いが妥当であるかは疑問である。

また、過去に現実に発生した損失であることを考慮すれば、理論的には、何らかの形で考慮されるべきものである。

利益が生じた場合には、確実に課税が行われるのに対して、一定期間が経過した欠損金については切り捨てられることは、いかにも均衡を欠いた取扱いといえる。

適正な法的手続き又はそれに準ずる手続きが行われる場合は、できるだけ欠損金の切り捨てが行われないようにするべきである。(11)(12)

V　事業再生と組織再編の税務

1　スポンサー（M&A）型事業再生のパターン

(1)　スポンサー（M&A）型事業再生の増加

事業再生案件においてスポンサーによるM&Aの事例が増えているといわれている。中小企業再生支援協議会案件におけるスポンサー型案件が、「自力再生型」を大きく上回り、全体の77.1%に達しているとされている。(13)背景として、事業承継問題もあり、中小企業のM&Aは年間3～4千件と言われている。特に、ポストコロナにおける課題である収益性、生産性の高い有用な事業を残し、育成するという観点からすれば、「企業の再生」よりも「有益な事業の再生」が、重要であると考えられる。

---

(11)　欠損金の繰越控除については、アメリカにおける損金概念を参考にした観点から、税務会計上は、一定期間で切り捨てられるべきものではないとの見解がある。斎藤真哉「事業再生からの損金概念の検討」税務会計研究第24号1頁。

(12)　課税当局は、元来、会社更生法の場合も青色欠損金を優先して控除すべきという考え方であったが、大阪高判平2.12.19判決により、会社更生法の趣旨によれば、「まず、期限切れ欠損金から控除すべき」とされた経緯がある。

(13)　橋田憲佳「債権放棄案件における『自力再生型』の事例」『事業再生と債権管理』No.177。

⑵　スポンサー（M&A）型事業再生のパターン

スポンサー（M&A）型事業再生のパターンでは、第二会社方式がある。実際の事業再生においてもこの第二会社方式が多用されている。

2　第二会社方式の事業再生

⑴　第二会社方式とは

第二会社方式とは、債務者である旧会社の残すべき事業（GOOD事業）を会社分割又は事業譲渡の手法を利用して新会社（第二会社）に移転し（第二会社が弁済することとなった負債も合わせて移転）、不採算事業（BAD事業）と弁済不能の債務が残った旧会社は、特別清算手続等において、債権者より債務の免除等を受ける事業再生方式をいう。

図表　第二会社方式（会社分割の場合）

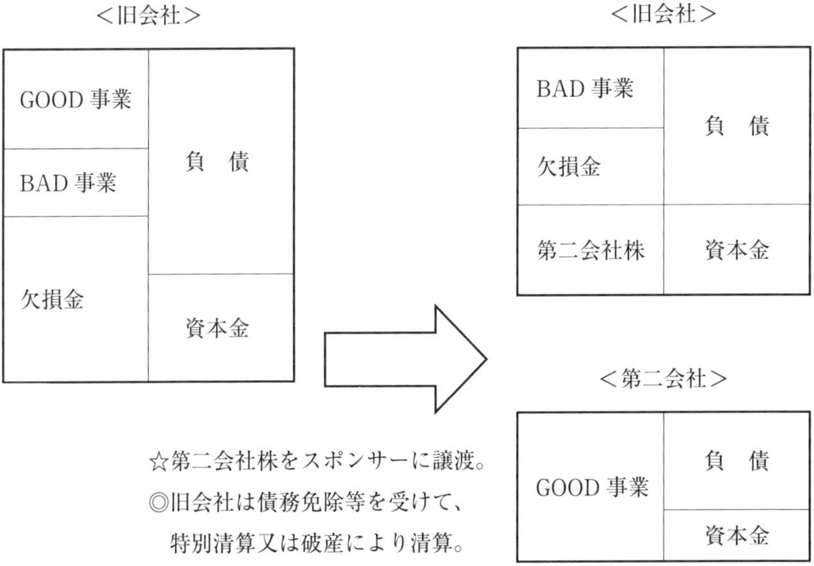

⑵　第二会社方式の税務等

①　第二会社への事業譲渡、会社分割による資産の含み損の実現（譲渡損の計上）ができる。第二会社株式をスポンサーに譲渡することから、適格組

織再編税制の適用はないので譲渡損は計上されることになる。

② 旧会社の特別清算・破産による債務免除益等については、設立当初からのいわゆる期限切れ欠損金の損金算入の規定を適用し、解散・清算による課税が生じない。

③ その際の債権者については、特別清算（協定型）の場合は、法人税基本通達９－６－１⑵により貸倒損失については、金融機関等の債権者側は損金の額に算入できる。和解型の場合は、実態に応じて判断される。

④ 第二会社方式は、第二会社を設立し、そこに事業に係る資産を移転させなければならないため、設立・移転コスト（登録免許税、不動産取得税、消費税）の問題が生ずる。

⑤ 許認可や諸契約の移転・承継の問題が生ずる。

⑥ ケースによっては第二次納税義務（国徴法38）の問題が生ずることがある。

Ⅵ 廃業（解散・清算）の税務

1 事業再生か廃業かの選択

ポストコロナにおける企業の事業再生において、特に問題となってくるのは事業再生か廃業かの判断である。「中小企業の事業再生等に関するガイドライン（令和４年３月）」においては、「再生型私的整理手続」とともに「廃業型私的整理手続」が用意されている。中小企業再生協議会・実施基本要領においても「再チャレンジ支援」という項目が掲げられており、「中小企業者の収益力の改善や事業再生等が極めて困難であると判断した場合には」、「再チャレンジ支援」を提案するとしている。残すべき事業と再生困難な事業の廃業とを見極めていかねばならない。その上で経営者の再チャレンジや従業員の転職をスムーズに実現していく必要がある。(14)

(14) そのために中小企業活性化協議会「経営者保証に関するガイドライン」に基づく経営者の保証債務の整理の支援が行われている。

2　清算所得課税から所得課税方式への変遷

平成22年度税制改正により、解散、清算に伴う課税は、清算所得課税から、通常の所得課税に改正された。平成22年10月１日以後に解散が行われものから改正が適用になった。この改正前までは、清算所得に対して課税をしていた。清算所得は、{(残余財産の価額)－(資本金等の額＋利益積立金額)} で計算されていた。

3　残余財産確定事業年度の所得課税と期限切れ欠損金の損金算入

(1)　みなし事業年度について

①　株式会社等が解散等をした場合における清算中の事業年度は、その株式会社等が定款で定めた事業年度にかかわらず、会社法第494条第１項に規定する清算事務年度になる。したがって解散の日までが解散事業年度になり、その翌日から１年を経過する日までが一事業年度となり、以下同様になる（法法14①一)。

②　清算中の法人の残余財産がその事業年度の中途で確定した場合には、その事業年度開始日からその残余財産の確定の日までがみなし事業年度になる。

(2)　期限切れ欠損金の損金算入

内国法人が解散した場合において、残余財産がないと見込まれるときは、その清算中に終了する事業年度（以下３において「適用年度」という。）前の各事業年度において生じた欠損金額を基礎として次に掲げる金額に相当する金額(その相当する金額がこの項及び第62条の５第５項の規定を適用しないものとして計算した場合におけるその適用年度の所得の金額を超える場合には、その超える部分の金額を控除した金額）は、当該適用年度の所得の金額の計算上、損金の額に算入する（法法59④)。

(控除できる欠損金の額)＝(①－②又は③)

①　適用年度終了の時における前事業年度以前の事業年度から繰り越された欠損金額の合計額（適用年度終了の時における資本金等の額が０以下であ

る場合には、その損金額の合計額からその資本金等の額を減算した金額）

② 法第57条第１項（欠損金の繰越し）の規定により適用年度の所得の金額の計算上損金の額に算入される欠損金額

③ 適用年度に係る法第64条の７第１項第４号に規定する損金算入欠損金額の合計額

⑶ 「残余財産がないと見込まれるとき」とは

法人が解散した場合の設立当初からの欠損金額の損金算入制度では、上記のとおり、法人が解散した場合において、残余財産がないと見込まれるときは、その清算中に終了する事業年度（適用年度）前の各事業年度において生じた欠損金額を基礎として計算した金額に相当する金額は、青色欠損金等の控除後の所得の金額を限度として、その事業年度の所得の金額の計算上、損金の額に算入することとされている（法法59④）。

この場合の「残余財産がないと見込まれるとき」については、解散した法人が事業年度終了の時において債務超過の状態にあるときは、これに該当することが明らかにされている（法基通12-３-８）。そして、事業年度終了の時において債務超過の状態であるかどうかについては、申告に際して「残余財産がないと見込まれることを説明する書類」の添付が義務づけられている（法法59⑥）。この説明書類としては、一般的には実態貸借対照表（法人の有する資産・負債の価額（時価ベース）で作成された貸借対照表）により確認できることとされている。ただし、法人の資産が継続して他の法人の事業の用に供される見込みであるときは、その資産が使用収益されるものとしてその事業年度終了の時の価額によることとされている。実在性のない資産については実態に即した修正の経理、申告などを行って是正することになる。

なお、その事業年度終了時点における実態貸借対照表においては、その事業年度に係る法人税等は、支払が確実に見込まれることから、その法人税等の金額を見込んで作成することになる。

おわりに

ポストコロナにおける事業再生が、どれだけ有効かつ迅速に進むのかは、上記に述べたような税務上の諸問題以外にも、経済のデジタル化、リスキリングの進展、円安をめぐる経済問題などが複雑に絡まっているといえる。いずれにしても、ポストコロナにおける事業再生を確実に、かつ中小企業の低い収益性、低賃金水準を打開する形で推し進めていくことが課題であり、それをスムーズにかつ確実に進めるために策定された「中小企業の事業再生等に関するガイドライン」などを有効に機能させていく必要がある。

[参考文献]

・　宮川努（2021）『コロナショックの経済学』中央経済社。
・　佐竹隆幸（2020）「現代日本の中小企業の現状と課題」『税研』36巻2号。
・　中小企業庁「事務局説明資料（中小Ｍ＆Ａの取組状況などに関するもの）」（令2.11.11）。
・　小林信明（2022）「中小企業の事業再生等に関するガイドラインの解説上・下」『金融法務事情』No.2186・2187。
・　坂部達夫＝山元俊一編著（2022）『顧問先等の経営危機対応マニュアル』新日本法規。
・　右山昌一郎監修・著（2019）『QA会社解散清算の実務・改訂版』税務経理協会。
・　タックス・ロー合同研究会（2022）『事業再生・廃業支援の手引き』清文社。
・　植松香一（2023）『会社の解散・清算の法人税務（六訂版）』（財）大蔵財務協会。

統一論題報告――コロナ禍で生じた税務会計の諸問題――

ネット取引の拡大

元・西南学院大学
福　浦　幾　巳

はじめに

税務会計研究学会第34回全国大会の統一論題「コロナ渦で生じた税務会計の諸問題」において、河崎照行座長より筆者に与えられた課題は、「ネット取引の拡大」である。当該課題の各論について、(1)「テレワーク」をめぐる税務上の問題、(2)電子データの保存問題（「改正電子帳簿保存法」の施行上の問題）、(3)After コロナでの新たな「ネット取引」（販売形態）の税務会計上の問題（①クラウドファンディング、②サブスクリプション、③その他）をいただいた。

Chavance, B.（2007）による「制度はある時代のある国で継承された歴史的な集合体である」及び Coase, R. H.（1990）の「制度・制度変化・経済成果」のアプローチに従うと、論題の「コロナ渦」の標語は、医学領域での症状・現象が短い間に起こり、また消える性質のもの、別言すると、「一過性」の大規模で根底的な制度変化に伴う「有事」の現象として捉えることができる。とすると、「制度・制度変化・経済成果」のアプローチでは、一時的な処方箋のものとして要請されているようにも思われる。そうすると、制度的枠組みは、長期間、漸進的な制度変化に伴う「平時」を通則とすると、特則としての政策に焦点が当てられそうである。

しかし、河崎照行座長からいただいた課題（論点）を当該アプローチに当てはめてみた場合、それは、歴史的経路の共時の「有事」の一過性の諸問題というよりも、どうも通時を睨んだ「平時」のものとして考えよというようにも思われる。それは、わが国が置かれている現況はさておき、コロナ渦の共時の現象を契機にして、通時の問題として浮き彫りにしていただきたいということであろう。したがって、本稿においては、諸問題について、「有事」を意識しつつも、「平時」の観点に焦点を当てて考察することにする。そこでは、手法として、ミクロ経済学モデルの方法を法律学への適用を試みる「法と経済学（田中（2011）、487頁。田中（2016）、196頁）」を手法として、経済社会の構造化問題と租税制度について、理論の諸相と制度がいかに法政策として関連づけられているかを検討することとする。

Ⅰ　政府税制調査会答申にみる「法と経済学」のアプローチ

本稿は、上記のように、With コロナ、After コロナに限定されることなく、「制度・制度変化・経済成果」の構造問題である制度的枠組みの座標軸の価値評価が意識されている昨今の政府税制調査会答申を参考とする。そこでは、制度設計として、方法論上の「法と経済学」のアプローチが反映しているといえるからである。

上記のように、「法と経済学」のアプローチは、ミクロ経済学モデルの法律学への適用を分析・評価とするモデルであるが、当該モデルの当てはめは、現実の経済社会における諸問題を資源配分と所得分配を前提に展開する場合が多い。前者は、社会が利用できる希少な資源（労働力など含む）を活用して最適の経済的成果を達成しうるかの「効率性」の問題、後者は、価値判断を含む「公平性」をいかに解釈するかの問題である。別言すると、当該アプローチは、両者ともに社会の構成員の効用を関数として「社会厚生関数」を想定し、当該理論を様々な諸問題に当てはめて評価するものである（渡辺智之（2011）、47頁）。

しかし、当該アプローチにおいても、理論上は、一枚岩ではない。その典型として、経済学上の理論においては、社会全体としての「効率性」の状況を作り出すための政策、とくに新古典派のアプローチは、情報の完全性、雇用の完全性、取引費用ゼロなどの基礎理論を標榜して理論どおりの改革を求めるのに対して、限定された情報の中で意図的に合理的にしか行動できないという「制約された合理性」の仮定を前提とする新制度学派のCoase, R.H.（1990）の批判にもあるように、新古典派のアプローチは、個人的効用最大化モデル（田中（2011）、487頁）を指向しているが、現実には情報の完全性、雇用の完全性、取引費用ゼロの立論は皆無であると主張する。現実の取引においては、取引費用の存在が大きな意味を持つにもかかわらず、取引費用がゼロであるかのような合理性基準のアプローチは非現実的であるといえるからである。その点では、税制調査会（2013）、税制調査会（2015）及び税制調査会（2017）の一連の論考を踏まえつつ、その平成の時代を振り返り経済社会の構造変化を整理し、新たな令和の時代を見据えた税制調査会答申（2019）は、現実的な執行可能性を提示したという点では評価できるといえる（中里＝太田＝伊藤（2020）、3頁）。

これらの論争を踏まえると、改革も含めた現実的な制度設計のコンテキストは、まずは、採用されている制度としての現行法の機能を正確かつ具体的に把握することが重要である。

次に、通時的な制度変化・経済成果の歴史性を勘案の上、将来の法制度の変更の必要性や可能性、法規制のあり方を模索するということも必要ということになろう。別言すると、それは演繹的な基礎理論を分析道具として機械的に現実の問題に当てはめることはミスリーディングを招くことにもなる。現実的な執行可能性の観点に従えば、これは避けねばならないからである（中里（2005）、561頁以下）。

Ⅱ「新たな経済取引」に対する法の「欠缺」による現行法の問題点

1　「新たな経済取引」における制度の構造問題

グローバル化、デジタル化による経済基盤の動態的な社会の変化、産業基盤の変化は、国家（政府）の役割、企業を取り巻く市場の役割にも大きく影響をもたらす。例えば、ICT 及びビッグデータによる「新たな経済取引」の行為選択の拡大は、国家（政府）と企業を取り巻く法的主体との枠組みの対置・並置の位相についても大きく座標軸を転換させる可能性を秘めている。併せて、デジタル化によりあらゆる経済活動も複数の主体間の交差によりコスト構造（＝取引費用）にも影響を及ぼすことにもなる。別言すると、ICTがもたらす影響が新たなコスト構造に変革を迫ることを意味している。この点は、市場の外部的な取引費用のみならず、企業内部の組織化の費用のいずれにも影響をあたえることになる（篠崎（2014)、157頁)。

さしずめ、当該立論の展開は、新古典派のアプローチの限界を批判していた新制度学派のアプローチに対する、新古典派のアプローチの限界を克服することにもなる。裏を返せば、理論上は、国家（政府）が企業という経済的実体（法的実体）という連結環、媒介項をペイスルーすることなく、パススルーする関係になることを意味する。果たして、これは執行可能性の観点からすると未知数であるが、少なくとも、理想上の資源配分の「効率性」と「公平性」のアプローチを前面に押し出すならば、将来は、納税者の利便性のみならず、国家（政府）の納税手続き全般の改革にも及ぶことにもなる。そうすると、戦後に制度設計された企業などを媒介項とした申告納税制度、青色申告制度及び源泉徴収制度も、これを間接的に支援する税理士などの制度の枠組みも必要なくなるということになる（租税政策と情報の関連性については、渡辺（2008)、120頁以下。渡辺（2010)、305-313頁)。

確かに、デジタル化の動向は、規模の制約を超えてニッチ市場を成立させる「市場の細粒化」、時間・場所の制約を超えて、活動、規模の制約を成立させる「市場の細粒化」、かつ、グローバル化による「市場の拡大化」は解消し得るかもしれない。しかし、その動向の二重性は、国家（政府）と企業を取り巻く法的主体との位相関係において、その対称性・非対称性の課題を現実の実践に克服し得るかにみえるが、それでも執行可能性の観点からは、やはり疑問が残る。戦後改革に始まったこれまでの申告納税制度、青色申告制度などの制度の創設と制度変化の歴史をひも解くと明らかであるからである。

この点については、現行法上、下記にみるように、フォーマルな制度とインフォーマルな制度の多層化された枠組みが構築されているが、先行研究は、両者の解釈適用の序列として、どのように取り扱っているのであろうか。

2　「新たな経済取引」の制度設計とその解釈適用――フォーマルな制度とインフォーマルな制度の関連性を前提として――

政府税制調査会（2020）が例示する暗号資産取引やシェアリングエコノミー（総務省（2019）、2頁）などの「新たな経済取引」について、その解釈をどのように行うかについての問題が生ずる。理論上はさておき、制度が「新たな経済取引」について、マタイによる福音書（19章14-17節）に因んで、旧い革袋（解釈方法）にいれてこれらを解釈するか、それとも新しい革袋にこれらを入れて解釈するか、当該観点を俎上に載せねばならない。前者に従えば、先例に倣い、従前の取扱いを踏襲することになろう。また、新しい革袋に入れるとしたら、これに対する規定が存在しないことになる。結果的に、それは法の「欠缺」が生ずるという新たな問題に遭遇することになる。「新たな経済取引」について、新旧による制度の枠組みによる空白部分が生じると、実体法上、どのようなアプローチで対処したらよいか。その変更などの創設を見るまで従来の皮袋の先例の適用で解釈すべきことになるのか、それとも別個のアプローチを過形成して解釈適用すべきことになるのかである。この点について、現行法上、フォーマルな制度（ハードロー）とインフォーマルな制度（ソフトロー）の多層化した枠組みが構築されているが、これらについて先行研究は、解釈適用の序列も含めてどのように取り扱っているのであろうか（中里（2014）、植田（2021））。

昨今のように、技術変化で次々と「新たな経済取引」が生じるフロンティアの領域が生まれる環境下にあっては、堅牢な制度の枠組みよりも、新しい問題に対しては柔軟に制度の枠組みを形成して対処することも重要となるが、技術変化と制度変化は、同じ時間性に従って変化するわけではない。情報は、時空間及び場空間を自由に往来する属性のものであるのに対し、制度は、選択、制約を伴う属性のものであるからである（Chavance, B.（2007））。

図表１　フォーマルな制度とインフォーマルな制度

制度枠組みの設計とその解釈適用について
－フォーマルな制度とインフォーマルな制度の関連性－

フォーマルな制度とインフォーマルな制度とは、同じ時間性に従って変化するわけではない。フォーマルな制度については急速な変化や突然の変化が比較的容易であるが、インフォーマルな制度は非常に漸進的にしか変化しない（出典：ベルナール・シャバンス［2007］『入門制度経済学』ナカニシヤ出版、94 頁）。

フォーマルな制度（→ハードロー）

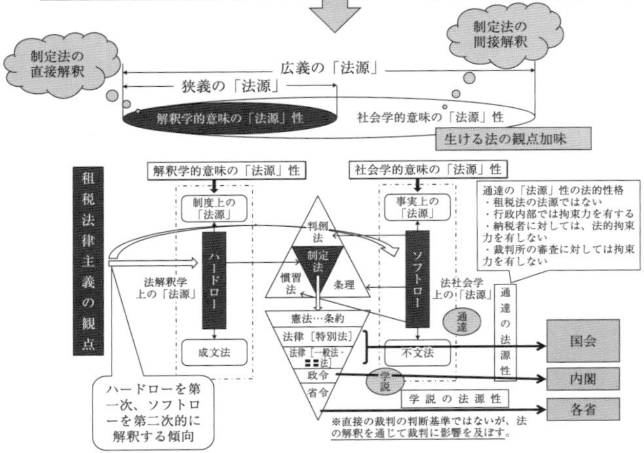

（出典）筆者作成

インフォーマルな制度（→ソフトロー）

- 平成 26 年 4 月：接待飲食費に関する FAQ
- 平成 30 年 6 月：住宅宿泊事業法に規定する住宅宿泊事業により生じる所得の課税関係等について（情報）
- 令和 3 年 1 月：在宅勤務に係る費用負担等に関する FAQ（源泉所得税関係）
- 令和 3 年 12 月：暗号資産に関する税務上の取扱いについて（FAQ）
- 平成 4 年 4 月：国税における新型コロナウイルス感染症拡大防止への対応と申告や納税などの当面の税務上の取扱いに関するＦＡＱ
- その他：番号制度概要に関する FAQ、法定調書に関する FAQ、本人確認に関する FAQ

■2019（平成 31）年度税制改正において、資金決済法第 2 条第 5 項に規定する暗号資産が法人税法第 61 条の短期売買商品等に含まれ、譲渡損益の計上時期や期末時価評価は短期売買商品等と同様の取扱いとなった。

このような複雑化する租税法関係に対応するためか、わが国においては、フォーマルな制度に対し、法ではないが、これを補完するインフォーマルな制度が直接的、間接的に公共政策として活用されている（Sunstein, C. R.(2020)、那須＝橋本（2020））。その手段の典型は、図表1に例示した国税庁が発意する通達及び「FAQ（Frequently Asked Questions）」である。

問題は、当該フォーマル、インフォーマルな双子の制度の位相関係をいかに解釈するかということになる(1)。さらに、インフォーマルな制度にあって、「制度・制度変化・経済成果」の価値判断が機能的にどのように行なわれるかである（増井（2008)、185-207頁）。

なお、手続法について、これは以下の諸問題にも当てはまることであるが、インターネット上のプラットフォームを介した取引が発達すると市場参加者の取引情報の入手が困難になり、無申告・過少申告の増加、それに伴う納税倫理の欠如のタックス・ギャップが拡大することへの情報資料制度の拡充の措置として、2019年度税法改正の「情報照会制度」がある。当該措置などは、実体法と手続法両面での議論範囲の拡張の必要性を物語るものであるが、指摘のみに留める（中里＝太田＝伊藤（2020)、6頁)。

Ⅲ　個別的論点への当てはめ

昨今の税制調査会答申は、グローバル化、デジタル化への現実的な執行可能性の観点から利用の確立を目指したサイバー空間とリアル空間の融合、デジタルサービス・アプリケーションを前提とした制度設計の傾向にある。それは、

（1） 2022（令和4）年10月7日、国税庁は「所得税基本通達の制定について」の一部改正（法令解釈通達）の改正を行った。当該通達の改正は、所得税法上の事業所得と雑所得との線引き基準として、実体法上、営利性、継続性、企画遂行性に基づき「社会通念」を範とした従来の判例解釈を踏襲するものである。その意味で、先例尊重の一例証であるといえるが、その挙証として通達は、手続法上、所得に係る取引を記録した帳簿書類を記録し、かつ、記録した帳簿書類を保存している場合であっても、①収入金額が僅少と認められる場合、②活動に営利性が認められない場合は、事実認定により個別判断とするなどの規制を加えている。これは、旧い革袋の次元の解釈適用したものであるのか、新しい革袋の次元で解釈適用したものであるのかという判断が生じうる余地がある。

図表２　税府税制調査会答申［2019］

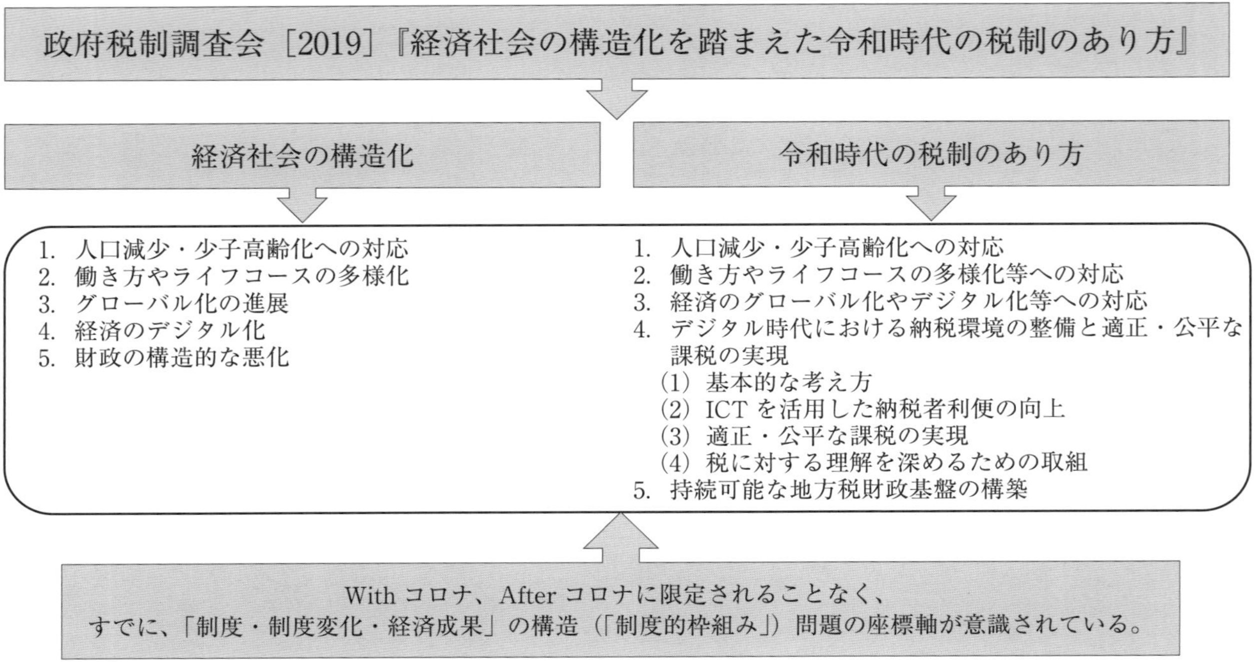

政府税制調査会［2019］『経済社会の構造化を踏まえた令和時代の税制のあり方』
経済社会の構造化
令和時代の税制のあり方
1. 人口減少・少子高齢化への対応
2. 働き方やライフコースの多様化
3. グローバル化の進展
4. 経済のデジタル化
5. 財政の構造的な悪化
1. 人口減少・少子高齢化への対応
2. 働き方やライフコースの多様化等への対応
3. 経済のグローバル化やデジタル化等への対応
4. デジタル時代における納税環境の整備と適正・公平な課税の実現
(1) 基本的な考え方
(2) ICTを活用した納税者利便の向上
(3) 適正・公平な課税の実現
(4) 税に対する理解を深めるための取組
5. 持続可能な地方税財政基盤の構築
With コロナ、After コロナに限定されることなく、
すでに、「制度・制度変化・経済成果」の構造（「制度的枠組み」）問題の座標軸が意識されている。

（出典）筆者作成

図表２の税制調査会答申（2019）にみるように、従来の実体法かつ手続法に情報技術の進展を前提に変容を求めているものとなっているからである。

なお、課題としていただいた以下の「新たな経済取引」の税務上の問題について、フォーマルな制度とインフォーマルな制度の当てはめは、文献を管見する限り、インフォーマルな制度の新しい革袋の創設の解釈適用ではなく、フォーマルな制度を確認した旧い革袋による取扱いとなっているのが多数である。この点は、今後、詳細なる分析が必要であろうが、そもそも制度なるものは、演繹的な手法ではなく、先例を尊重し、帰納的な手法に従うものであるからであろう（中里（2005）、561頁以下）。

１　「テレワーク」をめぐる税務上の問題

税制調査会答申［2017］は、従来、わが国における組織としての企業システムは、業法の制約下にあり、被用者の副業・兼業は就業規則の支配下のもとにあった。規制緩和によりこれらが柔軟化されると、請負契約などに基づいて働き、使用従属性の高さという点でむしろ実体としては被用者に近い自営業主（雇用的自営）が増加している。また、インターネットを通じて個別の仕事を請け負う働き方、ギグエコノミー（総務省（2019）、２頁）も広まっていると言及する。

このようなインターネットを通じた「新たな経済取引」や働き方の多様化に伴い、今後、申告手続に不慣れな被用者も副業・兼業が認められると、それに伴う申告を行うこととなる。そうすると、働き方やライフコースの多様化による「テレワーク」をめぐるギグワーカーの税務上の問題についても、わが国の所得税制上の10種の区分のうち、給与所得、事業取得及び雑所得の事実認定の線引きなどの実体法かつ手続法上、いかに対処するかが問題となってくる。当該問題へのアプローチは、新しい革袋ではなく、旧い革袋で処理している先行研究が多いといえる（森信（2020）、９-29頁）。(2)

（２）　前掲注１は、当該問題の典型である。なお、「新たな取引」として、「デジタル財産を巡る問題」が専門誌上、特集として問題提起されている。これらの文献が果

2　電子データの保存問題（「改正電子帳簿保存法」の施行上の問題）

1998年に納税環境の整備の観点から、電子帳簿保存法が創設され、当該法規制は、すでに四半世紀にも及ぶ月日が経過した。それは、第1条の趣旨規定にもあるように、納税義務の適正公平な課税の履行を確保しつつ、納税者などの国税関係帳簿書類の保存に係る納税者負担軽減、利便性を図るという二つの目的のもとに創設された経緯がある。

周知のように、当該電子帳簿保存法においては、その後、度重なる改正（PwC 税理士法人（2021）、13-18頁、酒井（2022）、和栗（2021）、110-154頁）が行われているが、「制度・制度変化・経済成果」のアプローチに資すると、上記二つの目的観の座標軸は、両者のバランスをいいつつも、資源の「効率性」と「公平性」に着目した改正が漸次、行われてきた。

しかし、2021年度税法改正において、図表3にみるように、その従来の電子帳簿など保存制度の枠組みに修正を試みる改正が行われた。その評価は識者によっては見解が分かれよう。この点につき、税制調査会答申（2020）は、「デジタル経済の進展、働き方の多様化、国境を越えた取引の増大といった経済社会の構造変化に対応し、申告納税制度の下、納税者及び税務当局を含む社会全体のコストを最小限に抑えつつ、納税者の自発的な納税義務の履行が適正かつ円滑に実現できるよう、制度上及び運用上の措置を講じていくことが重要である。」と言及している。当該答申は、資源の「効率性」と「公平性」を最小限にする指摘は、上記のミクロ経済学モデルの法律学への適用を彷彿させた感があり、戦後の申告納税制度が国家（政府）と納税者との位相を納税者の観点からいま一度確認させるものとなっている。

上記の資源の「効率性」と「公平性」を最小限にする指摘は、制度としてすでにロードマップとして決定されている「適格請求書など保存方式（いわゆるインボイス制度）」についても、上記Ⅲ１で取り上げた「新たな経済取引」に

たして、解釈方法として旧い革袋（解釈方法）に入れてこれらを解釈しているのか、それとも新しい革袋に入れてこれらを解釈しているのかという線引きするのも一考であろう（税理第65巻第7号、15頁以下参照）。

図表3　2021年度税法改正と納税環境の整備

電子データの保存問題（「改正電子帳簿保存法」の施行上の問題）

↓

電子帳簿保存法の創設からの現行までの系譜の確認作業

↓

現状：電子帳簿保存法：令和4年度税法改正

↓

納税環境の整備と改善

1 国税関係帳簿書類の電磁的記録等による保存制度の見直し
（1）承認制度の廃止
（2）国税関係帳簿書類の電磁的記録等による保存方法の見直し
①国税関係帳簿の電磁的記録等による保存等について、正規の簿記の原則（複式簿記の原則）に従い、整然と、かつ、明瞭に記録されているもの以外のものが対象から外されました。
②国税関係帳簿書類の電磁的記録等による保存等について、電磁的記録の訂正・削除・追加の履歴の確保等の要件が除外された上、その国税関係帳簿書類に係る電磁的記録の提示又は提出の要求に応じることができるようにしておくことが要件とされました。
（3）優良な電子帳簿保存制度（優良な電子帳簿に係る過少申告加算税の軽減措置）の整備
2 国税関係書類に係るスキャナ保存制度の見直し
（1）承認制度の廃止
（2）国税関係書類に係るスキャナ保存要件の見直し
3 電子取引の取引情報に係る電磁的記録の保存制度の見直し
（1）電磁的記録の出力書面等による保存措置の廃止
（2）真実性の確保の要件を満たす措置の整備
（3）検索機能の確保の要件の整備
4 国税関係書類に係るスキャナ保存制度及び電子取引の取引情報に係る電磁的記録の保存制度における電磁的記録の適正な保存を担保するための措置の整備
（1）国税関係帳簿又は国税関係書類等とみなす電磁的記録等の整備
（2）災害その他やむを得ない事情に係る宥恕措置の整備
（3）電磁的記録に係る重加算税の加重措置の整備
（出典）筆者作成

電帳法改正後の記帳水準向上に向けた課題

令和3年6月15日
第[redacted]回専門家会合
財務省[redacted]出資料

帳簿の作成方法	それぞれの課題認識
①優良な電子帳簿 （訂正履歴の保存等による高い信頼性に対し、過少申告加算税の軽減や所得税の青色申告控除の上乗せはあるが、法人税の青色申告の恩典に②との区分はない） ※個人・法人合わせて27万件程度	・信頼性の高い優良な電子帳簿に対する意識の向上や、その利用機会の拡大を図る必要。 ・優良な電子帳簿への移行は、大企業のシステム改修、中小・個人では対応会計ソフトの導入コストが課題。
②複式簿記による帳簿 （会計ソフトを用いた「その他の電子帳簿」により複式簿記へのハードルは低下） ※法人はほぼ100%が，個人事業者は3割程度が複式簿記により記帳。	・複式簿記での記帳の一層の利用機会の拡大や民間機関による記帳指導の充実が必要。 ・会計ソフトによって基本的には低コストで手間をかけずに複式簿記での記帳が可能であるが、特に零細事業者にはコスト負担に見合うメリットが認識されづらい。
③簡易簿記・現金主義など ※個人事業者の3割程度。	・貸借科目の記帳がないこと等で、所得計算上の誤りが発生しやすい。 ・青色申告の恩典も一部ある中で、いったん簡易な記帳に慣れると複式簿記での記帳に移行する動機に乏しい場合も存在。
④記帳不備・無記帳（無申告）	・記帳・証憑保存のない場合は真実の所得把握にかかる執行コストが多大で、ペナルティ適用上の立証も困難。 ・記帳義務不履行に対する不利益がない中で記帳の動機に乏しい場合も存在。

おける制度の構造問題と同様に、新古典派のアプローチの限界を克服することにより円滑な実施にも資する観点からのものであろうが、2021年度税法改正（和栗（2021）、110-154頁）は、新制度学派のアプローチの歴史性を踏まえた格好のものとなっている。それは、国家（政府）と企業を取り巻く法的主体との位相の連結環、媒介項としての企業の存在を認め、その上で企業内部のガバナンスを図るという行動経済学の「間接規制」としての技法なども保存制度の見直しとして展開されているといえよう（中里＝太田＝伊藤（2020）、8頁）。

3　Afterコロナでの新たな「ネット取引」（販売形態）の税務会計上の問題

上記したように、最近の税制調査会答申は、現実的な執行可能性の観点から、従来の実体法及び手続法に、「直接規制」かつ「間接規制」として情報技術の進展に伴った変革を求めている。当該諸問題への具体的な施策は、図表4にみるように、電子商取引を前提に「新たな経済取引」として、シェアリングエコノミーの外、仮想通貨取引、金地金の取引を挙げているのが例証である。

以下では、「新たな経済取引」として、河崎照行座長よりいただいた(1)クラウドファンディング、(2)サブスクリプション及び(3)その他としてシェアリングエコノミーにかかる問題を取り上げるが、これらの「新たな経済取引」に共通するビジネスモデルは、国家（政府）と企業を取り巻く法的主体との位相関係に、新たにプラットフォーマーなどの媒介項を組み込んだものであるにすぎないといえよう。

(1)　クラウドファンディング

Jeremy, R.［2014］のように、論調としてシェアリングエコノミーの制度的機能は市場資本主義から協働型コモンズへの一大パラダイムシフトであるという見解もある。しかし、ここでは、市場資本主義を支える手段としてのシェアリングエコノミーに焦点を当てる（和田（2016））。

シェアリングエコノミーは、余剰アセットを有効活用しようという発想が根幹にあるが、資金調達・運用に伴うクラウドファンディングは、資金需要者がプラットフォーム上に資金提供を受ける際の詳細な条件をあらかじめ提示し、

図表 4　After コロナでの新たな「ネット取引」の税務会計上の問題

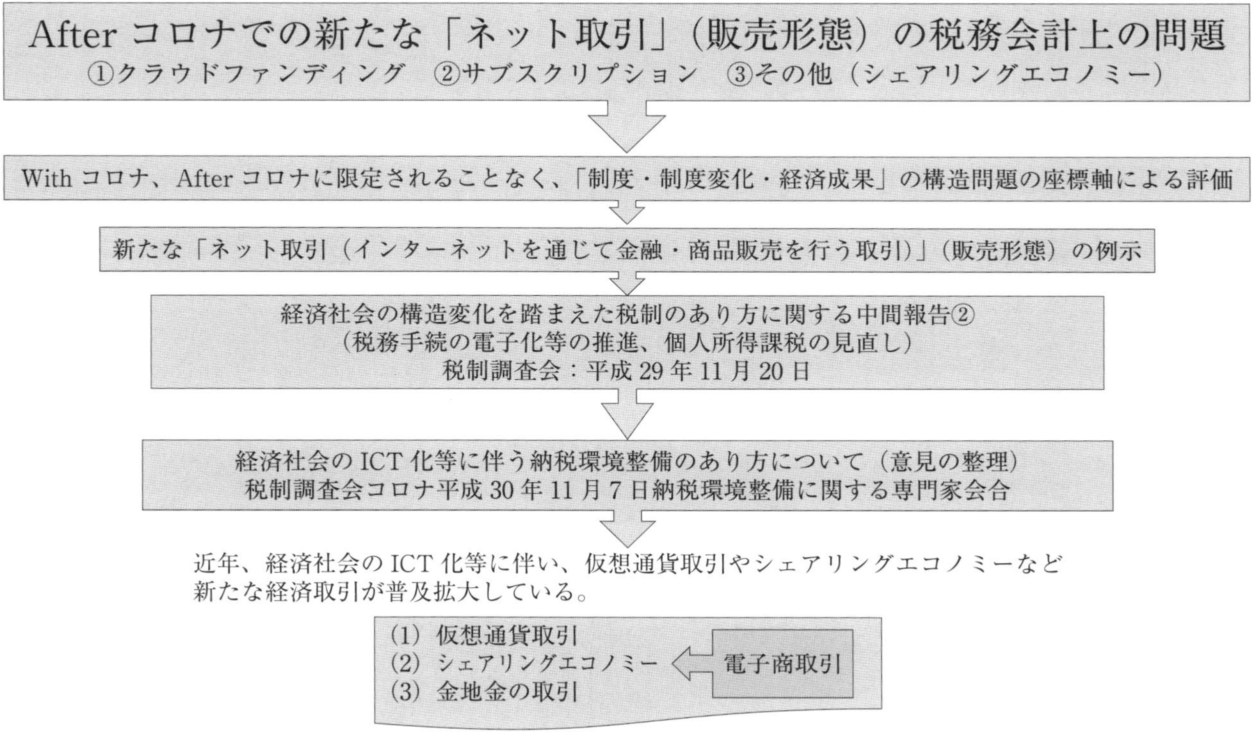

After コロナでの新たな「ネット取引」（販売形態）の税務会計上の問題
①クラウドファンディング　②サブスクリプション　③その他（シェアリングエコノミー）
With コロナ、After コロナに限定されることなく、「制度・制度変化・経済成果」の構造問題の座標軸による評価
新たな「ネット取引（インターネットを通じて金融・商品販売を行う取引）」（販売形態）の例示
経済社会の構造変化を踏まえた税制のあり方に関する中間報告②
（税務手続の電子化等の推進、個人所得課税の見直し）
税制調査会：平成 29 年 11 月 20 日
経済社会の ICT 化等に伴う納税環境整備のあり方について（意見の整理）
税制調査会コロナ平成 30 年 11 月 7 日納税環境整備に関する専門家会合
近年、経済社会の ICT 化等に伴い、仮想通貨取引やシェアリングエコノミーなど
新たな経済取引が普及拡大している。
(1)　仮想通貨取引
(2)　シェアリングエコノミー
(3)　金地金の取引
電子商取引

（出典）筆者作成

当該条件を受け入れた資金提供者が資金需要者に資金提供を行うビジネスモデルである。

図表5にみるように、その分類に従って諸種の類型［石原（2022）、105-119頁］があるが、このような「新たな経済取引」としてのクラウドファンディングの税務上の処理については、結論からいって、新しい革袋ではなく、旧い革袋で処理している先行研究が多いといえる（原（2022）、223-225頁）。

⑵　サブスクリプション

図表6にみるように、サブスクリプションという「新たな経済取引」は、動画配信、音楽配信といった通信回線で送受信されるデータをリアルタイムで再生する技術（ストリーミング）である。それは、月額などで一定の料金でサービスを購入できる契約形態であり、一般に「定額制」といわれるものである。それは、コンシューマー向けの「広告収入型モデル」（主として無料）と「課金型モデル」（有料）に大別されるサービス形態である（総務省（2021）、31頁）。

このように理解すると、サブスクリプションも⑶で取り上げるシェアリングエコノミーも、その類似点は、アセットの所有（支配）を目的とするものではなく、余剰アセットの有効活用を目的とする「所有から利用へ」のコンセプトをインターネット上のマッチングにより展開したビジネスモデルといえる。したがって、サブスクリプションは、比較的高額で長期的な資産等の賃貸借で中途解釈できないリース、比較的に短期の資産の賃貸借契約のレンタルとは異なった長期の回帰的な賃貸借のビジネスモデルである点に留意の上、取り扱うことになる（Tien Tzuo and Gabe Weisert（2018））。「新たな経済取引」としてのサブスクリプションの税務上の処理については、新しい革袋ではなく、ここでも旧い革袋で処理している先行研究が多いといえる（吉村＝畑中（2021）、108頁以下）。

⑶　その他（シェアリングエコノミー）

その他の「新たな経済取引」として、ここでは、シェアリングエコノミーを取り上げる。上記したように、シェアリングエコノミーの対象は、余剰アセッ

図表5　クラウドファンディング

Afterコロナでの新たな「ネット取引」（販売形態）の税務会計上の問題
①クラウドファンディング　②サブスクリプション　③その他（シェアリングエコノミー）

①クラウドファンディングの場合

シェアリングエコノミーのうち、お金のシェアは、クラウドファンデイングを指す。お金のシェアを行う場合、資金需要者がプラットフォーム上に資金提供を受ける際の詳細な条件をあらかじめ提示し、当該条件を受け入れた資金提供者が資金需要者に資金提供を行うというサービスモデル

類型／分類	クラウドファンディングの類型				
	お金のシェアを行う場合、資金需要者がプラットフォーマー上に資金提供を受ける際の詳細な条件をあらかじめ提示し、当該条件を受け入れた資金提供者が資金需要者に資金提供を行うというサービスモデル				
対価の有無による分類	購入型クラウドファンデイング 資金提供者が対価を得ることを前提とする仕組み⇒(有)	投資型・貸付型クラウドファンデイング 資金提供者が対価を得ることを前提とする仕組み⇒(有)			寄付型クラウドファンディング 資金提供者が対価を得ないことを前提とする仕組み⇒(無)
資金提供者が得られる対価の性質による分類	資金提供者が得られる対価の性質が商品やサービスであるもの	資金提供者が得られる対価の性質が金銭又は有価証券であるもの			
		ファンド型クラウドファンデイング	株式投資型クラウドファンデイング	貸付型クラウドファンデイング	
		●クラウドファンデイングを利用する資金需要者が提供資金を元手に事業を行い、当該事業から生じる収益に応じて金銭を分配するという仕組みのもの。 ●一般的にはクラウドファンデイング運営事業者が資金提供者と資金需要のある資金需要者の間に入り、集団投資スキームの媒介を行うという形態をとる。	●資金提供者がその提供資金に応じて資金需要のある資金需要者の株式を受け取り、事業の結果に応じて配当金が得られるという仕組みのもの。 ●資金提供者の立場からすればインターネットを利用して未公開株式を自由に購入することができる。	●資金提供者が提供した資金の元本に加え、所定の金利（一般には金融機関が実行する貸付けよりも高い利率を謳うものが多い。）が上乗せされたものを得られるという仕組みのもの。 ●資金提供者が得られる対価は、金利である。一般的には、クラウドファンデイング運営事業者が匿名組合を代表とする集団投資スキームを組成して資金提供者から金銭を集め、その金銭を資金需要のある資金需要者に貸し付けるという形態をとる。	

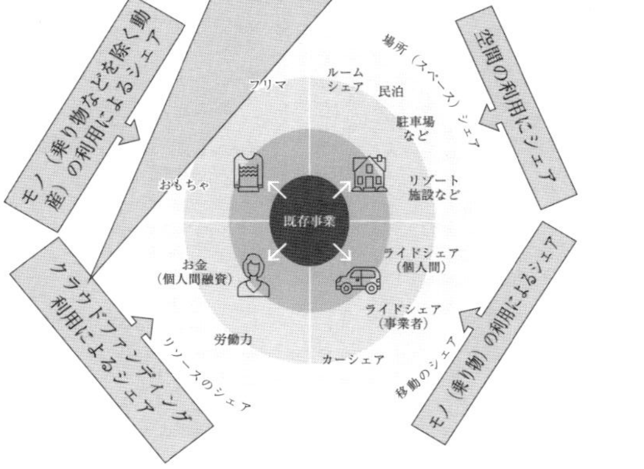

では、以上の「新たな経済取引」は、税務会計上、どのように処理するか？

先行研究の検証

（出典）筆者作成

図表6　サブスクリプション

Afterコロナでの新たな「ネット取引」（販売形態）の税務会計上の問題
①クラウドファンディング　②サブスクリプション　③その他（シェアリングエコノミー）

②サブスクリプションの場合

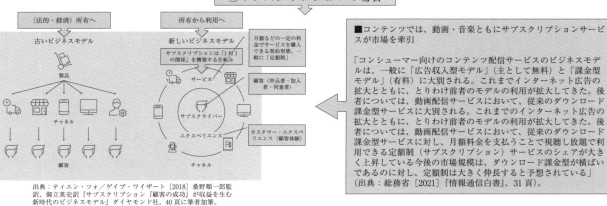

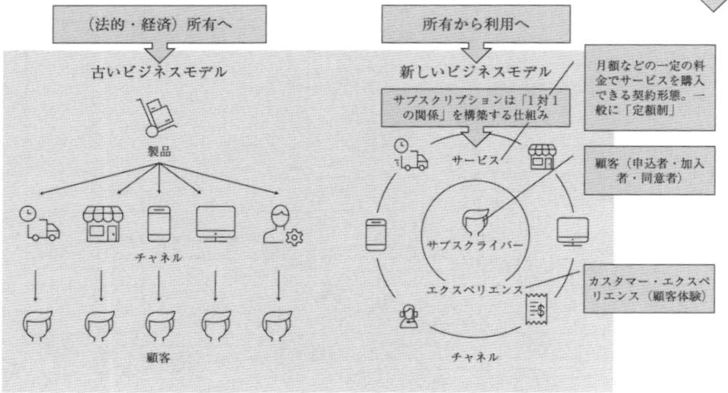

出典：ティエン・ツォ／ゲイブ・ワイザート［2018］桑野順一郎監訳、御立英史訳『サブスクリプション『顧客の成功』が収益を生む新時代のビジネスモデル』ダイヤモンド社、40頁に筆者加筆。

■コンテンツでは、動画・音楽ともにサブスクリプションサービスが市場を牽引

「コンシューマー向けのコンテンツ配信サービスのビジネスモデルは、一般に「広告収入型モデル」（主として無料）と「課金型モデル」（有料）に大別される。これまでインターネット広告の拡大とともに、とりわけ前者のモデルの利用が拡大してきた。後者については、動画配信サービスにおいて、従来のダウンロード課金型サービスに大別される。これまでのインターネット広告の拡大とともに、とりわけ前者のモデルの利用が拡大してきた。後者については、動画配信サービスにおいて、従来のダウンロード課金型サービスに対し、月額料金を支払うことで視聴し放題で利用できる定額制（サブスクリプション）サービスのシェアが大きく上昇している今後の市場規模は、ダウンロード課金型が横ばいであるのに対し、定額制は大きく伸長すると予想されている」（出典：総務省［2021］『情報通信白書』、31頁）。

では、以上の「新たな経済取引」は、税務会計上、どのように処理するか？

先行研究の検証

（出典）図表は、Tien Tzuo and Gabe Weisert（2018）40頁に筆者が追加した。

図表7　その他（シェアリングエコノミー）

Afterコロナでの新たな「ネット取引」（販売形態）の税務会計上の問題
①クラウドファンディング　②サブスクリプション　③その他（シェアリングエコノミー）

↓

③その他（シェアリングエコノミー）の場合

↓

では、以上の「新たな経済取引」は、税務会計上、どのように処理するか？

↓

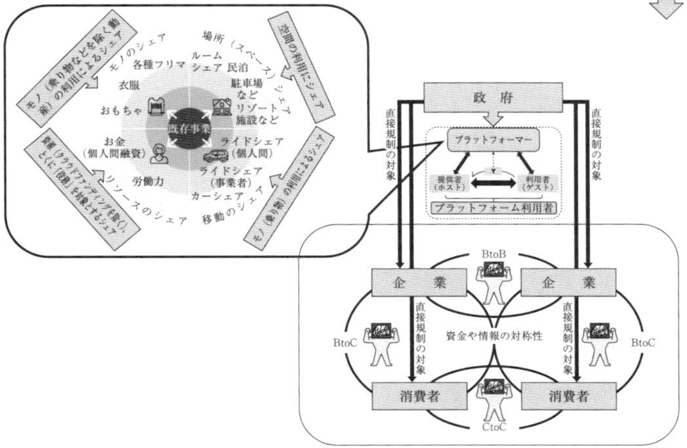

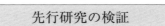

シェアサービスの種類	所得区分
モノのシェア	雑所得又は事業所得
移動のシェア	雑所得又は事業所得
空間のシェア 人的役務提供を伴うもの（民泊など） 人的役務提供を伴わないもの（不動産賃貸）	 雑所得又は事業所得 不動産所得又は事業所得
スキルのシェア	雑所得又は事業所得
お金のシェア 購入型クラウドファンディング 寄付型クラウドファンディング	雑所得又は事業所得 個人→個人の寄付は贈与税の課税対象 法人→個人の寄付は一時所得

↓

先行研究の検証

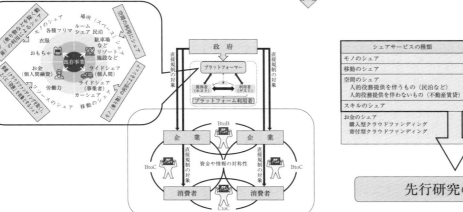

（出典）筆者作成

トの有効活用を意図したビジネスモデルといえる。

図表7に挙げたように、多くのカテゴリーの類型化できるが、「新たな経済取引」としてのシェアリングエコノミーは、クラウドファンディングの税務上の処理と同様に、新しい革袋ではなく、旧い革袋で処理している先行研究が多いといえる（デジタルエコノミーと税制研究会（2018）、17頁。石原（2022）、254-260頁。鈴木（2021）、156頁、山田（2020））。

おわりに

本稿は、ミクロ経済学モデルの方法を法律学への適用を試みる「法と経済学」を手法として採用した。それは、経済社会の構造化問題と租税制度について、理論の諸相と制度がいかにその法政策として関連付けられているかを検討することにあった。そこでは、ミクロ経済学モデルの新古典派のアプローチに基づき理想設計を講ずるよりも、新制度学派のアプローチの歴史性などの諸相を鑑みた改革の方が現実的であり、執行可能であるということに帰着する。別言すると、それは、制度の多層性を認めることにもつながるが、凡そ制度設計においては、資源配分の「効率性」、「公平性」について、新古典派のアプローチに基づき、あらかじめ事前のアプローチに従ってすべてを律することよりも、新制度学派のアプローチによる歴史性を重んじ、事後的な修正を盛り込んだ制度のあり方の方が実践性を鑑みるという意味では賢明であり、かつ長期的な観点にも適うからである。このことは、わが国における将来の進路変更についても、柔軟性を組み込んだ資源配分の「効率性」、「公平性」の指向とも合致するものといえる。他方、当該アプローチは、North, D.C.（1990）による「制度・制度変化・経済成果」の座標軸による価値判断を含む「中立性」、「公平性」という基礎原則にも適うものであるといえよう（田中（2004））。

[参考文献]

・ Chavance, B.（2007）*L'économie institutionnelle*, La Découverte, Paris.（訳書）宇仁宏雪幸・中原隆幸・斉藤日出司訳（2007）『入門制度経済学』ナカニシヤ

出版。

・　Coase, R.H.（1990）*The Firm, the Market, and the Law*, University of Chikago Press.（訳書）宮沢健一・後藤晃・藤垣芳文訳（1992）『企業・市場・法』東洋経済新報社。

・　Jeremy, R.（2014）*The Zero Marginal Cost Society：The Internet of Thing, the Collaborative Common, and the eclipse of Capitalism*, Palgrave Macmillan,（訳書）柴田裕之訳（2015）『限界費用ゼロ社会－〈モノのインターネット〉と共有型経済の台頭』）NHK 出版。

・　North, D.C.（1990）*Institutions, Institutional Change and Economic Performance*, Cambridge University Press.（訳書）竹下公規訳（1994）『制度・制度変化・経済成果』晃洋書房。

・　Sunstein, C.R.（2020）*Behavioral Science and Public Policy*. Cambridge University Press.（訳書）吉良貴之訳（2021）『入門行動科学と公共政策－ナッジからはじまる自由論と幸福論』勁草書房。

・　Tien Tzuo and Gabe Weisert（2018）*Subscribed: Why the Subscription Model Will Be Your Company's Future-and What to Do About It.* Los Angeles Times［訳書］桑野順一郎監訳・御立英史訳（2018）『サブスクリプション「顧客の成功」が収益を生む新時代のビジネスモデル』ダイヤモンド社。

・　石原遥平（2022）「シェアリングエコノミーの法規制と実務」青林書院。

・　岩原紳作（2000）「会社法改正の回顧と展望」『商事法務』第1569号、4-16頁。

・　植田裕美子（2021）「租税法の解釈・適用に係るソフトローの対象領域と今後の課題」『税務大学校論叢』第103号、367-462頁。

・　酒井啓司（2022）「納税環境整備」『税研』第38巻第1号、53-56頁。

・　篠崎彰彦（2014）「インフォーメーション・エコノミー－情報化する経済種会の全体像」NTT 出版。

・　鈴木一水（2021）「シェアリングエコノミーの会計と税務」『日税研論集』第79巻、147-179頁。

・　税制調査会答申（2013）、（2015）、（2017）、（2019）、日本租税研究協会、https://www.soken.or.jp/toushinshu/（2021.08.02）。

・　総務省（2019）『情報通信白書』。

・　総務省（2020）『情報通信白書』。

・　田中治（2002）「租税における中立の法理」『日税研論集』第54巻、65-86頁。

・　田中成明（2011）『現代法理学』有斐閣。

・　田中成明（2016）『法学入門〔新版〕』有斐閣、196頁。
・　デジタルエコノミーと税制研究会（2018）「デジタルエコノミーの発達と税制の課題」NTT データ経営研究所、1-24頁。
・　那須耕介・橋本努（2020）「ナッジ!?－自由でおせっかいなリバタリアン・パターナリズム」勁草書房。
・　中里実（2005）「法制度の効率性とソフトロー」中山信弘先生還暦記念論文集『知的財産法の理論と現代的課題』弘文堂、555-579頁。
・　中里実（2008）「税制改革の背景」『税務大学校論叢40周年記念論文集』税務大学校、271-297頁。
・　中里実（2014）「制度の効率性と租税」『ジュリスト増刊・論究ジュリスト』、84-91頁。
・　中里実＝太田洋＝伊藤剛志（2020）『デジタルエコノミーと課税のフロンティア』有斐閣、2-12頁。
・　原尚美（2022）「事例解説　もう悩まない！ 税理士のためのクラウドファンディングの実務～類型ごとの会計処理から資金調達支援のためのアドバイスまで～」第一法規、223-225頁。
・　PwC 税理士法人（2021）「令和3年度改正に対応電子帳簿保存法の制度と実務」清文社。
・　増井良啓（2008）「租税法の形成における実験－国税庁通達の機能をめぐる一考察」中山信弘・中里実編「ソフトロー研究叢書第3巻　政府規制とソフトロー1有斐閣。
・　松尾陽編（2017）「アーキテクチャアと法－法学のアーキテクチュアルな転回？」弘文堂。
・　森信茂樹（2019）「デジタル経済と税－AI 時代の富をめぐる攻防」日本経済新聞社。
・　森信茂樹（2020）「シェアリング・エコノミー、ギグエコノミー－の発達と税制の課題」『フィナンシャル・レビュー』第143号、9-29頁。
・　山田敏也（2020）「シェアリングエコノミーと消費税－『事業として』の範囲及びその事業に係る仕入税額控除を中心に－」『税大論叢』第100号、269-351頁。
・　吉村壮司・畑中孝介（2021）『CFO のためのサブスクリプション・ビジネスの実務』中央経済社。
・　和栗佑介（2021）「改正国税関係法令詳解－改正国税通則など」『税理』第64巻第9号、110-154頁。

・　渡辺智之（2001）「経済学者から見た法と経済学」『法学教室』第365号、46-51頁。
・　渡辺智之（2008）「『法人実在説』の再構成－取引費用と法人税」『ジュリスト』第1349号、118-124頁。
・　渡辺智之（2010）「最適課税論と所得概念」『租税法の発展』有斐閣、297-314頁。
・　和田伸一郎（2016）「『新デジタル時代』と新しい資本主義」佐藤卓己『岩波講座現代第9巻デジタル情報社会の未来』岩波書店、203-231頁。

〈シンポジウム〉

コロナ禍で生じた税務会計の諸問題

総　合　司　会
河﨑　照行（甲南大学）

解　題「統一論題の趣旨と主要論点」

1　統一論題の趣旨

新型コロナウイルス感染症の感染拡大が止まらない。わが国では、2020年4月7日に、最初の緊急事態宣言が発出され、その後、幾度となく感染拡大の波が繰り返されている。感染拡大の終息が見通せない今日、新型コロナウイルス感染症との共存（Afterコロナあるいはニューノーマル）を図る企業経営・企業会計のあり方が模索されている。

新型コロナウイルス感染症の影響に苦しんでいるのが中小零細企業である。中小零細企業の財務基盤は大企業に比べて脆弱であり、コロナ禍に対応するには、税制上の措置を含み、国や自治体、金融機関の支援に頼らざるを得ないのが実情である。

かかる状況を踏まえ、第34回全国大会（準備委員長：齋藤真哉横浜国立大学教授）では、「コロナ禍で生じた税務会計の諸問題」と題して、アカデミックな観点から、コロナ禍における税務会計の個別的・具体的課題を浮き彫りにするとともに、その解決策を議論することとなった。

もとより、コロナ禍で生じた税務会計の諸問題は、平時（従来）における税務会計の諸問題と多くの共通点がある。したがって、統一論題の報告及び討論では、「コロナ禍」で発生した新たな問題や「コロナ禍」に起因する解決の緊急性等に焦点をあてたい。

2　報告者と細目及び主要論点

統一論題の報告者と細目及び主要な論点は、以下のとおりである（敬称略）。シンポジウムでは、これらの論点をめぐって討論を実施する。

⑴　第一報告「コロナ禍における規模別税制――中小法人の画定基準に関する一考察」（小林裕明：青山学院大学）

①　中小企業優遇税制（中小法人の特例制度）の特徴：減資による中小法人化の主要因は税負担の軽減が目的。

②　「区分基準」の問題：わが国の資本金基準は、会社財産に実質的な影響なく金額の切下げ操作が可能となる点が問題。

③　「諸外国の規模別税制」の特徴：諸外国は、売上高、総資産額等を指標とする傾向にあり、わが国もこれらの指標の併用が現実的。

⑵　第二報告「事業支援――経営の支援と資金の支援の観点からの検討」（金子友裕：東洋大学）

①　事業支援の二つの考え方の検討：「経営の支援」と「資金の支援」という二つの考え方を概説。

②　経営支援をめぐる諸問題（BCM［事業継続マネジメント］と支援）：ゾンビ企業への支援の防止には、BCMに取組む企業の支援が重要。

③　資金支援をめぐる諸問題（融資、補助金、税の減免）：融資や補助金は、過剰でなかったどうか等の検証が必要。

⑶　第三報告「事業再生・再編」（藤曲武美：税理士）

①　更正手続開始の決定による債務免除等の問題（期限切れ欠損金額の損金算入問題）：制度の概要と期限切れ欠損金の意義を概説。

②　私的整理手続と支援税制の問題：企業再生税制の適用がある場合とない場合の税務処理の問題点を指摘。

③　事業再生と組織再編の税務問題：M＆A型再生、事業譲渡型再生、会社分割型再生、第二会社方式等を概説し、税務上の問題点を指摘。

④　廃業（解散・清算）の税務問題：「再生か、廃業か」の視点から議論。

⑷　第四報告「ネット取引の拡大」（福浦幾巳：西南学院大学）

①　「テレワーク」をめぐる税務上の問題：テレワークをめぐるギグワーカーの税務問題を検討。

②　電子データの保存問題（「改正電子帳簿保存法」の施行上の問題）：2021年税法改正をめぐる問題点を指摘。

③　Afterコロナでの新たな「ネット取引」（販売形態）（「クラウドファンディング」「サブスクリプション」等）と税務会計上の問題：税務上、旧い革袋（解釈方法）の処理による先行研究が多いことを指摘。

発言録

以下は、令和４年11月20日、税務会計研究学会第34回大会統一論題「コロナ禍で生じた税務会計の諸問題」における研究報告に基づいて行われたシンポジウムの発言録である。

このシンポジウムにおける報告者は、次のとおりである（報告順）。

小林　裕明（青山学院大学）
金子　友裕（東洋大学）
藤曲　武美（税理士）
福浦　幾巳（西南学院大学）

また、質問者は、次のとおりである（質問順）。

長谷川記央（税理士）
末永　英男（熊本学園大学）
香山　忠賜（税理士）
菅原　英雄（税理士）
大淵　博義（中央大学）
小林　大輔（税理士）
上野　隆也（税理士）

Ⅰ　各報告の概要と補足説明

司会（河﨑照行（甲南大学））　皆さんこんにちは。シンポジウムにご参加いただきましてありがとうございます。昨日は統一論題のテーマを、「コロナ禍で生じた税務会計の諸問題」と題しまして、４人の先生方からのご報告をいただきました。第一報告を小林裕明先生から「規模別税制」、第二報告を金子友裕先生から「事業支援」、第三報告を藤曲武美先生から「事業再生・再編」、第四報告を福浦幾巳先生から「ネット取引の拡大」というテーマでご報告をいただいたところでございます。

昨日、先生方は皆様ご参加いただいて、ご報告は十分ご理解いただいていると思いますが、統一論題のシンポジウムに先立ちまして、冒頭にそれぞれお１人５分程度でご報告の趣旨といいますか、概要をお話ししていただこうと思います。そしてその後討論に移りたいと思います。お手元の資料は、私がこれまでいただいた質問をかなり圧縮し要約をしまして、それぞれの先生方に対する質問事項をまとめたものです。

このシンポジウムは以下の流れに沿って進めさせていただきたいと思います。まず冒頭に長谷川先生の質問が記載されておりますが、以下順次それぞれの先生方に対する質問事項の質疑応答をやっていきたいと思っておりますので、シンポジウムの流れはこの資料でご理解いただけるかと思います。

最後に、今回のシンポジウムの統一論題につきまして、それぞれの先生方のご見解をまとめていただくという流れで進めさせていただきたいと思います。２時間半という長時間でございますけれども、どうぞよろしくお願いいたします。

それでは、第一報告の小林先生のほうから「規模別税制」につきまして、ご報告の概要をお話しいただきたいと思います。小林先生どうぞよろしくお願いします。

小林裕明（青山学院大学）　ありがとうございます。第一報告の要旨につきまして、簡単にご説明させていただきます。昨日の報告内容のまとめとしてお聞きいただければ幸いです。

(敬称略)	(1)「第一報告」(小林裕明)：「コロナ禍における規模別税制」	(2)「第二報告」(金子友裕：「事業支援」	(3)「第三報告」(藤曲武美)：「事業再生・再編」	(4)「第四報告」(福浦幾巳)：「ネット取引の拡大」
(1) 長谷川記央(税理士)	・事業規模と担税力の関係について →事業規模をどのように捉えるべきか？ →事業規模と担税力は関係があるのか？	・事業継続すべき企業について →事業継続すべき企業の定義 →体系化のためのアプローチ ・「実態の観点」の意味について →実態とは、「法的実質か？」「経済的実質か？」「それ以外か？」	—	—
(2) 末永英男(熊本学園大学)	・理論的にみて、法人税法は会社法に依存（借用）してよいのか？	—	—	—
(3) 香山忠賜(税理士)	・租税回避と減資要因（特に、外形標準課税）について →どの程度の租税回避行為か？ →大企業の節税行為との関係は？ ・大企業の減資要因と収益認識会計基準との関係について →変動対価の取扱いは？	—	—	—
(4) 菅原英雄(税理士)	・会社分割による回避に関連して、中小企業の規模に応じた課税はどうなるか？	・租税制度で、行政目的を優遇することは租税法の基本原理に照らして問題はないか？ ・BCMについて、各種の給付金制度が「国からの安心」と解されないか？	—	—
(5) 大淵博義(中央大学)	—	・「寄附金は非対価性の支出」という理解について →親会社から子会社への無利息融資に関する見解 ・「部分貸倒れにおける事実認定が困難」という見解について →１つは担保あり、１つは無担保のケース	—	・「新しい取引は旧い革袋に入れて解釈する」の意味の具体的な説明 ・「新しい革袋」の概念について →「現行実定法の解釈論で可能か？」「立法的手当に拠るべきか？」
(6) 小林大輔(税理士)	—	—	—	・クラウドファウンディングの収入の分類について →「事業収入か？」「一時所得か？」「贈与の可能性は？」 →旅行費用の不足に対する追加支援の課税関係は？
(7) 上野隆也(税理士)	—	—	・スポンサー型（M＆A型）の事業再生について追加的な説明（特に、第二会社方式について）	—
	コロナ禍は平時の税務問題の何を浮き彫りにしたのか？			

まず、私の報告では、近年のコロナ禍において、大法人が減資して中小法人化する事例が多くみられ、その中には著名な企業も中小法人となっているという報道が散見されているという実態を起点としまして、その実態から、はたして規模別の税制において、中小法人を画定する基準がこのままでいいのか、資本金基準を中核とする基準のあり方を中心に考察を行うというのが、私の報告の骨子でございます。

その検討に際しまして、いくつかの視点を提示しております。まず中小法人を対象とする優遇税制の内容を目的別にまとめるとともに、現状の中小法人の画定基準を説明いたしました。また、現在の資本金制度が会社法の施行後、どのような形で位置づけられ運用されているのか、減資における手続きを交えてご説明しました。さらに、諸外国でわが国と同様に中小法人に対する優遇税制を設けている国が、どのような形で中小法人を画定する基準を設け運用しているのかについても、併せてご説明しました。

そして最後にわが国の規模別税制の基準のあり方につきまして、次の観点から考察を加えたものを報告させていただきました。

報告要旨集61頁の報告要旨を併せてご覧ください。一点目といたしましては、中小法人税制は長らく１億円の基準で対象を画定していたのですが、会計検査院の意見表示があって、2010年以後にいくつかの税制改正がなされました。大法人の系列の中小法人を排除する改正を経て、2017年に大法人並みの所得を有する法人等を除外する「適用除外事業者」を設ける改正が行われました。この適用除外事業者の基準は、15億円という所得水準で区切りを設けております。この所得水準では、１％にも満たない数の中小法人しか適用対象から排除し得ず、除外基準としては高過ぎるのではないかという問題意識を呈させていただきました。

二点目は、法人事業税の外形標準課税における基準について取り上げました。外形標準課税は応益原則を重視して、安定的な財源を確保する目的で、赤字でも外形標準部分である付加価値割、資本割の部分は、税負担を求める形でスタートしております。しかし、制度導入当初から、中小法人への配慮といった観点から、資本金1億円以下の法人が外形標準課税の対象外となっている制度が、そのまま現在も継続している状況が見られます。

直近の2015年に外形標準部分の税率を段階的に引き上げる改正がなされていて、いまは外形標準部分の税収が大体全体の8分の5になるように設定されております。この税率の引上げが却って、近年のコロナ禍において、資本金1億円以下に減資することによって外形標準課税を回避するインセンティブを高めているのではないか。また、端的に税逃れのために減資すると言われる批判の多くは、外形標準課税を回避する目的に集約されてくるのではないかという疑問を呈させていただきました。

三点目は、会社法の資本金制度のあり方です。会社法の施行後は資本金額は単なる計数と位置づけられて、会社の最低限維持すべき財産額という従来の意義が薄れて、形骸化が進んでいるのではないかということです。単なる計数ですから、特段の理由なく切り下げることが事実上可能となっております。減資を行うには、株主総会特別決議など一定の手続きが必要ですが、単なる資本金額の名目的な切下げのみで、払戻しを伴わなければ実質的な財産変動がないので、株主の理解も得られやすいようです。その結果、資本金額の切下げが比較的容易となっており、資本金額に操作性があると言えます。操作性がある計数を、優遇税制を受ける資格としての基準として用いるのはどうかという点を指摘しました。

四点目として、税を軽減する目的で減資を行うという状況が見受けられると申しましたが、実はそれ以外にも、コロナ禍においては、例えば助成金、支援金の支給対象となる、あるいは融資対象となるために減資を行い「中小企業者」となって、政策的な緊急支援策を受けるインセンティブが高まっているのではないかということです。

このような緊急支援策との比較において、税のインセンティブを考えますと、外形標準課税は別として、一般の中小企業税制などは、設備投資を行う際に、即時償却や税額控除という形で優遇を行っています。コロナ禍で赤字企業が増えており所得がない状況では、税の軽減を図るより、むしろ即効性の高い助成金等や融資の対象となることを求めて減資を行うインセンティブの方が相当高いのではないかという点を指摘しました。

最後に諸外国の規模別税制を見ますと、主に売上高、従業員数、総資産額の三つを選択的に組み合わせて使うことによって、中小法人の画定基準を作っている例が多いということを申し上げました。このように実際に運用されている諸外国の基準は、わが国の基準のあり方にとっても非常に参考になるのではないかと思います。

一方で、資本金基準は歴史を積み重ねており、資本金が会社の事業規模を的確に表すものではないという批判も相当ありますが、それとは逆に資本金は非常に簡明であり、なおかつ変動が少ない指標であるといったメリットも強調されており、税以外にも多くの法制度において、一定の基準値として使われてきた経緯も併せて考慮すべきと考えます。

したがって、中小法人を画定する基準のあり方としては、資本金基準にプラスして、売上高、従業員数、総資産額というような指標を、業種ごとにある程度細かく設定した上で、付加的に用いるというのが現実的な方策ではないかと考えます。

以上が私の報告骨子でございます。

司会　ありがとうございました。それでは、第二報告の金子先生、「事業支援」について、５分以内で簡潔に要点をお願いいたします。

金子友裕（東洋大学）　第二報告の金子です。「事業支援」について報告をさせていただきました。私のパートに関しては、第一報告と第三報告を結ぶ役割があるのであろうと考えています。そもそも事業支援という不明確な概念でタイトルが付いておりますので、こういった不明確な事業支援というものを、報告を聞いた皆様にきちんと理解していただけるように、自分なりに解釈をしつつ、規模の話、再生の話との接点を取りつつ検討したということになります。

このなかで事業支援を、経営の支援と資金の支援ということに分けることによって、対象を明らかにし、どういう手当てがあるかという議論に結びつけていこうとしている試みが本報告ということになります。

概略を言えば、事業支援を経営の支援と資金の支援に区分し、経営の支援としてはBCMの取扱いを中心に、資金の支援としては税の減免等の諸制度を中心に報告をさせていただきました。

その際に、いわゆるゾンビ企業と言われる企業を本当に支援の対象とすべきかということを念頭に置きまして、支援をする対象というものを、BCM等の取組みによりある程度の識別をしていく必要があるのではないかと指摘しております。税制等では、現行制度では客観性その他の問題から、規模が考慮され、そこで資本金を使うことの是非という議論がすでになされておりますが、それ以外の視点というものも提示しました。当然、BCM以外の視点もあり得るかと思うのですが、今回与えられた課題の趣旨に従って、本報告ではBCMというものを取り上げて検討を行わせていただきました。

こちらのなかでは、BCMに関していくつかの特徴を申し上げさせていただきましたが、繰り返したい点としては、税理士の先生方に対してもまだ周知が足りていないのではないかという点と、BCMに対する直接的な、より具体的な手当てというものが今後行われることが望ましいのではないかという点を述べさせていただきました。

また、資金の支援に関しては、融資、補助金等の話もさせていただきましたが、どちらかというと、ここは資料の提示を中心に、これまで行われてきた諸制度がどうなっているのか。もっと言えばその出口戦略はいまどのようになっているかという点を中心に述べさせていただきました。

今後、コロナ自体は収束すると思いますが、それ以外の問題も生じています。この中で、補助金、融資のあり方というのは継続して検討しなければいけないと思いますが、コロナという一点に関しては、そろそろ出口戦略を考えなければいけないという時期になっているのではないかと思います。

税の減免に関して、寄附金、貸倒れを通じて、コロナにおいて生じたある種の経済的な悪化に関する手当ての検討を行っております。寄附金に関しては、端的に言えばいろいろな目的が入っているといえます。対価のない資金の移動というものを寄附としたとしても、その取扱いを一律に処せられる状況ではなくて、税の中でもいくつかの考え方が出ている、あるいは諸制度があってそこに寄附というものが介在していることになります。このような場合を考えると、寄附金全体を見直す時期にきているのではないかというような提案をさせていただいております。

また、貸倒れに関しては、部分貸倒れというものを認める余地があろうという主張、あとは貸倒引当金というものが一部の企業を除いて廃止されておりますが、こういったものに関しては復活等させる必要があるのではないかという議論をさせていただきました。

その上で、この二つを復活等させるとすればどのような問題が生じるのかを検討しています。部分貸倒れになるのか、貸倒引当金を設定すべきかというような問題に対して、どのような考え方があるのかを取りあげました。つまりは、すでに発生しているものなのか、これから発生するものなのか、というような理念的な区分の仕方とかもあり得ると指摘をしております。そして、そのなかで寄附になるもの、ならないものという区分がさらに生ずるのではないかという提示をさせていただいて、こういう検討をするときに出てくる派生的な論点として何が生ずるかというのを提示させていただいたということになろうかと思います。

本報告に関しては、要旨はこれまで述べてきたことになりますが、見方を変えると、前半のほうでBCMの話をしているのは、おそらく経営学的な視点で見ているのだろうなと思います。一方で、補助金、融資に関しては実は政策論的な目線で見ているのであろうと思います。そして、最終的に税の減免では、いわゆる税務会計的な手法、会計的あるいは法学的な手法を用いて検討を行ったという、3部構造で今回の議論を組んでいることになると思います。このため、ある種のつながりの悪さのようなものはありますが、先ほど言ったように、こういうことによって第一報告、第三報告と併せて一つの流れみたいなものが構築できていれば、自分の報告としてはいい報告になったのではないかと思っています。このあたりは先生方にご判断をいただければと思います。私からは以上になります。

司会　ありがとうございました。それでは、第三報告、藤曲先生、「事業再生・再編」についての骨子を５分程度でお願いいたします。

藤曲武美（税理士）　私の担当の「事業再生・再編」というテーマでございますけれども、内容的には主に事業再生のところを中心にして報告をいたしました。事業再生の中でも特に取り上げたのは、事業再生の場合の法的パターンとしては、会社更生法に基づくもの、それから民事再生法に基づくもの、この二つが大きいわけでございますけれども、それ以外に実務においては私的整理手続きによるもの、民事再生に準ずる私的整理手続きによるもの、準則を各関係者が作ったものに基づいて行っていくというものがあります。この三つのパターンについて、かなり詳細にその相違点等を中心として検討をしました。

なんでこんなに細かく相違点があるのかというくらい細かな相違があります。実務としては、ここを一つでも踏み外すと地雷を踏んだ話になってしまうというようなこともあって、その相違点を中心に詳細に検討いたしました。その上で、はたしてここまで細かく区別をする必要があるのかというのが基本的な問題意識でございます。

その場合に、一つは政策的な観点からどうなのかということと、もう一つは理論的にどうなのかということでございます。理論的には、当学会でも過去に欠損金の取扱いについて期限を設けたり制限をしたりするものはいかがなものかという観点からの報告がなされておりますけれども、そういう理論的な観点と、それから政策的に見た場合は、少なくとも私的整理手続きに基づいた準則に基づいてやっていれば一定の合理性があるわけです。一定程度の合理性に基づいて再生を行っているわけで、それを前提とするならば、政策的にはそんなに細かく区分をして取扱いに相違をつけるというようなことが必要ないのではないかということを、問題提起したかったということでございます。

具体的には期限切れ欠損金の優先順位の問題、財産評定について少額資産に適用しないとか、その適用事業年度の所得金額を上限とする制限の有無、それから、ご承知のように欠損金については、大法人については50%の損金算入限度額の制限がありますけれども、このような非常時の事態までそれを適用しなければならないのか、50%の所得制限のところは外したほうがいいのではないかなど、各再生パターンの区分を詳細に検討しながら、申し上げたような問題意識からお話をしたところでございます。

それから、細かいお話は時間の関係上できませんでしたけれども、清算の場合でございます。これもご承知のように、かつての清算所得課税から各事業年度の所得の所得課税計算に移行したわけでございますけれども、それに伴って前と後が全く同じであるわけはないわけで、多少不利になる場合も出ております。そのようなこともはたして合理的であるのかどうかということでございます。

期限切れ欠損金について、残余財産がちょっとでもあると使えないというようなことが、はたして合理的に機能しているのかどうかということも、時間がないのであまりちゃんと触れられませんでしたけれども、その点も一応、問題提起としては考えていたということでございます。概要、以上のような問題意識でもってご報告をしたということになります。以上です。よろしくお願いします。

司会　ありがとうございました。それでは、第四報告、福浦先生、「ネット取引の拡大」の骨子を5分程度でお願いいたします。

福浦幾巳（西南学院大学）　福浦です。こんにちは。まずお手元に資料（次頁図表参照）が配られていると思いますけれども、ちょっとその曼陀羅図が書いてあるようなものを少しお出しいただければと思います。実は昨日の私の報告、特に資料がほとんど見にくく、申し訳ございませんでした。なかにはモザイクになったところがあり、逆にそこのところの質問も後ほどお受けしておりますので、今日後ほどご報告をしたいと思っています。

実は資料の真ん中に、経済基盤の変化から産業構造の変化というような図表があるわけですね。これは私が今回の統一論題というものをいただいたときに、さてどのような形で報告をしたらいいのかという一つのデッサンを描いたものでありました。資料なかほどは問題提起を踏まえて、世の潮流というもの、技術の進展がいかに制度に関連するのかということが昨日の報告の趣旨で

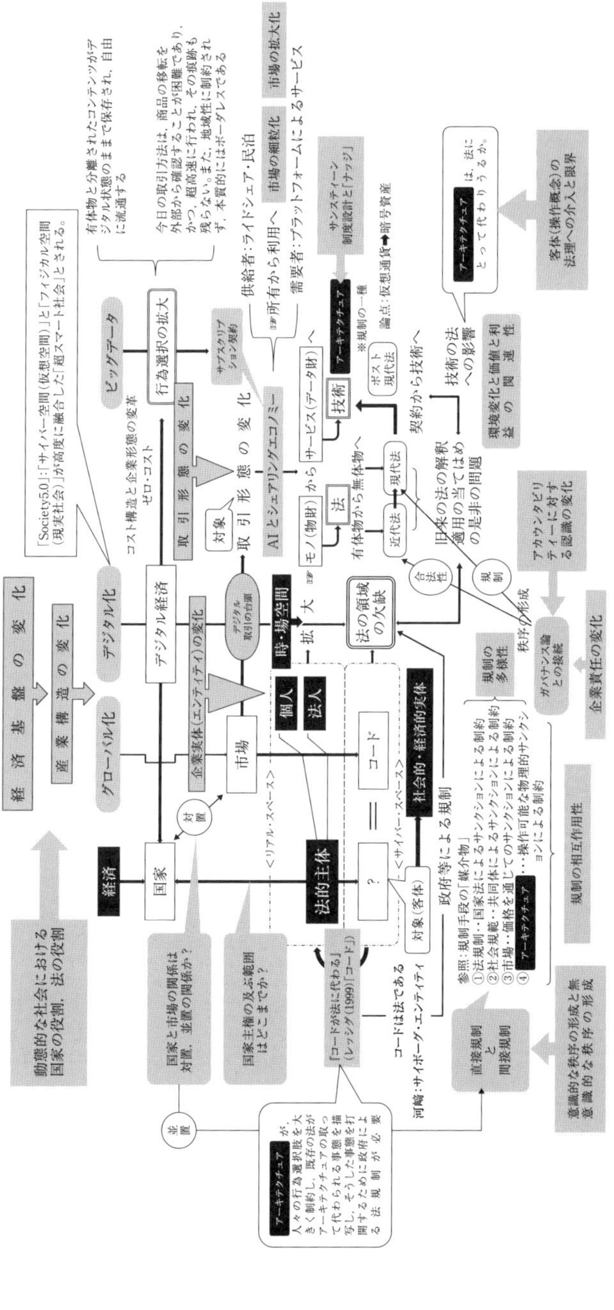

動態的な社会における国家の役割，法の役割
経済基盤の変化
産業構造の変化
「Society5.0」:「サイバー空間(仮想空間)」と「フィジカル空間(現実社会)」が高度に融合した「超スマート社会」とされる。
経済
グローバル化
デジタル化
ビッグデータ
コスト構造と企業形態の変革
ゼロ・コスト
有体物と分離されたコンテンツがデジタル状態のままで保存され，自由に流通する
今日の取引方法は，商品の移転を外部から確認することが困難であり，かつ，超高速に行われ，その痕跡も残らない。また，地域性に制約されず，本質的にはボーダレスである
国家
デジタル経済
行為選択の拡大
並置
国家と市場の関係は対置，並置の関係か？
対置
企業実体(エンティティ)の変化
取引形態の変化
対象
市場
デジタル取引の台頭
取引形態の変化
サブスクリプション契約
国家主権の及ぶ範囲はどこまでか？
＜リアル・スペース＞
供給者:ライドシェア・民泊
AIとシェアリングエコノミー
☞所有から利用へ
市場の細粒化
市場の拡大化
需要者:プラットフォームによるサービス
アーキテクチュアが，人々の行為選択肢を大きく制約し，既存の法がアーキテクチュアの取って代わられる事態を描写し，そうした事態を打開するために政府による法規制が必要
個人
時・場空間
法人
拡大
☞モノ(物財)から
サービス(データ財)へ
法的主体
『コードが法に代わる』(レッシグ(1999)「コード」)
法
技術
アーキテクチュア
サンスティーン制度設計と「ナッジ」
法の領域の欠缺
有体物から無体物へ
※規制の一種
?
＝
コード
ポスト現代法
論点:仮想通貨➡暗号資産
コードは法である
＜サイバー・スペース＞
近代法
現代法
河崎:サイボーグ・エンティティ
対象(客体)
社会的・経済的実体
合法性
契約から技術へ
政府等による規制
旧来の法の解釈適用の当てはめの是非の問題
技術の法への影響
アーキテクチュアは，法にとって代わりうるか。
直接規制と間接規制
参照:規制手段の「媒介物」
①法規制‥国家法によるサンクションによる制約
②社会規範‥共同体によるサンクションによる制約
③市場‥価格を通じてのサンクションによる制約
④アーキテクチュア・・・操作可能な物理的サンクションによる制約
規制の多様性
規制
秩序の形成
環境変化と価値と利益の関連性
ガバナンス論との接続
アカウンタビリティーに対する認識の変化
客体(操作概念)の法理への介入と限界
意識的な秩序の形成と無意識的な秩序の形成
規制の相互作用性
企業責任の変化

ございます。国家等の役割、企業の役割、そういうものの影響もあるだろう。そしてICTがもたらす影響というものは、企業のコスト構造にも関連するから、企業の本質、企業の役割、そういうものを少し考えねばいけないのではないかということを問題提起いたしました。

これは歴史的な観点でいけば、法と経済学の観点、特に新制度学派というのはコースの理論（Coase, R.H.［1990］***The Firm, the Market, and the Law***, University of Chikago Press.（訳書）宮沢健一＝後藤晃＝藤垣芳文訳『企業・市場・法』東洋経済新報社、1992年）等があるわけですけれども、これは新古典派のいうゼロ・コスト、そんなものはあり得ないということを含めて、企業というものを媒介項としたものを考える必要がある。歴史的にはそれを前提とした申告納税制度とか、青色申告制度とか、源泉徴収制度もその一翼を担っている。場合によっては、ひょっとして見にくかったわけですけれども、間接的にはこれを支援する税理士の制度の枠組みにも影響を与えるのではないかというような問題意識がありました。しかし、そのなかにおいて、やはり実践の観点から執行可能性ということを考えると、ある意味では疑問が残るということをご報告いたしました。

それを受けて、ここでは新たな経済取引というものを踏まえて、制度設計、その改正をどのように行ったらよいのか。フォーマル、インフォーマル、ハードローとソフトローの区分論というのはなかなか難しいわけですけれども、そこでは税制調査会答申が前提とした暗号資産とかシェアリングエコノミー、そういう新たな取引というものを題材として、このような議論があがっているということを申し上げました。

その一つとして、インフォーマルな制度として、ここでは典型的なものとして、国税庁が公表する通達、文書回答事例、FAQ（Frequently Asked Questions）等、これらのフォーマルな制度とインフォーマルな制度、これが双子のようになっている。これをいかに関連づけたらいいのか、こういう問題が起こるのではないかということを先生方にご報告をいたしました。

そこで昨日から物議を醸している「新しい酒は古い革袋に盛るか、新しい革袋に盛るか」、という問題提起をして、皆様の頭に残っているかと思いますけれども、これについてはまた後ほどご質問を賜るということでお願いしたいと思います。

そこでいま先生方にご提示申し上げました資料、特に右側のほうが今回の私の報告のテーマのところだろうと思っていただければと思います。そのほかに、やはり国家と主体論の理論とか、規制の問題とか、ガバナンスの問題とか、いろいろあるわけですね。電子帳簿保存法等も含めた規定ぶりを見ていくと、そこには何らかの形でガバナンスとかそういうものもあるだろうということを踏まえて、どのような国家の運営を行うのかということにも若干着目をしたいというのが、実は私の意図でもありましたけれども、今回はこういうものについての議論はできなかった。こういうものも今後考えていこうというのが左側にあるような図表の内容です。ある意味では、国家主権の及ぶ範囲はどこまでかということを含めたものを、今後考えていくということを今は考えているところです。

そういうことで、私の報告の内容というのは、この資料の右側にあるようなキーワードに関するものを前提としてご報告を申し上げた。こういう次第です。以上です。ありがとうございました。

Ⅱ　質疑応答

1　事業規模と担税力の関係

司会　ありがとうございました。以上のご報告を踏まえまして、皆様からのご質問にご回答をいただくという形で、中身の議論に入っていきたいと思います。

まず長谷川記央先生からのご質問であります。小林先生に対するご質問、それから金子先生に対するご質問、2件ありますので、まず小林先生に対するご質問からご回答をいただきたいと思います。手元の表に要点だけを書いておりますので、また後ほど質問者の先生のほうからは補足説明をいただきたいと思います。事業規模と担税力の関係についてのご質問であります。

まず、事業規模と担税力の関係についてご教授をいただきたいというご質問です。「まず、事業規模をどのようにとらえるべきか、先生のお立場を今一度ご教授いただきたい。」ということであります。「中小法人に対する政策目的の変化として、報告要旨集の62頁（本誌４頁）」、お持ちでしたらご覧いただきたいと思いますが、「以前は中小企業は相対的に経済的弱者と位置づけられていることがあげられています。」また、「報告要旨集の63頁（本誌５頁）では、今日では、中小企業を一律に経済的弱者と位置づけるのではないということが指摘されています。他方で、中小法人税制の政策目的の第一は、中小法人の担税力の低さに配慮した措置があげられています。」さらに、「報告要旨集の69頁（本誌20頁）では、わが国も担税力への配慮が必要となる事業規模とそれに見合う基準値を測りながら、付加的な基準を設定すべきとされています。」これは小林先生の最後の結論部分でありますが、「これらの記載から、先生のご意見として、税務会計的な見地から中小法人税制の政策目的があげられているように、事業規模と担税力に関係があるとお考えなのか。また、本報告における担税力とはどのようにお考えなのか教えてください。」ということであります。

長谷川先生、何か追加する点がありますでしょうか。よろしいでしょうか。それでは、小林先生ご回答をお願いします。

小林　長谷川先生、ご質問いただきましてどうもありがとうございます。ご質問の主な内容といたしましては、事業規模と担税力の関係という点と理解しましたが、私の報告では、特に担税力の視点から税制のあり方を論じるという構成を取っておらず、事業規模と担税力の関係については意図しておりません。

主要な論点といたしましては、先ほどご説明しましたように、優遇税制の対象とするかどうかという点から、事業規模を表す適切な指標は何がいいのか。そして、現在の資本金基準がはたしてその適切な指標たり得るのかといった点について考察した次第です。

担税力と書きましたし、また中小法人税制の中には、現在でも軽減税率の制度に代表されるように担税力に配意している制度がもちろん残っています。ただ、昨日、中小法人を対象とする税制を５つに分類してご説明しましたように、担税力に配意した制度はごく一部であり、広く見ますと、中小法人が成長するために、例えば投資を後押しするとか、必要な設備を導入した際に税の面から優遇するとか、そういう幅広い観点からの支援といったものが、中小法人税制の内容になっていると思います。

ご質問には担税力とは何かというような点もいただいており、私の理解としては、所得課税における担税力というのは、もちろん所得の大きさであると思います。所得の大きさが端的に担税力を表し、所得が大きい法人が税額を多く負担します。法人税のようにフラットな税率を適用する税のもとでは、税額は所得の大きさに比例し所得規模に応じた税額を負担することになりますので、特に事業規模別に税制を設ける必要はなく、稼ぎに応じた税額を負担すればいいという議論もあり得るでしょう。

しかし、昨日ご説明しましたように、中小法人という存在は大法人と比べて相対的に存立基盤が脆弱な面があり、例えば経営資源へのアクセスに困難性があって、事業活動において必要な人材や設備といったリソースを集めるのに困難な立場に置かれている、あるいは競争上の地位が大法人と比べて、相対的に不利な立場に置かれているということがあります。そういう点に配慮して、税制面で中小法人を優遇する制度が設けられており、これはわが国だけでなく諸外国にもそういった制度が見られます。

ですので、担税力の配慮という点をあげましたが、それは大事な点かもしれませんが、政策的考慮の一面であり、相対的に不利な立場をカバーし、事業活動を後押しするようなそれぞれの政策の内容を見て、その対象とする法人を画定するのに適切な規模の指標をどうするか考えるべきであると。今回の報告では、そういう主張を意図しております。

2　事業継続すべき企業の定義と体系化のアプローチ

司会　長谷川先生、何か追加的なご質問あるいはご意見等おありでしょうか。よろしいですか。ありがとうございました。

それでは、続きまして長谷川先生からのご質問であります。金子先生に対してのご質問が二点ほどあります。続けて二点ともご回答いただきたいと思いますが、まず第一点は、本報告の研究対象とされる事業継続です。これをすべき企業、それからこれは報告要旨集の74頁（本誌24頁）に記載されておりますが、事業継続をすべき企業について、そして第二点は報告要旨集の79頁（本誌33頁）に掲げられている実態の観点という表現です。これらについてご質問ということであります。

まず第一点の事業支援について、「事業継続をすべき企業に対して措置を行うべきとされております。事業継続をすべき企業とは一律的に定義することは困難であると思いますが、事業継続をすべき企業の定義と、そのような研究手法を用いて紐解くことが望ましいとお考えなのかどうかご教授ください。」また、「この点については、課税所得に対する研究に比べて、税務会計的手法を用いた場合に、経済学的手法や経営学的手法など様々なアプローチ、方法、こういったものと向き合うことが可能になってきます。様々なアプローチや方法は、選択可能なためにどのようなアプローチや方法を用いてそれを体系化するべきでしょうか。ご研究の成果をぜひお教えいただきたい」ということが第一点です。

それから第二点は、「報告要旨集の79頁（本誌33頁）に、対価との関連での説明ではなく、実態の観点からの説明がされているという記載、表現がございます。ここで言う実態とは法的実質なのか経済的実質なのか、あるいはそれ以外の意味があるのか、この点をご説明いただけないでしょうか。特に寄附金課税についての金子先生のお考えをご教授いただきたい」というご質問であります。何か追加的な説明は必要でしょうか。

長谷川記央（税理士） 税理士の長谷川です。大変貴重な発表ありがとうございました。二点目なんですけれど、実態の観点の意味については、大淵先生から寄附金課税のご質問をいただいているので、その際にまとめて、今回質問が多いと思うので、時間が押してしまう可能性もあるので、大淵先生のご質問は僕もお聞きしたかった趣旨とだいぶ似ていますので、そちらでご回答いただだければと思います。

一点目の事業継続をすべき企業についてなんですけれど、今回その事業支援について研究されていて、おそらくその研究対象が事業継続をすべき企業について先生は研究なされているわけですよね。なので、そこの研究範囲について定義がないと、どのような研究範囲だったのかが明確にならないので、ぜひその定義というのを教えていただきたいなというふうに思いました。以上です。

司会　では金子先生お願いします。

金子　実態についての部分、後ほど大淵先生のところで再度検討はさせていただきたいんですが、ちょっと一点気になるところがありまして、実はこの実態の言葉なのですが、基本的には引用部分を指していらっしゃっているのでその趣旨を質問されても私が回答すべきものか判断が難しいと考えています。

長谷川　（学会の作法のご指摘も頂きましたので）それは大変失礼しました。その部分を含めて、あえて先生は引用されていますから、先生のご見解に沿う文献だったから記載されていると思ったので、ぜひ寄附金課税についてのご見解をいただきたいなと思って質問させていただきましたので、引用の内容について確かにおっしゃるとおりなので、先生は執筆された方じゃないので、引用の方の趣旨とかはご回答いただけないというのはわかるんですけれど、寄附金課税においてその実態の観点をもし尊重するんであったら、先生であれば法的実質、経済的実質、それ以外を検討すべきなのか、それとも検討しないほうがいいのかという点があると思うんですけれど、それは大淵先生のところでたぶんご回答いただけるのかなと思うので一点目の質問に回答していただければと思います。

金子　まず指摘点をご理解いただきありがとうございます。ここの部分は、要は通達の解説です。この点に関しては統一論題のメンバーの中で話をさせていただいて、小林先生のほうから通達の解説の位置づけを説明させていただくと、ご質問に対する回答の一部になるのではないかと考えています。

司会　では小林先生お願いします。

小林　「髙橋（2021）」というのは、髙橋正朗編著『法人税基本通達逐条解説十訂版』（税務研究会出版局、2021年）を指しており、そこから引用しておられます。そこでは、「その内容いかんにかかわらず、常に寄附金として処理する等のことは全く実態に即さない」と記述されております。この「実態」という言葉につきましては、これを読む限りでは、正直なところ法的実態を指すのか経済的実態を指すのか、あるいは慣用的に用いているだけなのか、判然としません。

この逐条解説というものは、通達の立案担当者が書いており、その通達の作成に携わった方々が書いているので、通達として定められた趣旨や運用に関する留意点などを、具体的、補足的に書いていると思います。その意味では、当局の通達作成の意図を理解する上では、かなり重要な位置づけが認められているものだと思います。

一方で、通達は法源ではありませんので、その文言を取り上げて解釈する、ましてその解説に書かれた文言を取り上げて、それに拘泥する必要はないと思います。もとの法文、あるいはこの通達に即して考えていった場合に、ある程度合理的と考えられる範囲で意味を取ればいいのではないかと思います。通達は、課税庁としての法令解釈や運用の具体例を示したものですので、「解説」はその文脈に当てはめて、通達の文言を補完する意味合いで読むのだと思います。

金子　小林先生、ありがとうございます。この解説の部分に関しての位置づけ等を、実務経験等のある先生からこのお言葉をいただきたかったというものでした。次に、報告者の義務として、引用した趣旨というものも質問に入ったと思いますので私からも回答させて頂きたいと思います。今回の質問は通達の逐条解説ですから、当然通達そのものに法源があるわけではないと思います。そして、この実態というもの、内容的には経済的実態に近のではないかと思いますが、そういったものを婉曲的に示すことによって、法実効性という点での法的実態に近づくような実質を結果として持ってくる可能性がある記述というようなニュアンスでとらえております。私としては経済的実態に近いものとは思いますが、位置づけとしては、いまのような理解をして読むべき文章になるのかなということを、引用者としては考えながら引用しております。

この点について、さらに詳細な部分は、先ほど申し出ていただいたように大淵先生のところで類似の議論がありますので、より深い内容についてはそちらに譲らせていただければと思います。

続けて一点目の事業継続についてですが、ここはやや不思議な文章で、おそらく支援というようなタイトルから考える文章としては、事業継続を期待できる企業とか、期待すべき企業とかというような言葉が妥当なんだろうと思ったときがあります。ただその場合、支援する側が判断をすることになります。例えば、個人の資財がいっぱいある方で、キャッシュフローはマイナスになるけれど、自分の資財を投入することでつぶれないような企業について、そこに支援が必要なのであろうかという問題意識があります。おそらく、その投下した資本を、余剰を含めて増やしていってくれるような事業、当然プラスでなければいけないというわけではなくて、雇用の確保とかそういう観点も考えなければいけないとは思うんですが、そういったキャッシュフローとか雇用とかを多面的に考えたときに、普遍的な概念として事業継続をすべき企業というものを位置づけなければいけないんだろうと考えています。

今回コロナというある種の災害のようなものがあったときに、救うべき普遍的な概念としての、ちょっと抽象的ではあるんですけれど、救うべき企業というものを表した用語として、事業継続をすべき企業という、やや普段使わない言葉を使って、用語を擁立させていただいたということになります。

この点についてそれをどう定義するかについては、実効性を持たせるのであれば、目的依存的に、例えばキャッシュフローをプラスにするとか、雇用を維持するとか、何かの条件を付けて、それに適うものとすべきというような形で定義づけしないと実効性は持てないのだろうと思っております。

ただ、そういう目的を持ったときに、この概念がやや変更されてしまうのではないかとの懸念があります。例えば、雇用は維持するけれどもキャッシュフローはずっとマイナスというものが、本当に支援とかの対象として正しいかという問題も派生します。間違っていると言うつもりではないのですけれど、見方によっては変わることもあり得るという点で悩ましいと思います。それを体系化することができるかどうかすらわからないのですが、いつかは各学問の知恵を総動員してでも実現しなければいけないと考えています。学問に関してそういう垣根、特に手法論的な垣根というのは本来設けるべきかどうかということもあろうかと思いますので、そういうことを念頭に置きながらこの部分は記載しています。以上です。

3　法人税法と会社法の依存（借用）関係

司会　ありがとうございました。最初の質問だけで20分以上時間が経過しています。私はあとのことを考えるとゾッとする思いがしています。ご質問を簡潔に、またご回答も簡潔によろしくお願いいたします。

それでは、二番目のご質問であります。これは末永先生からのご質問で、会場ではなくQRコードを使ってのご質問でありますので、ご質問の内容を私が読み上げさせていただいて、しかもこれにつきましては質疑応答はなしということでお願いいたします。技術的にそれができませんので回答者の先生からご回答をいただくだけにさせていただきます。

ご質問は二つありまして、先生方のお手元の表では、金子先生に対する質問が欠けております。後ほどそれは読み上げさせていただきます。表に記載漏れがあったことをお詫びいたします。

では、まず末永先生から小林先生に対するご質問であります。「報告要旨集67頁（本誌15頁）に、会社法制定後、資本金額は株式数及び現実の財産の裏づけとは切り離され、株主資本の１項目を構成する単なる計数と位置づけられた。これを基準に優遇税制の適用可否を判定する場合は金額の操作性が問題となるとあります。政策論としての問題点はよくわかりました。そこで質問です。法人税法の資本金額、資本金等の額は基本的に会社法からの借用と理解しています。会社法制定前の商法では、資本金と資本準備金は株主の持分を、利益準備金は債権者の持分を保護するために厳しい規制が設けられていました。法人税法は資本不課税の原則と親和性があるので、商法の資本概念を借用していたと理解しています。政策論でなく理論的に見て法人税法はこのまま会社法に依存（借用）してよいのでしょうか。先生のお考えをお聞かせください。」というご質問であります。まずこれに対する回答を小林先生のほうからお願いいたします。

小林　末永先生ご質問いただきましてどうもありがとうございます。いただいたご質問について、直接的にこの規模別税制の報告とは関係ないのかもしれませんが、私の見解を述べさせていただきます。

先生のご質問の内容は、会社法の資本金、資本準備金と税法の資本金、資本準備金が考え方として一致しているか、法人税法が会社法から借用しているかどうか、という点と理解しました。末永先生のように歴史的な経緯にお詳しく、ご見解をお持ちの先生方もいらっしゃると思いますが、私は知識もなく時間もない関係で端的に文理を調べました。

法人税法２条に資本金等の額と利益積立金額の定義がございます。資本金、資本準備金、利益準備金につきましては、これは特に税法で固有の定義をしているわけではなく、やはり会社法から概念を持ち込み借用しているのではないかと思っております。

一方、資本金等の額と申しますと、施行令に技術的な計算の規定が詳しく定められております。ということは、資本金等の額を計算する上では、税法固有の計算があるということで、その点は会社法から離れて規定している部分もあるのではないかと考えます。ただし、テクニカルには金額について独特の計算があるとしても、資本や利益といった基礎概念は借用しており、資本・利益区分という会計の基本原則は、「資本等取引」が益金、損金とは別異に規定されていることからしても、税の上でも排除されてはいないと思います。

ではこの借用のままでいいのかというご疑問については、先ほど控室の中で藤曲先生から非常に有益なご示唆をいただいたのですが、今まで会計学が重視してきた資本と利益の区分の原則といったものが、会社法ができて曖昧になってしまっております。会社財産の分配において、資本・利益由来の剰余金を区別することなく分配の財源として使えるようになっております。昨年度の混合配当の最高裁判決では、政令が法律の意味を超えているという趣旨の判決も示されております。

そういうことで、はたして会社法で資本と利益を混在させて取り扱われているような状況を、そのまま税の世界に持ち込んでいいのかというと、会社法で旧来の考え方を緩めた部分を、所得計算の中にダイレクトに反映させてしまうことには問題があるのではないかと考えております。したがって、ご質問へのお答えとしましては、課税所得計算の観点から会社法への依存を考え直す部分があるのではないかと思います。明確にお答えできず大変恐縮ですが、以上でございます。

司会　ありがとうございました。ワンウェイで申し訳ありませんけれども、質疑が技術的にできませんので、この質問はこれで終わらせていただきます。

引き続いて、今度は末永先生から金子先生に対するご質問であります。これは用語についての質問でありますが、「報告要旨集79頁（本誌33頁）及び80頁（本誌34頁）に『寄附という行為の識別と寄附金を課税所得計算上損金の額に算入しないという取扱いの選択という異なるフェーズでの判断（フェーズのものである)』という記述、報告がありました。この意味内容がよくわかりませんので、もう一度お教えください。」というご質問であります。それでは、金子先生お願いします。

金子　ご指摘ありがとうございます。不十分な記載で申し訳ありませんでした。改めて説明させていただきます。現行の寄附金と定められているというものは、概ね対価性のない金銭の引渡しのようなものが該当すると思います。現在、寄附金に該当するような一定の取引、というとまた語弊がありますが、その寄附金と定義される何か、対価のない財貨の引渡しというようなものの存在を識別するというフェーズと、その識別された寄附金となるべきものを課税上どう取り扱うかというフェーズ、の二段階で分けなければいけないと考えています。

昨日から申しているように、他の制度の影響、グループ通算制度や移転価格税制のような別の制度の趣旨も入っております。もともと寄附金というものを考えたときには、おそらく反射的には受贈益の問題もあって、適正な課税所得を算出するためのある種の技術的な性質も持っているかと思いますので、総合的に勘案して、取扱いを決めなければいけないと思います。かように考えたときに、その取引形態だけ抜け出す、言葉がちょっと難しいのですけれども、私がここで行為と書かせていただいたような寄附金というものに当てはまるかどうかの判定だけで、法人税法の措置が一意に定まるわけではないと考えます。定まるわけではないとしたときに、全体としてどのように考えていくかということを検討しなければいけないのではないかという趣旨で、段階というようなニュアンスを含めてこのフェーズで分ける。行為と損金算入しないという取扱いという二つの段階を設けて考えるべきではないかと指摘をさせて頂きました。

一方通行なので伝わっているかどうかわからないのですけれど、以上の説明とさせてください。

4　租税回避と減資要因及び収益認識基準との関係

司会　ありがとうございました。それでは、末永先生よろしくご理解をお願いいただきたいと思います。

それでは、今度は三番目のご質問であります。香山忠賜先生から小林先生に対してのご質問が二点ほどありますので、まず質問事項について私のほうからまとめて質問させていただいて、その回答について何かご意見等がありましたらお返ししたいと思います。

一点目は「税負担の軽減目的が減資要因（特に外形標準課税）と強調されていますが、どの程度の租税回避行為と考えていらっしゃるのでしょうか。シャープの場合、世間が過度の節税対策などと騒ぎ出し中止されたと理解していますが、大企業の節税行為はだめなのでしょうか。過度な節税スキームと節税との境目をどう考えていらっしゃるか。」というご質問です。

二点目は、「また、大企業の減資要因は、収益認識会計基準の導入は関係ないのでしょうか。監査法人との間で商習慣と販売促進費などの変動対価の扱いの判断に苦慮して、監査を回避する目的といったようなことはないのでしょうか。」というご質問です。

これにご回答いただいて、またご質問等をしていただきたいと思います。それでは、小林先生よろしくお願いします。

小林　ご質問いただきましてありがとうございます。二点の質問を頂戴しました。まず一点目ですが、報告の中で、減資することが端的に租税回避なのかというと、そこまでは考えられないのではないかと思います。会社法となって、資本金が単なる計数と位置づけられ、その変動も特段の事情といったものは必要なく柔軟に動かせるとする立案担当者の見解もみられるところです。

これは、一定の手続きを経て会社財産を分配するのがより弾力的になったことが背景にあると思います。つまり、資本金を取崩しその他の資本剰余金を増やして分配財源を確保するような手当てを行うことは、会社の配当政策の一環として自由に行うことができます。また、コロナ禍では欠損填補を理由とする減資もあると思います。そのような資本構成の流動化については、特段の制約なく自由に行える制度となったのではないかと思います。

その点をとらえて、私の報告の中では、いまの資本金の制度というのは金額操作の可能性があるので、規模別税制の一定の基準として用いるには問題があるのではないか。つまり、基準を免れるために金額を操作することが、会社財産の実質的な変動がないことを条件に、制度上、大きな制約なくできてしまうことに問題があるのではないかと考えております。したがって、減資したからといって、それが直ちに租税回避だとして課税上問題とされることはないと思います。

過去のシャープの例では、世論の批判が集中し撤回されましたが、その後、吉本興業は減資を行っています。現在のコロナ禍にあって著名企業がこぞって減資したこともあり、最近では批判的論調はあまり見られなくなり、その結果かなり多くの企業が減資を行う状況が見られます。租税回避というより、むしろ変動し得る計数を基準に用い節税を認めている制度自体に問題があるのではないでしょうか。

それから二点目のご質問ですが、大企業の減資要因の中に、収益認識会計基準の適用回避など、監査を免れるために減資をするという要因が考えられないのか、そういうご質問と理解しております。それは私も考えたことはなく、実際にそのような事例があるのか承知しておりません。ただ会社法の規定ですと、大会社に対する会計監査人監査の対象は、資本金５億円以上又は負債総額200億円以上ですので、相当大規模な会社までもが減資を使って監査を免れ会計基準の適用を回避するという事例は、可能性はありますがそう多くはないのではないかと思います。

その減資の要因も、昨日の報告の中でも、税の負担を軽減させるというような目的のほかに、中小企業基本法の中小企業者になって、様々な中小企業の施策を受けるといった要因もあると申しました。アンケート調査の結果を見ると、税目的以外にも中小企業者を対象とする支援策を受ける目的という回答が、高い割合でありました。減資のインセンティブというのは、税以外にほかにももっとあるのではないか。全体的にみると税以外にも、資本金を基準としてその対象を画定している制度があり、他の要因も無視し得ないのではないかという点も指摘させていただきました。ですので、ご指摘の点もあるかもしれないと思います。そのような回答でお許しいただければと思います。

5　租税回避と企業規模に応じた課税

司会　ありがとうございました。香山先生、いまのご回答に対して何か追加質問あるいはご意見等ありますでしょうか。よろしいですか。どうもありがとうございました。

それでは、次の質問に移りたいと思います。菅原英雄先生から小林先生に対するご質問であります。「大法人と中小法人とを分けるメルクマールについて、売上高、総資産、従業員数を用いるべきではないかとのご指摘は大変共感いたしますが、このような基準を設けたとしても、会社を分割することで簡単に基準をすり抜ける法人が出てくるものと推察します。中小企業を含めて規模に応じた課税を行うことも一案と考えられますが、いかがお考えでしょうか。」これはこのまま小林先生のほうからご回答をいただきたいと思います。

小林　菅原先生、ご質問いただきましてどうもありがとうございます。先生のおっしゃるように、実務の視点から運用上の懸念が相当あるのではないかと考えております。ご指摘の懸念についてですが、実は報告時間の制約のため、昨日説明を端折っており明確に申し上げなかった点ですので、補足させていただきたいと思います。

スライドの13頁目、あるいは報告要旨集の66頁（本誌13頁）があればご覧いただきたいと思いますが、EU の委員会勧告の基準について補足をさせていただきます。ここに示した基準は、従業員数250人以下、かつ売上高5,000万ユーロ以下又は総資産額4,300万ユーロ以下とありますが、これは独立企業（autonomous enterprise）の場合を想定していて、一つの企業であればこの基準が適用されるということです。

パートナー企業（partner enterprise)、これは25%以上50%未満持株を保有する又は保有される会社同士の関係ですが、その場合には、該当する企業の各指標に持分比率を乗じた分を合算して適用することになっております。つまり、例えば持分40%の関連会社があるといった場合には、その関連会社の例えば従業員数の４割を親会社の従業員数と合算して、この基準に当てはめて判定するという方法を取ります。

結合企業（linked enterprise）の場合、つまり50%超の持株を保有する又は保有される場合には、その数字を合算するという取扱いがなされます。例えば、親会社が60%の持株を保有して子会社を支配している場合、親会社のすべての従業員数と子会社のすべての従業員数を合算して判定することになっています。

このような制度をとれば、ご指摘のような会社分割することによって基準をすり抜けることは相当程度回避できると思います。ただ一方で、細かく基準を設定することによって適用関係が複雑になるなどの弊害もあると思います。

数日前ですが、地方財政審議会の地方法人課税に関する検討会が、外形標準課税のあり方について中間整理として意見を公表しておりました。そのなかで資本金を１億円以下にする事例として、持株会社を作るとか分社化することによって、グループ企業に対する課税を意図的に選択している例があるという指摘がありました。企業行動の制約といったことが生じ得る可能性に配慮しながら、課税を意図的に回避するような再編を防止する基準を検討すべきであろうと思いました。

6　租税法の基本原理と租税政策及び各種給付制度との関係

司会　ありがとうございました。菅原先生、いまのご回答に対しまして、何か追加的なご質問、よろしいでしょうか。

引き続き、菅原先生は金子先生にもご質問があります。内容的には二点あると思いますので、これについてご回答をいただこうと思います。

第一点、「先生のご発表のなかで、補助金も税額控除も実質的には同じであるとのご見解をいただきました。現実に経産省主導の各種税額控除は補助金申請と同様の手続きを要します。そこで質問ですが、公平・中立・簡素を基本とする租税制度において、行政目的に適ったもののみを優遇する姿勢は租税法の基本原理に照らして全く問題がないのでしょうか。先生のご見解を賜りたいと思います。」

第二点、「それからBCMへの取組みが企業において進んでいないとのご指摘がありました。これはこれまで持続化給付金をはじめとする各種給付金制度が逆に『安心は国から与えられるもの』との意識を助長している面があるように感じられて仕方がないのですが先生のご感触はいかがでしょうか。」

何か追加的にご質問ありますか。これでよろしいですか。それでは、ご回答のほうをお願いします。

金子　二点ありますので一つずつ回答させていただきたいと思います。まず、一点目に関してですが、租税法の基本原理をどうとらえるのかに依存する議論になっているのと思います。例えば、アダム・スミスの租税原則のようなものをここで言う基本原理に置けば、公平・明確・便宜・最小徴税費だと思いますので、政策と入っていない以上は、政策は考慮しなくてもいいというような考えもあると思います。あるいはご提示されたような公平・中立・簡素ととらえるのであれば、そこにも政策は入っていないので、考える必要はないというようなとらえ方でいいのではないかと思います。

一方で、租税の特徴としては、社会に一定の影響を与えるという性質がありますから、この影響を通じて政策への貢献というのが期待されるものだというように前提をおいて、租税原則の一環と位置づけるのあれば、合理的な範囲内での政策の実現のために租税が利用されるということが悪いとまでは言えないと思います。

一般的には、どの国でも景気調整等に税が使われることがあって、それを税の過剰利用だという議論はあまり見受けられないので、受け入れられていると考えております。

ちなみに、簡素というのが租税原則の中に入れていいのかどうかは、いろいろ議論もあるような気がします。もし本当に必要だとするのだったら、いまのわが国の法人税法の組織再編税制などは全然簡素ではないので、租税原則違反になっているという議論もありうると思います。

その上で、ご指摘の点は常識的に言えば、合理的な範囲内で認められてしかるべきかと思いますけれど、気をつけなければいけないのは、先に述べたように租税原則的な意味で本当に必要なのかとしては必要ではなく、単に不公平を生んでいるだけかもしれない場合がありうると思います。小林先生の報告にもあったように、大企業が中小企業化して、ある種の不公平部分である恩典を受けようとする動きを誘発してしまうとか、こういったことを起こしかねないというリスクというのが存在していると思います。そういうリスクがあるなかで政策としての合理性とか、国民としての納得がある範囲内で許されるのではないかというように思っております。一点目については、このように考えております。

二点目につきましては、私も、一国民として安心は国家から与えられるといいと思います。ただ、すべてを国家から与えてもらうのではなくて、国民一人ひとりが一定の努力をするという姿勢が必要なのではないかと思います。国家像みたいなものを語る気はないのですが、今日の報告の文脈の中の話としても、例えば災害において、我々が地震保険のようなものを掛けたとしても、再保険契約の限界がありますから損害部分のすべてを補填できる保険制度というのはおそらく作り得ないと思います。

ですから我々が努力してもどうしてもカバーできない部分があるので、そういった部分を中心に国家が何らかの国民に対する手当てというものをしなければいけないし、してほしいという思いがあります。ただ、これが過剰に出てしまうと、特に経営者と言われるような人たちが何もしないので安穏としていて国家が助けてくれるとなると困ります。ご質問頂いたように、そういったものが助長されるような環境というのはないわけではないような気がしますし、特に近年やや目立つような気がしますので、こういったものがいいですかと言われたら、当然よくないと回答せざるを得ません。経営者の一人ひとりに自分の経営に関する責任というのをより意識して欲しいと考えており、それは平時だけではなくて、異常事態が起きたときにも経営の責任が果たせるようにしてほしいと考えています。本報告ではそういった思いも込めて、BCMのようなものを平時から取り組んでいる企業というのが、何かあったときにも持続可能な力をお持ちの可能性が高いのではないかという観点で、BCMを取り上げさせていただいたという流れになります。二点目は以上です。

司会　ありがとうございました。菅原先生、いまのご回答について何か追加質問あるいはご意見等おありでしょうか。

菅原英雄（税理士）　ありがとうございました。昨日のご発表の中で、このBCMに関してどうしたらもうちょっと企業が取り組んでいけるかということに対して、税理士の役割ということにも言及されていました。先生がいまお考えの中でBCMを、危機感を調整して、各企業が取り組んでいくための方策として、いちばん有効なものは何かとういことを税理士の役割の観点からもう一度お伝えいただければと思います。

金子　具体的な策を持っているわけではないのですが、東日本大震災のあとの被災研究のようなものをやった経験があり、そのときの経験からということになりますが、平時に中小企業がBCMに取り組む余裕がそもそもないという、普通に仕入と売上だけで精一杯という話もヒアリング等をした中で多かったので、おそらく経営者の方に手放しでBCMをやれと言っても現実的には難しいだろうと思います。

一定のコストをかけていただくことになりますけれど、例えばそれをサポートする税理士の方とかが手当てをしてくだされば、この状況を改善できる余地があると考えています。経営者がそれに取り組む姿が本当はいいとは思うのですけれど、経営者が取り組めない要因があったとしても、少しでも実現しやすくなるのではないかと考えています。

しかし、残念ながら私が調べた中では、税理士の先生方も必ずしもBCMに対する十分な関心やスキルを持っているわけではないようでしたので、そういったあたりを、税理士会でもいいですし、経産省でもいいですしいろいろな組織がサポートしていただくと、大きな災害等に向けて、BCMのようなものが少しでも準備できるのではないかと考えております。

7　寄付金の解釈

司会　質問用のマイクが一つしかないため、マイクの移動でなかなか事務局は大変ですね。どうもありがとうございました。

それでは、引き続きご質問に移りたいと思います。次は大淵先生からのご質問であります。一点は金子先生、それからもう一点は福浦先生に対するご質問です。まず金子先生へのご質問から受け付けていきたいと思います。

ご質問は、「寄附金の非対価性の問題であります。寄附金は非対価性の支出という理解が通説ですが、親会社株式方式のストック・オプション判決の最高裁判決が給与所得と認定しました。それは米国親会社の指揮、命令、支配、従属関係にはない日本子会社の従業員等に対する親会社からの経済的利益、権利行使益の供与は、その従業員の日本子会社に対する労務の提供に対する対価(子会社に対する精勤による業績が向上し、それが親会社に反映されるから)として給与と認定されたものであります。

ただし、金子先生の説は雑所得ということだそうですが、そうであれば、その子会社従業員の子会社に対する労務の提供により子会社の業績がよくなるから、対価性のある給与というのであれば、親会社が子会社を支援する無利息融資は子会社の業績回復から、それは非対価ではなく対価的性質の利益供与となり、寄附金から外れるというのが整合的であると解釈すると考えます。金子先生の所見をお聞かせください。」ということでありますが大淵先生、何か追加的な質問はありますか。

大淵博義（中央大学） 金子先生、大変立派な報告をありがとうございました。私の質問の内容はいま河﨑先生がおっしゃったとおりですが、実はなぜ私がこれをあえてこの場で質問したかという理由をちょっと補足してお話したいと思います。

私は国税庁と東京国税局で税務訴訟に14年間従事していました。そのときに訴訟では、親会社の子会社の無利息融資は経済的利益の無償供与として、一定の場合を除いて、寄附金とする課税処分が敗訴したことはありません。

法人税法第37条の贈与又は経済的利益の無償供与の「無償性」とは、出捐した金銭又は経済的利益の供与に相応する対価を得ることがない場合をいいます。また、これを有償性の意義から説明すると、親会社が子会社に何かを提供して、それに相応する対価的な利益を享受したというのが「有償」なんですね。それ以外は全部無償として寄附金課税の正当性を主張して、国は勝訴していたわけです。

以前の清水惣事件では、法人税法第22条２項の収益の認定と寄附金課税の是非が問題になったんですが、清水惣側は、親会社が子会社を援助するための金員の出捐等の援助により、子会社の業績が回復し親会社は配当も増加するし、子会社株式の価値も上昇、親会社の業績も向上し財政状態も良くなることがという対価であるとして寄附金課税を否定する主張をしていました。しかし、かかる法的、経済的成果（利得）は、支援時には確定したものではなく、間接的、抽象的なものですから、「有償」ということはできない、と主張して国側は全て勝訴しました。

この当時の納税者の有償説の主張が、このストック・オプションの国側の給与所得の論拠として、訴訟上、主張されたのです。私はびっくりしました。親会社の子会社に対する無利息融資の利息相当額の経済的利益の無償の供与の課税庁の主張と課税はどういう整合性のある課税として弁明するのでしょう。私が親会社株式方式のストック・オプションの給与所得課税の判決を今も批判しているのは、かかる論点について全く触れずに、給与所得説を支持した判決が最高裁で支持されたからであり、また、これを支持している論者も、この点についての言及は皆無と認識しているからにほかなりません。それは、従前の寄附金課税との間で執行上の不公平と考えているからです。

ところで、ストック・オプションに係る従業員等が得た権利行使益は親会社から子会社の役員、従業員に対する利益供与として給与所得と認定したものですが、その根拠が、子会社の従業員等にストック・オプションを付与すれば、より多くの行使益を獲得するために、子会社の従業員等は精勤することになり、上記の子会社の業績の向上等により親会社は利益を受けるから、その精勤の対価というのです。

つまり、親会社の業績向上に寄与し、配当も増加、親会社が保有するする子会社株式の価値も増加する等の利益を享受することから、親会社から子会社従業員等に対する労務の対価として給与というのです。到底、理解不能であると考えています。この給与所得説を採用している論者は、その正当性を論証するために、従前の寄附金課税との整合性はもとより、現行の基本通達の取扱い（例えば、出向・転籍通達等）との整合性を論理的に説明するのでなければ。説得力はありません。

このように整理されないまま、最高裁は給与所得の判決を言い渡しましたが、その後、最高裁は加算税を取り消したのです。私は、その時に、やっとこの給与所得説の問題点を認識したのではないかと思っています。そういう経験をしていますから、あえてここで皆さんにお話をして、調査のときに反論してもらいたいんですよ。私の論考を出していただいてもいいし、判決文を出してもらってもいい。

私は今から10年くらい前に、調査中に親会社が子会社に出向した従業員の給与を負担していたことを寄附金と指摘された事案があり、ちょっとした事情もあったんだけれど、それで税理士にストック・オプションの判決文を示して、これであなたはこういう文書を書いて税務署に提出してくださいということをお願いして提出してもらいました。そしたら、３か月ぐらいかかっていた税務調査でしたが、１週間後に統括官から電話があって出向いたそうです。統括官から、よく分かったとは言わなかったのですが、これで調査を終わります。それで調査を終わらせてくれました。

その理由は推測ですが、ストック・オプション判決の親会社から子会社従業員等に対する権利行使の利益供与が親会社の給与所得とした判決は、出向転籍の課税の実務に影響するもので、私の論文では、今後は親子関係の寄附金課税は崩壊したということを指摘していましたので、このような点が考慮されたものと考えています。そういう意味で、あえてちょっとこの質問をして、金子先生にもご認識いただいて、それに対するご見解を聞きたいということで質問させていただきました。よろしくお願いします。

司会　なかなか答えづらいかもしれませんが、金子先生のご見解をお願いします。

金子　ご質問ありがとうございますというか、もう全部話していただいたような気もするんですが、ご質問ということなので、報告者の責任として回答させていただきたいと思います。

おそらく、この議論の背景に親子間という問題があるのだと思います。連結納税からグループ通算に変わり、かつ100%ではなくとも適格の組織再編とされ得るなかで、親子間の取引をどう認定するのかは、従来どおりの議論のままでいいのかという問題があり、立法論的には考え直さなければいけない余地があると考えています。その上で、解釈論的に考えたときには、ストック・オプションに関しては私も対価とは見ていないので、そうすると当然判決にあったような給与ではないだろうと思っておりますし、一時所得にも引っかからなくなるので、雑所得が妥当ではないかと考えております。

その意味でいけば、大淵先生がおっしゃられるように、こういったところに対価を認めた判決が妥当であったのか、もっと言えば、それがそのあとに影響を与えていることについて妥当であるかという質問であれば、よいことではないのではないかとは思っています。

ただ、先ほど言ったように親子間の取引のあり方が、法人税法上でグループ法人等を通じて差異が生じているのだとすれば、どこかでその考えも改めていかなければいけないと考え得るのだろうと思いますが、現行において対価性とはみないで考えていくということが妥当ではないかと考えている次第です。

大淵　金子宏先生は雑所得という見解を採用されているようですけれども、法律解釈としては、10種類の所得の上から順番に当てはめて所得区分は決定されます。したがって、本件の場合親会社と子会社従業員等の関係は、何らかの対価的意義のある支出ということは考え難いので（例えば、贈与を継続しても、個人間では受贈者は贈与とされ、また、法人からの継続的贈与も一時所得）、一時所得に区分されるというのが私の見解ですが、ストック・オプションは、そもそも、業務成績が悪いと評価されれば、ストック・オプションオプションの付与は中断しますので、継続的付与が前提とされた制度ではなく、単発性、偶発性という性格の制度と考えています。

しかし、判決等は、親会社は子会社従業員等が一生懸命に子会社で精勤することで利益を受けているというのです。ところが、従前は、かかる間接的、抽象的な将来の利益を得ることがあるとしても、それは子会社支援のための金銭等の出捐に対応する反対給付ではなく、それは無償の域を出ないとして寄附金として課税していたのです。途端にこのストックオプションのときに給与所得を出してきたから、何を考えているんだということで、一生懸命、私は判定基準を考えて鑑定意見書を作成して提出しました。

ところで、10種類の所得区分を上から当てはめて決定すると言ったときに、藤山判決は、行使益に対価性は認められないとして一時所得としました。藤山判決の理論はもっと深いものです。つまり、このストック・オプションの行使益はアメリカの市場で株価が上がった結果であって、子会社での労務提供と権利行使益との間には相当因果関係はないということで一時所得を採用しました。

そのために、最後の他の所得に含まれない雑所得まで到達しないという認定解釈を採用しました。理論的にはいちばん高度な解釈論です。

金子先生の発表との関連で、私が非対価性というように整理をしてきたのは、私の独特な考えではなくて、判決を見れば、そういう傾向にあること、つまり、それが通説だということの整理をしたものです。そのときに実は法人税基本通達９－４－１や９－４－２は昭和55年通達の改正で創設されたものですが、過去に清水物事件にもそれらしい判示があるんです。つまり、無利息貸付は単なる贈与等ではなく、経済的合理性のある行為なんだと。緊急避難的な倒産回避の子会社支援等については、あえてその行為による収益の発生を認識する必要ないというのが、ここでの収益認定と寄附金の関係であると解釈しています。

親が子供に金を貸すとき利息は取らないでしょう。個人の行為として経済的合理性があるからなんです。そして所得税法の構造からすれば、個人の収入すべき金額は無利息貸付けですから、利息収入はゼロです。ところが、相手方が同族会社になった途端に所得税法第157条で否認しているという、そこにまた大きな矛盾が生じているという問題があります。これを言うとあと３時間ぐらいしゃべらせていただかなければわからないと思いますので止めますが。

そんなことで、私はこのストック・オプションの給与所得判決は最大のミスジャッジと考えています。

いま言われた先生のお答えはわかりました。一つ加えておきますと、以上の問題点に鑑みれば、給与を支払う法的関係にはない親会社と子会社従業員等の関係において、親会社に勤務もしていない子会社従業員等に対しての権利行使益を一時所得とするのは疑問であるというのであれば、初めての例でもあり、立法として手当てすべきであったと考えています。金子先生も私の質問の回答の中にも立法的手当について触れていましたが、そこでは私と同じ見解ではないかと思っています。なお、従前の税務執行の経緯等に鑑みれば、課税の前に、まず指導をして是正を図るということを徹底すべきことは、当時のマスコミの報道でも指摘されているところです。調査、広報、相談、指導の四つの税務執行の柱に則り、指導することが税務執行の基本であったと考えています。本件納税者の怒りは、この点にあることを税務当局は認識すべきであると考えています。

なお、法人税法第34条の給与は「内国法人がその役員又は従業員に対する給与」としていますので、親会社が子会社の役員、従業員に供与する金員等は同法の給与には該当しないことにも留意してください。最後に、金子宏説の雑所得について付言しますと、確かに、ストック・オプション付与の継続性の認定判断には、一律とは言えないながらも、かなりの継続性のある付与が見られると思います。その点で見解の相違があるといえますが、私が雑所得説を採用していないのは、すでに述べたところからお分かりいただけると考えますので、これで終わりたいと思います。

8　部分貸倒れの事実認定

司会　どうもありがとうございました。もう一つ金子先生へ大淵先生からの質問でありますが、部分貸倒れの質問であります。大淵先生は「部分貸倒れの金子宏説は理論的ではあるが、税務執行における事実認定は困難を極めます。個別評価の貸倒引当金、以前の債権償却特別勘定ですけれども、その繰入れを廃止したのは最悪な改正である。」というお考えのようです。

ただ二つの債権があって、一つは担保を取っているが、他の債権が無担保の場合、担保を処分しても一つの債権の回収が困難である場合には、他の無担保債権は回収不能という理解に立って執行に当たってこられたそうですが、その反対意見ももちろんあったということであります。この点について「金子先生のご見解を伺いたい。」ということですので、まず、金子先生のお考えからお願いします。

金子　部分貸倒れについては、金子宏先生の説によらなくても、会計学をやっている人間からすると回収不能な部分を貸倒れとして認定するということには違和感がなく、理論的にもあり得るのだろうと考えております。そのときに税法的にどのような考え方を採用するかが問題だと思いますが、まず基本的には貸倒れに関しては適正な課税所得という観点からは認めるべきというのが根底にあります。

その上で、ご質問にあるような無担保の債権が回収不能であれば、私としてもこれは貸倒損失を認めるべきと思います。

いまは回収不能ではないけれど、将来的に回収不能になる見込みという場合には、あくまでも個別評価の貸倒引当金を立てるべきで、そのフェーズの違い、いますでに何かの事実が起きて、貸倒れというのが明らかな事態が入っているか、あるいはその事態が将来に生ずると見込まれるかによって、使い分けをしたらどうですかというのが今回の報告ですので、まず先生がご指摘いただいている他の無担保債権は回収不能という理解に立って執行に当たっていたということは、今日の私の報告の立場からすると矛盾のあることではないという回答になるかと思います。

司会　これにつきましても大淵先生、何かご意見おありだと思いますが、よろしいですか。

大淵　これに反対する内部の人がいましてね。私はこのことは先生が引用をしていただいた1996年の税務研究会の著書（大淵博義『裁判例・判決例からみた役員給与・交際費・寄付金の税務（改訂増補版）』税務研究会出版局、1996年）の中で、貸倒れは当然認められるべきだと。ところが債権者の方から債務者のこの二つの債権債務を見ると、貸付の中身が違う、日付が違う、担保もあるのとないのと。二つの貸付が合算されると、相手方の債務は一本なんです。一本というか合計額ということです。この額をその担保が上回る可能性があれば別であることはもちろんです。

そこで、担保物の価額が合計の債権額を下回っている場合には、担保物がある債権とない債権とを別個に回収可能性を判定すべきであると考え、担保物のない債権は貸倒れを認めるべきであるという議論をしたことかあります。

先生のご見解がそうであればまったたく異論はありません。ただ金子宏先生のような部分的な貸倒れを認めるというのは極めて理論的ですね。事業をやっていたら基本的にまずだめですね。ですから事業をやっていないときに、財産もこれしかないというときには、まさに財産の価値も考えながら、それは担保があるから処分してからだという実務の話があるのでしょうが、私はそこに最低の回収額が動かないという、そこの証明がされたら部分貸倒れは認めてよいという考え方を持っています。以上です。ありがとうございました。

金子　先生ありがとうございました。部分貸倒れの存在もそうですし、貸倒損失と引当金のあいだもそうですけれども、メンバー内でも事実認定は現実的には難しいとして、机上の話になりかねないという指摘は受けておりまして、現時点においては、実効性は難しいけれども理論的にはこうであるという提示に止まっていますが、そういった点も今後の検討には入れたいと思いますので、今後ともよろしくお願いいたします。

9　「古い革袋」・「新しい革袋」の概念と具体例

司会　ありがとうございました。それでは、引き続き大淵先生の福浦先生に対するご質問についてご回答をお願いしたいと思います。

まず第一点は、「先生が言われる新しい取引は古い革袋に入れて解釈するという意味を具体的な例で説明してください。」これは実は従来から私は福浦先生と打合せをやっているときに、いつも福浦先生に聞いていた質問で、まさに全く同じ質問だなと思いながら拝見した経緯がございますので、福浦先生よろしくお願いします。

二点目は、関連しますのでこれもちょっと読み上げさせていただきます。「先行研究は古い革袋に入れて解釈しているというお話があったかと思いますが、それは批判ともとれます。そこで先生は新しい革袋に入れて解釈するということは妥当と考えておられると理解しました。その場合の新しい革袋という概念は現行実定法の解釈論で可能なのか、立法的手当によるべきというのか、この点についてのお考えをお聞かせください。」ということでございます。それではよろしくお願いします。

福浦　大淵先生ありがとうございます。昨日の懇親会で、何もなかったら質問を出してくれということで出されたと思います。ありがとうございます。実はこのテーマ「ネット取引の拡大」というタイトルをいただいたときに、どんな論点、整理をしていったらいいかということで悩みました。おそらく従来、我々が経験している取引があるだろう。その取引の形態が拡大するということ。その取引もネット、デジタル化の内容のものが入ってきたときに、ある意味ではこれを踏まえて新旧の取引というのはどんなものかということを最初は悩みました。そのときにどうしたらいいものかというのが、実は私の当初の悩みであったわけです。

そこで、昨日も少しお話をしたのですけれど、二番目とも関係あるということを先生は言われましたので、技術の変化というものは、制度変化とある意味では時間的な概念においては少し違うのではないのか。情報というのは時を超え、場を超え自由に往来する属性のものである。だから場合によったら現実の技術がどんどん進展していく。その背景に制度というものを制度化するときやや後手に回るということではないか。したがって、制度というのはそこには制約とか選択、そういうものを決定づけることから、やや時をかけるということで齟齬が生じるのではないかと、こういうことを最初お話をしたわけですね。

たぶん私の書いた図表が小さすぎて見えなかったということと、モザイクになった部分かもしれませんけれども、確か私はこのように、少し舞い上がっていたかもしれませんけれども、政府税制調査会というところにその回答、事例を求めた。そこでは暗号資産の取引だとかシェアリングエコノミーとかというものが、新たな取引として例示されているという前提のもとで、このようなものを認識し測定し、その解釈をいかにしたらよろしいですかというのが実は問題提起でありました。したがって、この点に限定すれば、そこで申し上げているということになろうかと思います。

委員会の中で取り上げられた内容とは、場合によったらその新しい取引の典型である。これについてどのように考えるか。ある意味ではデジタル化社会を前提としているということになりますね。一番目の問題についてよろしいですか。

二番目の問題。これについては私の頭には以下の亡霊があったのかもしれませんけれども、私はデジタル化社会を含めて、実は若いときから電子帳簿保存について研究してまいりました。1998年に電子帳簿保存法ができたわけですね、特例法として。その前にドイツあたりは1977年も含めて電磁化の規定があるわけですね、会社法とか税法において。そういうものを訳していたときに、ドイツは「GoBS（正規の情報処理支援簿記システムの諸原則）」とかそういうものがあるわけですけれども、日本の場合において、そこでは22条の４項論で解けないかというのを若いときは思っていた次第です。ある意味では22条の４項論をいわゆる「空箱」と言っていいかわかりませんけれども、それに中身を入れて実質を入れた肯定論から原稿を書いていったわけですけれども、しかしその後の1998年前後の議論において、なんでこれが特例法になったのだろうかということを考えたときに、22条の４項という「空箱」の中の内容（実質）は、ある意味では私から見ると、これは否定論から始まっているのだろうなというようなことを少し思い出した次第です。

まあここでは不確定法概念について昨日は言い忘れたかもしれません。そういう意味ではですね。要するに価値判断に両義性を持つようなものというのは、ある意味では非常に明確性も欠けるということもあるでしょうから、そういうものに対しての安定性とかそういうものがあるのだろうなということをずっと見てきて、最近ではそのようなものがやはり妥当なのだろうなと。そういう意味での法の世界で言うと、法的安定性に沿う予測可能性に資すると、こういうことであろうなということを思っていたわけです。

ただ、実は私の頭にひょっとして余計なことをしゃべってはいないと思うのですけれども、少し申し添えますと、その電子帳簿保存は置いといて、22条の４項論として、昔、1967年前後にこの議論が出てきたときに、ある税法学者が22条の４項論はある意味では確認規定であり、創設規定である。こういうような言葉を使われたことがあるわけですね（須貝修一「法人税法22条４項のはなし」『納税月報』241号、1967年、60-68頁）。それをずっと頭に入れていたのかもしれません。それはいまのデジタル化社会というものを想定して、まあ22条の4項論を書くときに、マクルーハンの文献（*The Medium is the Massage: An Inventory of Effects*, with Quentin Fiore,（Random House, 1967））がある。「メディアはマッサージである」と述べている。ちょうどいまの時代を想定したかのような議論があったのを思い出しました。そういう意味では先生にありがとうございましたということなのですが、先生がここに書かれているような誤解を招いたのであれば、実は違いますと申し上げたいと思っております。よろしいでしょうか。

そして次の場合もということになるのでしょうけれども、現行実定法の解釈論で可能なのか立法的手当によるべきというかということでございますね。昨日はこれまたおそらくモザイクになったかもしれません。そこで迷われたかもしれませんけれども、ギグワーカーの税務上の問題等を頭に置きながら、FAQとかそういう問題を考えながらいたわけですけれども、先ほど先生が言われた事実認定というものがやはり指摘されましたけれども、私自身もその重要さが浮上してくるのじゃないかということをここで申し上げて、そしてそれぞれ解釈には個々人が描く解釈論があるのでしょう。それはちょっと置いといて解釈論に限界があれば立法論へと関連していくのでしょうねと。先生が書かれているとおり。これを申し上げただけで、あとはまあ個々別々の解釈論があるだろうなと思いながらこれで次に行ったという次第ですが、先生ご指導よろしくお願いします。

大淵　いや、おっしゃるとおり、従来の解釈論、実定法の解釈論からは、どうしてもこういうネット取引がどんどん拡大してくると、全く新しい取引ですからそこの事実関係というのも違ってきますよね。それを課税する課税しないという、その料理をするときには、実定法の解釈ではちょっと無理が出てくるはずです。それはいま先生のおっしゃったことで、新しく立法で本来のありようの制度に構築していくと、こういうことのお話だと理解しました。ありがとうございました。大変難しいので、私の頭ではなかなか追いついていけないということです。いまのお話でだいたいわかりましたありがとうございました。

福浦　ありがとうございます。

10　クラウドファンディングの収入の分類

司会　ありがとうございました。それでは、六番目の小林先生のご質問を受けたいと思います。これは福浦先生に対するご質問であります。クラウドファンディングに対する収入の分類についてということで、ちょっと具体的・個別的な内容がありますのでこのへんは少し端折りまして、もう少し一般論的なご質問のところを読み上げさせていただきます。

一点目は、「クラウドファンディングによる支援は事業に付随する収入であるようにも見えますが、直接的に支援者へのサービスがないため、一時所得と思慮されますがいいがでしょうか。また贈与となる可能性はございますでしょうか。」というご諮問です。

それから二点目、「先ほどちょっと具体的なことと申し上げましたが、ある業者の映画作成のための旅費についてでありますが、その旅費費用が不足したため追加支援を受けた場合には課税関係が変化することがありますでしょうか。」というご質問ですが、小林先生、何か追加質問ございますか。

小林大輔（税理士）　ありがとうございます。いまの質問に対して少しだけ補足をさせていただければと思います。まず私の認識しているクラウドファンディングですが、これは昨日先生に主に4類型ということでご説明いただいたですけれども、そのなかで現実的にほとんどの場合が購入型のクラウドファンディングだというような認識でおります。ほかの投資型とか寄附型については制約がある関係から、購入型のクラウドファンディングとして利用されているものの中で支援を目的とするものについては、実際に対価として返すべきリターンよりも低いリターンで返している、あるいはリターンがないというものも現実にあるというところが前提になります。

対価として返すべきリターンよりも低いリターンあるいはリターンがないということなので、寄附や贈与の性格がすごく強いのかなという認識がありまして、そうなるといまありましたように例えば事業者が事業のために行うクラウドファンディングについてはどのようなことになるのか、従来的な認識だと寄附や贈与かなと思うのですが、そのへんはいまお話ししたように新しい解釈論みたいのが必要なのかというところがわからなかったものですから、その点について先生のご意見を聞ければと思いましてご質問させていただきました。

福浦　小林先生どうもありがとうございました。私が昨日報告しましたのは、新しい取引は古い革袋に入れて解釈するのか、新しい考え方で解釈するのかということでございました。そう考えますと、先生のいま問題提起されているのは、すみません、理解を間違っていたらお許しください。古い革袋の手法で解釈をされているのかなと。そういう意味では私が昨日問題提起したものは、一応相応しているという理解でよろしゅうございますか。よろしいですね。あとは事例研究ということになるのでしょうか。

ごめんなさい。最初から逃げているようですけれども、私が与えられたテーマが多過ぎまして、一つ一つが膨大な量になりまして、お手元に掲げた石原先生あたりの文献（石原遥平「シェアリングエコノミーの法規制と実務」青林書院、2022年、105-119頁）等を読ませていただいたなかでの、たぶんそれこそ私が書いたクラウドファンディングの型等が書いてあったと思うのですけれども、実は購入型というのはちらっと見てみましたら、いくらなんでも昨日広げて見ろよと言っても、これは見られませんよね、誰でもね。そう考えましたときに、また勉強し直さなければいけないなということを思った次第です。すみません。

ストリーミングの内容等については、確か私は昨日、冒頭で簡単に説明したと思います。それを踏まえたときに、先生がここで書かれている内容等、いわゆる動画配信、そういうものによる収受する金銭について、入ってくる金、これは事業と書いてありますね。事業ということを含めたときに、さらにこれがいろいろな形で支援というものを聞いたときにはああもう金子先生に振ろうかなと思っていたのですね、支援ですからね。そういう前提でずっとこう見ていったときに、先生がここでサービスを含めて一時所得として書かれているものですから、私はまだ勉強不足かもしれませんけれども、事業であれば事業所得ないしバスケットカテゴリーであれば雑所得かなというようなのが、FAQも含めてギグエコノミー分があったから、一時所得とは考えていなかったなというのが正直なところです。そういう意味では、少し寄附金的なものについて、収入関係をどう理解するのかということで見解をお聞きしたいということですが、たぶん収入ですからこの前提では寄附というよりも事業収入だから収益になるのかなと思った次第です。あとはその延長線上で考えていました。

いま一つは、昨日の委員会の中で、河﨑先生から出されたもののベンチャー型を含めて、ベンチャー関係の主体に関する資本金がゼロかというものを含めたときに、入ってきたときには全部収入、収益で、出ていったときは費用かなということを考えたら、いわゆる課税物件でいくと納税義務者のところの議論もしっかりしないといけないなと。そういうところを含めて、ここの寄附金とかそういうものについては事業活動か否かという分類があるだろうと。そういう点で贈与問題があるだろうなという程度しかここではお答えできないのですが、いかがでしょうか。

司会　ありがとうございます。では、藤曲先生にお聞きしましょうか。

藤曲　詳しい内容がわかりませんけれど、これを見ると映画か何かの旅行に行くための支出という形でクラウドファンディングをとらえるとすると、対価性という場合、支出との関係についても考える必要があると思うんですね。そうするとこれを単純に一時所得で給付ですよというと、将来支出が出てくるわけですよ。それを使って今度は、そのときに支出の取扱いはどうなるんですかということも出てきますので、対価性というのは単純に考えるんじゃなくて、その支出の関係でいうと、支出自体を補うためのものとしておやりになっているとすると、対価性がないと単純には言えないのではないかなというようには思います。

司会　よろしゅうございますか。

小林　ありがとうございます。支援者という名称を使ったので、なかなかわかりにくい部分もあったかもしれませんが、どうもありがとうございました。

11　スポンサー型（M&A 型）の事業再生

司会　それでは、最後の質問に入りたいと思います。上野先生から藤曲先生へのご質問ということで、「スポンサー型（M&A 型）の事業再生について、先生のご報告ではそこはちょっと端折られ、時間の関係上ご説明いただけませんでしたので、特に第二会社方式についてもう少し詳しくお教えいただけないでしょうか。」という質問です。上野先生、何か追加はよろしいですか。それでは、よろしくお願いします。

藤曲　ご質問どうもありがとうございます。おっしゃるように昨日、河﨑先生のお話にもあったとおり、リハーサルのときに30分を大幅に超えて、お話したものですから、何としても30分で収めなければということでかなり省略をしてお話をしました。なおかつ結構早口で話したものですから、その点は申し訳けなかったと思っております。

ご質問の省略をしたところのスポンサー型の事業再生のパターンですが、スポンサー型というのは言い換えると M&A 型ということでございます。関係者の論文等によりますと、中小企業の場合ですけれども、中小企業再生支援協議会の案件で、スポンサー型、要するに M&A 型の案件というのがすごく増えているとの報告があります。それに対応するのが自力再生型というんですけれども、自分で全部再生していくという、自力再生型とスポンサー型があるわけでございますけれども、この数年のところでいきますと、全体の約 7 割強がスポンサー型になっているというようなご報告もあります。そういうところからすると、このスポンサー型の再生パターンというものについては、その概要は検討しておく必要があるだろうということで、この事業再生と組織再編の中でのスポンサー型の再生パターンというのについて少し書いておきましたけれど、そこについて補足したいと思います。

スポンサー型のメインのパターンは第二会社方式でございます。そういう意味では実際の再生パターンにおいて、この第二会社方式がかなり多用されていると言われています。第二会社方式というのはどういうのか。特に実務をやられている方はご承知の方が多いと思いますが、第二会社方式というのは、債務者である旧会社から、残すべき事業を第二会社のほうに移転するという形になります。その方法は会社分割又は事業譲渡の手法で移転する形になります。要するに一つの企業の中で、だめな事業と残すべきよい事業とがあるわけです。トータルで考えると債務超過になっているわけですけれども、一部の事業については、特別な技術を持っているとか、一定のノウハウを持っているとかということで、つぶしてしまうのは惜しいところの事業があるわけです。そのよい事業、残すべき事業を第二会社のほうに移転する。その移転の方法は会社分割か事業譲渡の方法によって移転をするというようになります。そうすると旧会社のほうには不採算の事業だけが残る形になります。当然第二会社のほうに移すときは、よい事業と、それが今後返していけるであろうところの債務も一緒に付けて移すわけです。そうすることによって債務自体が全部弁済不能になってしまうわけではなくて、よい事業に対応する、返せる債務というのは、新しい第二会社のほうに引き継がせていきます。その意味ではある程度については返済ができるようになる形にするということになります。

この第二会社に移すのは、会社分割あるいは事業譲渡という形で移していきますけれども、第二会社に資産等を移転するに当たっては、その新会社の株主についてオーナーチェンジが行われるので、会社分割自体は適格ではなくなりますので、そこで含み損が出てまいります。そうすることよって、事業譲渡又は会社分割による含み損の実現が行われます。一方、だめな事業が残ったほうの会社は清算をすることになります。こちらは期限切れ欠損金の損金算入を使って清算をするというような形で、全体としては新たな課税が生じないで、よい事業だけを新たなスポンサーに引き継がせることができることになり、そういう方式を第二会社方式といいまして、かなり使われているものであるということでございます。

ただ問題点は、第二会社を作るに当たっての事業譲渡等において、移転のコスト等がかかるという問題はありますので、そこをあらかじめどのように見込んだ形で行うのかということと、あとは契約等の認可の問題がうまく引き継げるかどうかという問題点がもう一点出てくるというようなことが、問題点として指摘されておりますけれども、いずれにしても実務においては、この第二会社方式によるところのスポンサー型の再生というのが多く使われていて、コロナ禍の今後においても使われていくだろうと考えられます。

やはりコロナ禍での一つの特徴というのは、昨日も申し上げましたとおり、残すべき事業と、あまりいい言葉じゃありませんけれども、ゾンビ企業に典型とされるようなものをただ残すということは、やはりそこの取捨選択が必要になってくるというところが大きいと思います。場合によっては廃業もやむを得ないケースもあります。むしろ廃業によって地域に対する影響を少なくしていくということで、いかに廃業をスムーズにするかも課題になると思います。おそらく多くの再生・廃業案件が出てくるだろうと想定しているわけです。

したがって、中小企業活性化協議会という新たな組織形態を作って、その膨大な量に対応するという体制を作っているわけです。それが、この新型コロナ禍の後始末の大きな特徴でございまして、いま申し上げたとおり残すべき事業をちゃんと設定するということと、それから膨大な量の再生案件に対して的確に、スムーズに対応していくこと。この二つを実現していくという意味で、相当大変だとは思いますけれども、それがこれから１年、２年のあいだに起きてくる事象かなということで、再生に対しての、特に税務での取扱いの問題というのを主に、私としては昨日今日と報告をしたところです。以上です。

12　廃業と税理士の判断

司会　ありがとうございました。上野先生、何か追加等よろしいでしょうか。

総合司会として藤曲先生にお聞きしたいんですけれども、これまで中小企業庁はどちらかというと再生といいますか、何とか生き長らえさせたいという、中小企業庁としての方針みたいなものがあって、中小企業がどんどん少なくなっていくというのは、やはり経済の活性化という点では思わしくないという判断で、どちらかというと生き延ばし政策といいますか、そういう政策が主体だったように思います。この廃業という判断、特に実務の先生がこういう廃業をご自身のクライアントに突きつけるというのはなかなか難しいと思うんですけれども、実際にいま、こんなことは起こっているんでしょうか。あるいは今後のゼロゼロ融資の問題なんかを含めると、やはりそういうことをせざるを得ないという実態があるということでしょうか。

藤曲　いま先生がおっしゃったように、そうせざるを得ないような実態は間違いなくあると思います。その案件はかなり増えてきているし、それを実現するために、今回このガイドラインの中にわざわざ廃業型のガイドラインというのを作っていると考えられます。廃業型のガイドラインという今までにないものを作って、いかにスムーズに廃業を実現していくかということをガイドラインとして設定しています。それに対応して税務の質疑応答も作っております。今後それが一つの大きな課題になるということは前提になっていると考えられます。

13　コロナ禍は平時の税務問題の何を浮き彫りにしたか？

司会　どうもありがとうございました。それでは、最後でございますが、同じく上野先生から全員の報告者の先生方へのご質問です。「このコロナ禍における税務会計の諸問題ということでご報告をいただいたわけですけれども、その各テーマというのはむしろ平時でも問題があるように思います。これらの問題は、先生方のご報告でいったい何を浮き彫りにしたかったのでしょうか。」というご質問です。

ちょうど私がそろそろ総括しなければならない時間でもありまして、私が先生方にお聞きしなければならない事柄でもあるんですけれども、上野先生、何か追加的にありますでしょうか。

では、いまご質問いただきました事柄につきまして、一言で結構ですので、それぞれご回答いただけますでしょうか。

小林　まず私から、コロナ禍で何を浮き彫りしたのかということですが、私の報告の内容の中では、まず資本金制度自体に金額を動かし得る緩さがあることを指摘しました。税の制度、あるいは税以外にも他の支援制度が、そのような浮動性のある数値を中小法人を対象として画定する基準として運用しており、コロナ禍を機に大法人がこぞって減資する事例が多発しました。特に外形標準課税が資本金基準のみで対象を画定するというような制度のまま据え置かれているので、外形部分の税率引上げを背景に、税逃れと報道されるような形式的な減資を誘発することになっており、制度の緩慢さを露わにしたと言えるでしょう。

先ほど申し上げました、地方財政審議会の検討会の中間整理が、11月15日に公表されております。そこで外形標準課税のあり方について、「小規模な企業への影響に配慮するとともに、必要以上に多くの法人に制度見直しの影響が及ばないよう、現行基準（「資本金１億円超」の法人）を基本的に維持しつつ、公平性等の観点から、減資・組織再編の動きに対応するための追加的な基準を付け加えることが考えられる。」（７頁）という意見で締め括られておりました。ここでも、資本金単独ではなく、これに付加する基準を今後検討していく方向性が示されておりました。以上でございます。

司会　ありがとうございました。それでは、第二報告の金子先生お願いします。

金子　私のパートでは、まず平時から事業継続等の取組みをしておく必要があると指摘をしています。何か起こってからではなくて、平時から常に意識をしておくということが大事であるということです。おそらく、中小企業というのは必ずしも生産性の悪い組織体ばかりではなくて、生産性は高いけれど、大企業に価格を押さえられているがために売値が低くなっていて、生産性が悪く見えているという実態もないとも言えない。他の学会になりますが、そういう指摘を頂いたことがあり、そのとおりだなと思っています。雇用の受け皿としての重要性だけではなくて、見えないところ、数字化がなかなかできない生産性に関する実質を考えたときにも、中小企業はつぶれないほうがいいと思います。このため、その余力がない部分をどうにかして平常時から取組んでいければいいということが、今回の報告で指摘できたのであれば一つの役割になるんじゃないかと思います。

あとの部分に関しては、どちらかというと、平時もコロナ禍もというような内容になりますが、補助金、融資については必要なときには必要なものを、過剰になりやすいですけれどもあとで見直しましょうという点を指摘し、寄附、貸倒れに関しては、税務会計上の一定の議論があるというような指摘になりますので、分野的にはコロナ禍と限定してもしなくても、いろいろな議論に敷衍できるところであったのかなと思っております。以上です。

司会　ありがとうございました。それでは、第三報告の藤曲先生お願いします。

藤曲　私は本日の最初にも申し上げたとおり、基本的にはコロナ禍における税務問題で大きく問題になる一つは、再生をめぐるところの税務であろうと考えて、期限切れ欠損金等を中心とした再生をめぐるところの税務というところに焦点を当ててお話をしました。

最初に申し上げたとおり各制度によってかなり複雑な相違が生じております。この点について政策的な観点から、特に今回のコロナ禍のように、大量の再生問題が出てくるという状況下での対応を考えていった場合と、欠損金についての原理的な考え方、このような点から考えて、見直すべき点があるのではないだろうかということを申し上げたところでございます。ありがとうございました。

司会　ありがとうございました。それでは、最後に福浦先生に取りまとめのような感じでのお話をしていただきたいと思います。お手元に資料が配付されていると思いますので、この図形を参考にしていただきながら、今回の統一論題を、本当は座長である私がしないといけないんですけれども、福浦先生に総括するような方向でご説明いただけますでしょうか。

福浦　ありがとうございます。総括になるかどうかわからないのですけれども実はこの統一論題のタイトルをいただいたときに、コロナ禍で生じた税務会計の諸問題という言葉から、何を報告したらいいのかというのがしばらく私の頭の中でよぎりました。おそらく禍とかそういうものであれば、禍から脱却するために補助的なものとか支援とかという言葉が浮かぶのだろうなと。それにも関わらず世の潮流の中において、例えば「情報通信白書」等いろいろなものを読んでいますと、それよりも現在を含めて過去を知り、未来を考えろというようなところがあったように思いました。

そういうことを踏まえたときに、今回も私の電子帳簿保存法あたりのところでも、やや組織論の中に関係するような経理とか体制とかそういうもの、限定的なものが随時規定されてきて、そしてそれに対してまた問題提起がなされて、今後どうもっていくかというようなことが、わが国も結構悩んでいるのだろうなということを踏まえたときに、いま私が申し上げていますのは、報告要旨集の99頁（本誌59頁）のいちばん冒頭の「はじめに」に書かせていただいておりますので、お読みいただければと思いますが、やはりこれはひょっとして発想の転換だろうというのを私は思っていたところです。

そういう意図が座長の中にあるのかなということを含めて、であれば有事というものは短期的なものだろうと。これに対して平時というのは長期間、漸進的な制度変化に関係するものであるから、やはりそういう観点に立たないといけないのじゃないかということで、私は長期的な漸進的な内容を含めたものについて報告を申し上げますということを書かせていただきました。

この図表は私のいちばん最初のこの統一論題の課題を与えられたときの図表でありました。そういうことで、見ていただければわかりますけれども、まあこの図表の中では、我々この４人の中の温度差があったかと思いますが、それ相応に各自各様その趣旨を、座長の本旨を少しは達成したかなと、このように私は思っています。以上でございます。

Ⅲ　統一論題の総括

司会　どうもありがとうございました。実は当初、統一論題の個別的な論題を考えるときに、いったい何にしようかということを、理事会でいろいろご議論をいただきました。しかし、先生方もお分かりのように、今回の個別テーマはコロナと密接に関係しているようなテーマとは一概に言えないんじゃないかと思います。確かに税務会計上の今回の論題は、常日頃我々が考えていかなくてはいけない問題でもあるわけです。規模別税制の問題、事業支援の問題、事業再生・再編の問題、それから新しい取引に対する課税上の問題といったことは平時でも現に起こり得る事柄であります。

今回、コロナというある種の異常事態を題材にしましたのは、いまから1年ぐらい前だったんですが、いまではコロナ禍というよりも、むしろ例えば、ロシアのウクライナ侵攻であったり、核戦争の脅威であったり、あるいは急激な円高といった経済問題であったりとか、今まで我々が予期しなかった事柄が日常で起こってくるリスクが高まっています。そのときに常に備えながら日常生活、特に事業活動というのをやらないといけない。先ほども議論があったように、事業はただ単に継続すればいいわけではなくて、ときには大きな決断を持って、事業の結末を迎えないといけないということもあるわけです。そういったことが実はいま日常として起こりつつあるということを踏まえておく必要があるのではないか。今回取り上げた様々な個別テーマにつきましては、平時でも常に検討していく必要があるように思っております。

あと残り5分でございます。先ほど総括的なお話をそれぞれパネラーの先生方にしていただきました。1分、一言で今回のシンポジウムを踏まえまして、あるいは報告を踏まえまして、報告者の先生方から総括的なお言葉をいただいて最後の締めくくりにしたいと思います。それでは、小林先生から、1分、一言でよろしくお願いします。

小林　本当に一言ですが、今回大変貴重な経験をさせていただいたことを、心から御礼申し上げます。お題を与えられたときから頭を悩ませ今日に至りましたので、いまここに至ってほっと安堵しているというのが正直な気持ちでございます。

昨日どんな質問がくるのかと緊張しておりました。一次会が終わって、早々に家に帰ってうんうん唸って頭を悩ませていたとき、国会質問に当たって答弁書を作成していた時代のことを思い出しました。本当に貴重な体験でした。ありがとうございました。

司会　ありがとうございました。それでは、金子先生お願いします。

金子　統一論題は、やはり緊張しますし、自由論題ではないんですよね。ですから、不自由論題なんだろうと思っているのですけれど、自分が決めたタイトルではないので、この点にも難しさがあります。あとは大きな統一論題の中で自分の役割を果たさなければいけないことを意識しています。こういったなかで自分の報告で一定の役割が果たせていればいいと思っております。

学会誌に音声収録したときに見直して、それが果たせたかどうかをもう一度見直さなければいけないと思いますが、自分なりに課した課題もあって、なかなかうまくできないところもあり、また、少しはできたのではないかないかという自分なりの評価もあり、という形で本日を迎えております。先生方いろいろとご指導ありがとうございました。

司会　藤曲先生お願いします。

藤曲　ありがとうございました。私はテーマそのものとしては、コロナとの関係ということになると、事業再生とか再編というのはわりと結びつきやすいテーマであるかなとは思っておりましたが、かなり細かいところまで入り込んでしまいまして、それが少しわかりにくいお話になってしまったのかなというように思っております。その点については申し訳ないなと思っております。

それからあと、今回、学会で出す報告はPowerPointで当日の報告は出してくださいというお話だったので、そのPowerPointを作るのにだいぶ苦労しました。今までWordで対応していたものですから、PowerPointにしてやるのに時間がかかって、スタッフの方たちに応援していただいたことについてはあらためて感謝申し上げます。以上でございます。

司会　では最後に福浦先生お願いします。

福浦　福浦です。私はここ数年二つのプロジェクトに関与してまいりました。まさに有事でありました。やっと今日からここで解放されるこの喜びを堪能しながら福岡の地に帰りたいと思っています。先生方どうもありがとうございました。

司会　おかげさまで定刻でシンポジウムを終えることができました。今回は3年ぶりで対面という本当に貴重な機会をいただきました。やはり学会は皆様と顔を突き合わせながら議論をしながら進めていくのが、学会のあるべき姿であるということを改めて実感させていただきました。

今回4名のご報告の先生方には大変ご苦労をおかけしましたので、その慰労と感謝を込めまして拍手で終わらせていただきたいと思います。どうもありがとうございました。(拍手)

税務会計研究学会特別委員会中間報告

SDGs達成のための税制と会計（中間報告）

特別委員会委員長
古庄　　修（日本大学）

Ⅰ　研究課題

本特別委員会は、2030年に向けて世界を持続可能な軌道に乗せるために、地球上のすべての国々や人々を対象にした壮大な取り組みである「持続可能な開発目標」（SDGs：Sustainable Development Goals）の意義をふまえて、当該目標の中に明示された「税」をめぐる諸問題を取り上げ、税制及び会計・開示の観点からSDGsの実現に資する考察を行うことを研究課題とする。

Ⅱ　委員と構成

委員長　古庄　　修（日本大学）

委　員　猪熊　浩子（武蔵大学）　　沖野　光二（大阪経済大学）

酒井　翔子（嘉悦大学）　　佐藤　信彦（熊本学園大学）

付　　馨（京都先端科学大学）　　弥永　真生（明治大学）

武田　紀仁（日本大学大学院生・税理士）

オブザーバー　道下　知子（青山学院大学）

はじめに――本研究の課題と構成――　（古庄・佐藤）

第１章　持続可能な社会の実現と税制・会計のシステムデザイン・マネジメント――経済システムとしての税制再構築に関する一考察――

（猪熊）

はじめに――本研究の課題と構成――

古庄　修（日本大学）
佐藤　信彦（熊本学園大学）

1　SDGsの意義と17の目標

2015年に国連総会において全会一致で「我々の世界を変革する：持続可能な開発のための2030アジェンダ」が採択された。当該アジェンダは以下のように説明されている。

「このアジェンダは、人間、地球及び繁栄のための行動計画である。これはまた、より大きな自由における普遍的な平和の強化を追求するものである。我々は、極端な貧困を含む、あらゆる形態と側面の貧困を撲滅することが最大の地球規模の課題であり、持続可能な開発のための不可欠な必要条件であると認識する」（前文）。

SDGsは、2030アジェンダの中核となる世界的な優先課題及びあるべき姿であり、17の目標と169項目のターゲットにより構成される。すなわち、SDGsは、「誰一人取り残さない」持続可能な社会の実現を目指すものである（宣言４項）。その特徴は、各国の現実、能力及び発展段階の違いを考慮に入れ、かつ各国の政策及び優先度を尊重しつつ、すべての国に受け入れられ、すべての国に適用される点にある（宣言５項）。

国連が、2030年までに貧困や飢餓を撲滅し、持続可能な開発を実現するためにSDGsとして掲げた17の世界的な目標は、以下のとおりである。

1　貧困をなくそう	10　人や国の不平等をなくそう
2　飢餓をゼロに	11　住み続けられるまちづくりを
3　すべての人に健康と福祉を	12　つくる責任、つかう責任
4　質の高い教育をみんなに	13　気候変動に具体的な対策を
5　ジェンダー平等を実現しよう	14　海の豊かさを守ろう
6　安全な水とトイレを世界中に	15　陸の豊かさも守ろう
7　エネルギーをみんなに、そしてクリーンに	16　平和と公正をすべての人に
8　働きがいも経済成長も	17　パートナーシップで目標を達成しよう
9　産業と技術革新の基盤をつくろう	

なお、当該目標において直接的に「税」について言及した箇所は、以下のように各目標に紐づけられたターゲットの中に見出しうる（強調筆者）。

① 【目標10】各国内及び各国間の不平等を是正する

【ターゲット10.4】**税制**、賃金、社会保障政策をはじめとする政策を導入し、平等の拡大を漸進的に達成する（ターゲット）

② 【目標12】持続可能な消費と生産の形態を確保する

【ターゲット12.c】開発途上国の特別なニーズや状況を十分に考慮し、貧困層やコミュニティを保護する形で開発に関する悪影響を最小限に留めつつ、**税制改正**や、有害な補助金が存在する場合はその環境への影響を考慮してその段階的廃止などを通じ、各国の状況に応じて、市場のひずみを除去することで、浪費的な消費を奨励する、化石燃料に対する非効率的な補助金を合理化する（実施手段）

③ 【目標17】持続可能な開発のための実施手段を強化し、グローバル・パートナーシップを活性化する

【ターゲット17.1】**課税および徴税能力**の向上のため、開発途上国への国際的な支援などを通じて国内資源の動員を強化する（資金）

2　SDGsの達成に向けた研究課題の概要

社会的課題の解決のためにSDGsとして掲げられたこれらの目標は、広範かつ多様であるが、その中には、貧困や飢餓、人と国の不平等をなくすことや、健康及び福祉などに係る論点が含まれている。また、その一方では、地球規模の気候変動への対策の必要性なども含まれている。

前者については、様々な視点からの議論が可能であるが、本特別委員会においては「社会保障」や「所得の再分配」をめぐって議論されている「給付付き税額控除」や「ベーシック・インカム」など、税制や財政制度に絡む論点に注目したい。さらに、国際的なIT企業による租税回避行為など本来納税すべき主体が税逃れをしている実態についても、諸施策の財源確保の観点から重要な論点となる。そこで、これらに関連する調査研究を「第1の柱」とする。

また、後者の気候変動については、SDGsの目標13として掲げられている。すなわち、気候変動、特に地球温暖化の原因とされている二酸化炭素排出量の削減をめぐっては、脱炭素（ゼロカーボン）が志向される中で、石油石炭税（炭素税）や、フランスや韓国における航空券連帯税などがすでに検討されてきた。これらの諸税は、「第1の柱」に関連する目標を達成するための財源確保という観点から、国際連帯税（国際貢献税）とも呼ばれているが、その仕組みの解明や問題点の抽出は「新しい資本主義」に向けた現在及び将来の経済社会の発展にとっても重要な論点である。そこで、これらの税制を通じた優遇措置あるいは制裁措置などに関する調査研究を「第2の柱」とする。

なお、国際貢献税には、気候変動に係る議論とは直接関連しないグローバル金融取引税や武器取引税などの税務政策も含まれるため、本研究においては気候変動問題に係る環境保護税制を基軸としながら、SDGsの達成の観点からその検討の範囲を設定したい。

さらに、気候変動に係る開示の側面に注目すれば、従来「統合報告」の枠組みにおいて財務情報と非財務情報の連係・統合を推進してきた国際統合報告評議会（IIRC：International Integrated Reporting Council）に加えて、近年ではESG投融資を行う機関投資家や金融機関などによる企業の気候変動リスクに係る情報ニーズの高まりを背景として、金融安定理事会（FSB）が設置した気候関連財務情報開示タスクフォース（TCFD：Task Force on Climate-related Financial Disclosures）の勧告に基づく開示実務が国内外で広がってきている。

また、その一方で、すでに排出権や天候デリバティブの取引なども始まっており、そこで、これらの動向について税制をめぐる国内外の議論と関連づけながら広く気候関連情報の開示について総合的に分析することも必要になる。

この点について、現在IFRSを開発しているIASB（International Accounting Standards Board）と並列して、従前のIIRCの改組を経てその役割を引き継ぎ、ISSB（International Sustainable Standards Board）を組成する形で国際組織を改革することを決定するなど、これまで乱立してきた非財務情報（サステナビリティ情報）に係る基準設定についても、その標準化に向けた最近の動きはめまぐるしい。そこで本特別委員会においては、「税」の透明性を求めてこれまで様々な機関において展開されてきた税務情報開示のフレームワークを整理・検討するとともに、企業の税務ガバナンスを基礎とした統合報告書におけるESG情報としての当該情報の開示実態の調査、及び租税回避行為に対抗する各国の税務政策と連携した税務情報開示の制度化に関連する調査研究を「第3の柱」とする。このことは、第1及び第2の柱を開示の側面から捉え直し、規制のみに頼らず、多様なステークホルダーのインセンティブに働きかけて市場メカニズムが機能するための一つの手段として統合報告書その他の開示メディアを活用することを視野に入れるものである。

このような国際的な動向は、企業そのもののあり方をめぐる議論も惹起しており、具体的には、企業観、すなわち企業をどのような存在として見るか、さらに当該企業観を基礎として業績指標数値をどのように算出し開示すべきか、という議論として俎上に載せられている。この問題は、古くは会計主体論争として会計学界において議論されたところであるが、現在では、会計学界にとどまらず、組織論、サービス学、経営工学など他分野においても形を変えて議論されているところでもある。そこで、他分野で行われている議論も含めて、所得課税の基礎としての業績指標数値とその基底にある企業観に関する調査研究を「第４の柱」として措定する。

なお、これらの研究の柱に包含される検討課題の中には、他の特別委員会の研究対象となっている論点と重複する可能性があるものも存在するため、当学会における先行研究としてその学術的貢献に敬意を表しつつ、本特別委員会独自の視点や論点を変えるなど、十分な配慮をもって当該課題に取り組みたい。

以下、本中間報告においては、SDGsに立脚した前述の研究の柱に基づき、「税」をめぐる国際的な議論をふまえて、持続可能な社会の実現に向けた経済格差の是正に資する税制のあり方、租税回避等に係る税の透明性と開示制度の形成、及び地球環境問題をめぐる気候関連財務情報開示及び環境保護税制の展開の三つの研究課題について、これまで研究会を積み重ねてきた本特別委員会の現時点の到達点としてその議論を要約した。

[主要参考文献]

・　古庄修（2019）「持続可能な開発目標（SDGs）と統合報告」『産業経営研究』第41号、17-27頁。

・　南博・稲場雅紀（2020）『SDGs－危機の時代の羅針盤－』岩波新書。

第１章　持続可能な社会の実現と税制・会計のシステムデザイン・マネジメント――経済システムとしての税制再構築に関する一考察――

猪熊　浩子（武蔵大学）

1　問題の所在――本研究のねらい――

現在、我々人間社会が多大な恩恵を受けている経済社会の発展と裏腹に、社会に目を向けると人口増加、資源戦争、環境、経済格差、貧困、災害・安全、教育と多くの社会問題・課題に直面しており、これらの社会課題の多くは現在の資本主義社会経済の負の側面としての指摘を受けるものも少なくない。また、このような社会問題に対して、現在の我々の経済システムでは必ずしも十分に対応できていないのではないかという論調も昨今少なからず公表されている（Piketty（2013）、Stiglitz（2019）、Henderson（2020）、斎藤（2020）、スズキ（2022））。これらでの論調で一貫しているのは、人類が構築してきた豊かな社会を維持し、これからの持続可能な世界の実現のためには、現在直面している社会課題のうち、経済社会全体の仕組みに依拠しているものをシステム自体から見直して再度仕組みを創り直す、資本主義の再定義・再構築が不可欠であるという視点である[(1)]。

本特別委員会のテーマに即して、筆者の問題提起で特に取り上げたいのは、上記のような資本主義の功罪での経済発展の負の側面、表裏一体の影の側面としてしばしば指摘される企業の営利活動における株主利益を重視しすぎる企業統治の功罪と、会計の仕組みを利用した税制・税務における是正措置の可能性の検討である。経済システムにおける社会問題の再構築手法として、取り得るシステムデザインとそのマネジメント対象としては、税制のみならず、会社法、会計基準、ガバナンスの仕組みなど、経済システムを構成する諸制度の再設計が挙げられ、税制や会計はその構成要素の一つであるが、軸足を定めた分析は有効と考える。

分析の際の着目ポイントとしては上述したとおり企業活動とそのガバナンス、特に分配の妥当性に注目する。現在の資本主義社会は企業の営利活動が中心に据えられているが、この企業の経済的利益の最大化の裏で、いわば負の外部性として、企業コストに識別して組み込まれるべき環境への負荷である地球環境への影響（例えば二酸化炭素排出量）があり、この観点では、2021年11月に国際サステナビリティ基準審議会（ISSB）の設立につながっている[(2)]。

（1）　資本主義の再定義の視点を社会実装として実現するべく、岸田政権における成長戦略の一環として「新しい資本主義」に向けて内閣官房から『緊急提言』が公表されている（2021年11月8日）。

（2）　2021年11月3日、英国グラスゴーで開催された国連気候変動枠組条約第26回締約国会議（COP26）の期間中、IFRS財団が「国際サステナビリティ基準審議会（International Sustainability Standards Board）」の設立を正式に発表している。

その一方で企業のガバナンスに目を転じると、企業を取り巻くステークホルダーのうち、株主（特に出資金額や影響力が大きい機関投資家）による企業統治の多用が必ずしも適切に機能していないのではないかという視点がある（上村（2021）、岩村（2020））。特に機関投資家をメインに据えた株主による上場企業のガバナンス改革については、企業や他のステークホルダーの目的や意図と完全に一致しないことから、昨今の上場企業のガバナンス向上策は必ずしも有効に機能する側面のみを捉えるのではなく、ステークホルダー間のバランスを踏まえた、一連のガバナンス改革の制度設計の検証と今後の再検討は必要と考える。特にステークホルダー間でのバランスを取った分配を実現しないことには、経済格差の更なる進展を進めるのではないかという問題提起に基づいて現状分析に取り組むことにしたい。特に本研究では税務会計の観点から見直しの検討を行うのであるが、元来税制の主な機能は経済資源の再配分にあることから実装できるかは別としても解決策のあり方の模索には意義あると考えている。(3)

2　税制を用いた課題解決手法

まず大きな社会課題の一つとして挙げられる経済格差については、格差是正のために税制を利用することを主張する論調には次のような研究がある。

Piketty（2013）では、格差是正のための累進所得税に着目し、累進性の高い税率こそが格差縮小のカギと主張している。また国際協調体制を確立し、すべての国で課税強化策を採用すべきであり、国境を越えた資産税（資産を時価評価して資産に累進課税）についても言及している。

Stiglitz（2019）(4)においても、経済格差に関する課題においては租税・金融

https://www.ifrs.org/groups/international-sustainability-standards-board/

（3）なお、本稿のテーマからははずれるが、国家主権を持つ各国ごとの判断で制度設計ができないと、政策遂行の点では不都合であることから税制が国際的に統一化（標準化）しない（できない）ことの一つの理由になっている。IFRSといった国際統一化が一定レベルで進展した会計と国家主権を重視する税制では国際統一化の動きは同様ではない。

政策の必要性に触れ、かつ米国 IT 大手が如何に租税回避に積極的に取り組んでいるかも指摘している。また、経済格差が進んだ今としては、富裕税の強化について触れている。

これらからの示唆としては、国境をまたがる企業活動の活発化に伴い、国際的なタックス・プランニングによる過剰な節税に対する対応が社会課題の解決については肝要であること、そして租税制度そのものは国家主権の元で、各国が対応を担うとしても、国際的な連携の下、情報共有の必要性などである。また、税制構築で検討すべきは、既にフロー（一年の動き）単位での課税のみではなく、ストック（資産としての蓄積）への課税と、富の蓄積が進んだところから手を付けるべきという視点を示している。

経済のグローバル対応では、グローバル企業が税制の制度のすき間や、抜け道を利用した過度な節税対策により税負担を軽減している問題が生じており、こちらについては、OECD 租税委員会が2012年６月より「財源浸食と利益移転」（BEPS：Base Erosion and Profit Shifting）に関するプロジェクトを立ち上げ、2013年７月には「BEPS 行動計画」、そして2015年10月５日には BEPS に関する最終報告書（BEPS1.0）が公表されている[5]。ここでは、「デジタル経済の課税上の課題」に関しては継続的な検討事項とされ、BEPS2.0に向けての議論につながった。

BEPS2.0では、BEPS 行動１（デジタル経済課税）において、経済の電子化（デジタル化）に伴い、各国が多国籍企業に対して十分な課税権を行使できていないという問題に取り組むための議論が進んでいる。取り上げられた課題としては、課税権の配分ルールが時代に合っていない、そして多国籍企業が事業

(４)　スティグリッツ（2020）の翻訳書の方に依拠。

(５)　BEPS1.0の公表では、BEPS 行動13において、多国籍企業が全ての関連する政府に対して、国ごとの所得、経済活動、納税額のグローバルな配分について、必要とされる情報を共通テンプレートに従って提供することが求められた。このために、マスターファイル、ローカルファイル、国別報告書という三層構造の文書が導入されている。この BEPS プロジェクトに対応するための日本での対応として、平成28年度税制改正で、多国籍企業情報の報告等に係る制度が整備されている。合わせて、税制の国際的動向についても留意することが求められている。

活動の場所を自由に選択できることになったことで、税務上有利な構造を取れることが不公平なのではないか（中小企業との比較も含む）、という視点があった。(6)

以上、現段階では問題提起と今後の研究の方向性と対象の識別を進めている段階であるが、引き続き本研究について分析検討を進めていく所存である。

[主要参考文献]

- Allen Lane, 山田美明（訳）(2019)『プログレッシブ キャピタリズム：利益はみんなのために』東洋経済新報社。
- Henderson, Rebecca (2020), *Reimagining Capitalism: How Business Can Save the World*, Shortlisted for the FT & McKinsey Business Book of the Year Award 2020, 高遠裕子（訳）(2020)『資本主義の再構築－公正で持続可能な世界をどう実現するか－』日本経済新聞出版社。
- OECD (2021), Corporate Tax Statistics
- OECD website, BEPS Actions, https://www.oecd.org/tax/beps/2022年10月10日閲覧。
- Piketty, Thomas (2013), Le capital au XXIème siècle. 山形浩生・守岡桜・森本正史（訳）(2014)『21世紀の資本』みすず書房。
- Stiglitz (2019), Jeseph, *People, Power, and Profits: Progressive Capitalism for an Age of Discontent.*
- 上村達男（2021）『会社法は誰のためにあるのか－人間復興の会社法理－』岩波書店。
- 岩村充（2020）『国家・企業・通貨－グローバリズムの不都合な未来－』新潮選書。
- 金融調査研究会（2021）『今後の国際課税制度のあり方』。
- 斎藤幸平（2020）『人新世の「資本論」』集英社新書。

（6） BEPS2.0の進展動向としては、2020年10月 Pillar 1 & 2 に関するブループリント・経済影響分析の公表がなされ、2021年10月の詳細な実施計画及び残された課題の最終化に進んでいる。主な討議項目としては、Pillar 1：「Nexus 及び利益配分ルール～課税所得の国際的配分ルール」、そして Pillar 2：「Minimum tax 導入のためのグローバルルール」の 2 つがあり、2021年 7 月 1 日に基本合意、2021年10月 8 日に最終合意（136か国・地域）に至るが、いまだ実装に至るまでの具体的な内容は検討中である。

・　成道秀雄他（2018）『税源浸食と利益移転（BEPS）対策税制』日税研論集 Vol. 73、日本税務研究センター。
・　スズキ トモ（2022）『「新しい資本主義」のアカウンティング－「利益」に囚われた成熟経済社会のアポリアー』中央経済社。
・　内閣官房・新しい資本主義実現会議（2021）『緊急提言～未来を切り拓く「新しい資本主義」とその起動に向けて～』（2021年11月８日）。

第２章　税の透明性向上を求める国際的な潮流

付　馨（京都先端科学大学）

1　はじめに

国連の持続可能な開発目標（SDGs）を実現するためには、税の役割が必要不可欠である。政府が必要な環境・社会投資を行うために税金を必要とすると同時に、組織（特に企業）がSDGsの実現に税的側面から影響を与える。そのため、国連グローバル・コンパクト（UNGC）は、GRIとともに、「公正な税負担」、「租税回避の仕組みの利用防止」、「税務計画やその透明性」などを通じて、SDGsの実現に努めている。一方、企業はSDGsを事業戦略や活動の中核に組み込むのであれば、税務戦略においてSDGsへの貢献に注意を払う必要がある。

投資資金や雇用の獲得競争、海外活動に有利になるように、企業は「租税回避」を行う動機があるが、租税回避は国の歳入を損ない、SDGsの実現に支障をきたす。そこで、租税回避の利用防止策の一環として、企業の税務活動に関連する情報の開示を通じた税の透明性を向上するための規制整備はOECD、GRIなどの国際機関や欧州、オーストラリアにおいて行われてきた。また、国連責任投資原則（PRI：Principles for Responsible Investment）や機関投資家は税の透明性を投資判断基準に入れるべきと指摘した。日本においては、政府主導の税的透明性をめぐる動きがないものの、近年、自主的な税務情報開示を行っている多国籍企業が増え始めている。

税の透明性向上は、投資家を含めた広いステークホルダーの情報期待を応えるのみならず、企業自身のレピュテーションや価値向上にもつながり、究極的にはよりビジネスの実態に寄り添う政府税制の策定やSDGsの実現にも役立つ。本章は、税の透明性が求められた要因と税の透明性を向上させるための国際機関や主要な国の取り組みを概説する。

2　税の透明性が求められる要因と主要な国際機関の取り組み

⑴　税の透明性が求められる要因

税制の改善や、企業の税務活動の透明性向上に対するニーズは、多国籍企業の租税回避行為に大きく起因している。

例えば、企業が海外の関連企業との取引価格（移転価格）を通常の価格と異なる金額に設定すれば、一方の利益を他方に移転することが可能となる。このような所得の海外移転が多く行われると、国の税収には大きな影響を与える。それを防止するため、海外の関連企業との取引が、通常の取引価格（独立企業間価格）で行われたものとみなして所得を計算し、課税する制度として移転価格税制が実施されるようになった。

また、多国籍企業が「グループ関連者間における国際取引により、その所得を高課税の法的管轄から無税又は低課税の法的管轄に移転させることで、国際的二重非課税を生じさせる[(1)]」ことは「税源浸食と利益移転」（BEPS：Base Erosion and Profit Shifting）と呼ばれる。近年、グローバルなビジネスモデルの構造変化により生じた多国籍企業の活動実態と各国の税制や国際課税ルールとの間のずれを利用し、多国籍企業がその課税所得を人為的に操作し、課税逃れを行っている問題として、BEPSが注目されてきた。

これらの過度な節税策、租税回避行為は、社会の不平等を助長させ、SDGsの実現をも阻害すると同時に、投資家をはじめとする各ステークホルダーの信頼を失い、究極的には企業自身の持続性にも影響を与える可能性がある。そこ

（1）　国税庁 https://www.nta.go.jp/about/organization/ntc/kenkyu/ronsou/79/02/index.htm

で、主要な国際機関と各国政府などが税の透明性を向上するために取り組みを行ってきた。次には、そのような取り組みを見ておきたい。

⑵　主要な国際機関や各国の取り組み

ⅰ．OECDの税の透明性と情報交換のグローバル・フォーラムとBEPSプロジェクト

2000年に、OECD加盟国と国際金融公社（IFC：International Finance Corporation）は、税の透明性と情報交換に関する国際基準を実施することを約束した。その後、国家歳入に大きな圧力をかけた2008年の金融危機、及び銀行や企業機密法の悪用が露呈した税務スキャンダルの多発をうけ、2009年4月、G20首脳は「銀行機密の時代が終わった」（the era of banking secrecy is over）[(2)]と宣言し、G20と経済協力開発機構（OECD）の強力なバックアップのもと、税の透明性と租税の情報交換のグローバル・フォーラム（Global Forum on Transparency and Exchange of Information for Tax Purposes）が立ち上げられた。このフォーラムは、現在160を超える国・地域が加盟され、国際的な税の透明性と情報交換の基準の実施において大きな進展を達成している。

さらに、2012年にOECDはG20（財務大臣・中央銀行総裁会議）の要請により、BEPSプロジェクトを立ち上げ、2015年に最終報告書で15項目の「BEPS行動計画」を策定した。この行動計画は、直接に租税回避行為を規制するための制度に加え、租税回避行為を明らかにするために、税の透明性を求める制度に対する検討も含めた。透明性を求めるのは、「行動計画12：（会計士や税理士等の）プロモーター及び利用者が租税回避スキームを税務当局に報告する義務的開示制度に関する検討（Action 12：Mandatory Disclosure Rules）」、及び「行動計画13：移転価格文書化及び国別報告書の実施に関する指針（Action 13：Guidance on Transfer Pricing Documentation and Country-by-Country Reporting）」である。

このように、OECDは国家間の税の公平性を求めるために、世界中の多国

（2） G20 Communique（2009），“London Summit-Leaders’ Statement 2 April 2009”，No. 15

籍企業に対して企業の租税回避スキームを含んだ税務活動関連情報の開示を求めてきた。

ii．GRI 207：TAX2019

サステナビリティに関する国際基準と情報公開の枠組みを策定することを目的とした、国際的な非営利団体であるGRI（Global Reporting Initiative）は1997年に設立された。GRIは2016年に、それまでのGRIガイドラインに代わるGRIスタンダードを公表し、報告主体が経済、環境、社会に与えるインパクトを報告し、持続可能な発展への貢献を説明するためのフレームワークを提供している。

2019年12月、GRIは「GRI 207：TAX2019」を公開した。この基準は「組織の税に対する透明性を高めることで、ステークホルダーからの信頼性の向上だけでなく、より多くの情報に基づいた政策決定に資すること」を目的としている。GRIは税金が政府の重要な歳入源として、SDGsを達成するために必要不可欠であることを主張し、税に関する開示が透明性を高め、組織の税務活動慣行や税制に対する信用と信頼性を促進することができると指摘する。さらに、GRIは、透明性の高まりがステークホルダーの意思決定に十分な税務情報を与えるのみならず、公的な議論を促し、社会的に望ましい税制の発展にも寄与できると指摘している。

GRI 207の目的は組織が税金に関連したマネジメントアプローチを理解・伝達し、国別に収益、税金、事業活動を報告することであり、具体的な開示事項はマネジメント手法の開示事項と項目別の開示事項を含む。マネジメント手法の開示事項とは税務へのアプローチ；税務ガバナンス、管理、及びリスクマネジメント；税務に関連するステークホルダー・エンゲージメント及び懸念への対処である。項目別の開示事項とは国別の報告、つまり、組織が活動している各々の税務管轄区域の財務、経済、税務関連情報の報告である。

このように、GIRは、ステークホルダーの情報ニーズ、及び社会的に望ましい税制の改善という立場から、企業の税務活動に係る具体的な収益、税金、事業活動等の税務関連の量的情報のみならず、企業の税務活動に適用されるマネジメント手法、つまり、税務へのアプローチや、ガバナンス、管理などの質的な情報の開示をも求めている。

iii．EU の国別報告書 CbCR（Country by Country Report：国別報告書）指令

上記の OECD や GIR の取り組みを受け、EU における国別報告書の開示に関する指令が2021年９月28日に EU 理事会で採択、同年11月11日に欧州議会で承認、同年12月１日の欧州連合（EU）官報において公表された。本指令は2021年12月21日に発効し、EU 加盟国は2023年６月22日までにそれを国内法に導入しなければならない。本指令は、EU に本拠を置く多国籍企業と、EU 域外に本拠を置く支店又は子会社を通じて EU で事業を営む多国籍企業の両方を対象としている。これらの企業の連結合計売上高が直近の２事業年度連続で７億5,000万ユーロを上回った場合、法人所得税の納付額及びその他の税務関連情報（国別の利益、売上高、従業員数の内訳等）を開示することが義務付けられている。

EU 加盟国全27カ国と、税務面で非協力的な国・地域の EU リストに関する EU 理事会の結論の付属書Ⅰ（いわゆる EU ブラックリスト）及び付属書Ⅱ（いわゆる EU グレーリスト）に掲載されたすべての国・地域ごとに行う必要がある。

このように、EU の CbCR 指令は EU 域内において経営活動を行う多国籍企業の国別報告書の開示の義務化を促進し、国ごとの納税額のみならず、国別利益や従業員数の内訳などの関連情報の開示も義務化した。

iv．オーストラリアの税透明性コード（TTC：Tax Transparency Code）の策定と実施

オーストラリアの税制審議会（the Board of Taxation）が2016年に TTC を提案し、企業による税務情報の開示を導くための一連の原則と「最低基準」を規定した。TTC は、コーポレート・ガバナンスの慣行、法的・商業的環境、世界的な税の透明性イニシアチブの進展に対応して、時とともに進化していくことが期待され、提案された当時は世界で最も先進的かつ包括的な税の透明性

対策と自負されていた。

TTCは関心あるユーザー（interested user）（社会正義団体、メディア、アナリスト、株主など）と一般ユーザー（General users（一般人））の情報ニーズに応えるよう設計されているが、十分な納税情報を入手できるオーストラリア国税庁（ATO：Australian Taxation Office）を開示対象として考えていない。したがって、TTCの作成に際し、最も効率的に社会の利益に貢献できる要素、例えば、コンプライアンス・コスト、商業上の機密性、他の地域や既存・新規のグローバルな報告要件との整合性などが考慮された。

TTCの開示は2つのパートに分かれている。Part AとPart Bの内容の概要は以下のとおりである。

表1　TTCの開示対象と開示内容

TTCの開示	対象者	最低限必要な情報
Part A	大企業 中堅企業	会計上の利益から税金費用、及び法人税支払額または未払法人税額への調整。
		重要な一時差異及び永久差異の特定。
		オーストラリア及びグローバルな事業に対する実効税率の計算（AASB（Australian Accounting Standards Board）ガイダンスに基づく）。
Part B	大企業	税務戦略・ガバナンスのアプローチ
		法人税納税額の概要
		国際的な関連当事者との取引に関する情報

The Board of Taxation, Australian Government, 2016, p. 2

「大企業」（総売上高が5億豪ドル以上）は、TTCのPart AとPart Bを同時に採用し、「中堅企業」（総売上高が1億豪ドル以上、5億豪ドル未満）はTTCのPart Aを採用することが推奨される。

TTCは税務情報開示の最低基準としか規定していないので、それを超えた追加的な情報開示は予想される。そこで、企業は、TTCの最低基準を満たすために、企業の社会的責任（CSR）報告書の一部など、他の公開情報の一部として必要な情報を公表することができる。また、グローバルな「納税額」報告書、採取産業透明性イニシアティブ報告書（EITI：Extractive Industries Transparency Initiative）、欧州連合租税指令報告書などで開示することも可能である。

これらのすべての「納税額」報告書は、既存の社内外の監査手続きや、現存法律により罰則を適用できるので、さらなる外部監査が不要であり（上級管理職（例えば、最高財務責任者）による追加的な保証を選択できる）、TTC情報の誤解を招くような開示に対する罰則も追加しなくてよいと考えられる。

TTCは税務情報の開示内容のみならず、開示媒体や、税務情報の保証、罰則についての考え方も説明をした。

v．PRI（国連責任投資原則）と機関投資家の取り組み

2006年に、ESG投資の世界的なプラットフォームとしてPRIが発足した。署名機関は財務情報に加えて、環境（Environment）、社会（Social）、ガバナンス（Governance）に関する視点をその投資プロセスにおいて取り入れることなどが求められる。

投資家がポートフォリオ内の企業に対して税金の透明性を高めるよう働きかけることを支援し、PRIは2018年5月17日に投資家ガイド「税の透明性に関する評価とエンゲージメント」(Evaluating and engaging on corporate tax transparency: An investor guide）を公表した。このガイダンスは、投資家が企業の脱税や租税回避に対する関心を表している。多国籍企業の過度な租税回避活動には潜在的な法的リスク、業務リスク、評判リスク、財務リスク、ガバナンスリスクが存在しており、投資家は投資先企業の税務慣行が利害関係者の監視や規制変更の可能性に耐えられるための確証を求める。このガイドは、投資家が税務に携わる際のツールとして、法人税開示の現状で観察される主要な傾向とギャップに着目している。

これと相まって、投資先企業に対して納税の責任を求める機関投資家が増えている。例えば、ノルウェー政府年金基金の運用を担当するノルウェー銀行インベストメント・マネジメントは「適切な透明性ある税務を期待する」旨を表明している。同社は所定の基準（実効税率10%未満を含んだ6つの指標）を用

いて企業評価を行い、小規模で、ほとんど税金を払っておらず、税務の説明もしていない会社を投資対象から外したことがある。

また、欧州の約10の投資家からなるシェアホルダダーズ・フォー・チェンジは税務をめぐり欧州の通信大手４社と対話し、利益の移転を指摘している。英運用大手リーガル・ジェネラル・インベストメント・マネジメント（LGIM）は2022年から議決権行使の基準に、税務を含む６分野の開示状況を入れ、開示の不十分な企業には株主総会の役員選任などで反対票を投じる。

このように、投資家のための投資原則や、機関投資家から税の透明性に対する要請が強まっている。

vi．日本企業の税務情報開示の現状

このように税の透明性をめぐる国際的な環境が大きく変化してきたため、日本でも「税逃れ」問題を対応するために、政府は税制改正を努めてきたが、税務情報の透明性に向けた規制の動きはまだ鈍い。日本企業は欧米企業に比べ極端な節税や税逃れが少ないとされていることはその一因である。一方、企業が政府の保守的な姿勢と対照的に、日本においては税務情報の透明性を取り組む企業が増え始めている。

日本経済新聞がTOPIX100社の構成企業を中心に、日本企業の税務情報の透明化への取り組む現状を調べた結果、主要100社のうち、20社以上（花王、セブン＆アイHDなど）が2020年度（一部2019年度）の国別納税額を開示しており、また、開示を検討中の会社（クボタ、アシックスなど）は12社ある。

日本の場合、上場企業は有価証券報告書において企業会計基準に基づいて計算された利益額、法人所得税の税額（損益計算書）、法人税等の支払額（キャッシュフロー計算書）が開示されている。また、「確定決算主義」を採用しているゆえ、法人税法での納税額と利益計算上の税金額との差異が「分離主義」を採用している英米に比べ、それほど大きくない。さらに、大半の日本企業は複雑な節税策を実施していないと一般に認識されている。これらは日本では税務情報の透明性に対する動きが遅い原因として考えられる。

にもかかわらず、前述のような国際潮流に乗り遅れないよう、一部の日本企業は国別納税額の開示を自主的に始めた。有価証券報告書の開示では税の総額が表示されているが、複数の国や地域で事業展開している場合、各国でそれぞれいくら納税しているかの内訳は企業が自主的に開示しない限り、外部者はそれを知り得ることができない。このような企業は国間の税制の違いなどを利用した極端的な節税策を行っていないことを、投資家をはじめとする広いステークホルダーたちに意図的にアピールしようとしていると考えられる。

このように、日本の多国籍企業は政府の動きを待たずに自ら税の透明性の向上を取り組んできた。これは、株主を含めた多くのステークホルダーの情報ニーズに応じた自主的な取り組みだと考えられる。

3　おわりに

本章は、企業の税務活動の透明性を求められた国際的な潮流に着目し、税の透明性を求められた要因と、それをめぐる主要な国際機関や、国の取り組みについて概説してきた。

SDGsを実現するためには、税は大きな役割を果たしている。そこで、税の公平性を保ち、企業の租税回避を抑制するためには、企業の税務情報の開示に対するニーズが高まってきた。OECD、GRI、EU、オーストラリアなどは税の透明性を向上させるための基準を設定し、税務情報の開示は量的な情報のみならず、マネジメント手法や租税回避スキームなどの質的な情報も含めるべきことを示している。PRIや機関投資家も税務情報の開示状況を企業評価や投資判断の一環として取り組んでいる。税の透明性の向上、つまり、税務情報の開示は投資家を含む幅広いステークホルダーの情報ニーズに応え、企業の価値向上やレピュテーションの向上、より適切な税制への改善やSDGsの実現に役立つことが認識されつつある。

その中、日本においては、従来、企業の極端的な租税回避活動が少なく、確定決算主義を採用しているゆえに、利益と所得による納税額の計算の差異が比較的に少ないため、税の透明性に関しては政府が積極的に政策的な手打ちをしていないが、一部の多国籍企業はステークホルダーの情報ニーズに応えるために、国別の納税額の開示を自主的に展開し始めている。

今後、幅広いステークホルダーの情報ニーズに応え、究極的にはSDGsを実現できるように企業の税の透明性をいかに促進すべきかについて、日本企業の税務情報の開示実態（開示内容や開示媒体など）について調査を行い、明らかにする必要がある。

[主要参考文献]

- 国税庁公式サイト https://www.nta.go.jp/taxes/shiraberu/kokusai/oecd/index.htm（2022年10月20日）。
- 日本経済新聞（2022年1月21日朝刊）、「納税額、20社超が国別開示」。
- G20 Communique（2009），“London Summit-Leaders’ Statement 2 April 2009”，No.15.
- GRI（2019），“GRI 207：Tax 2019”.
- ICGN アクセス，“Japan Governance Priorities”，2022.
- OECD，“Putting an end to offshore tax evasion”，2022. https://www.oecd.org/tax/transparency/（October 20，2022）.
- PRI，“Evaluating and engaging on corporate tax transparency：An investor guide”.
- The Board of Taxation，Australian Government，“A Tax Transparency Code-A Report to the Treasurer”，2016，p.2.

第3章　脱炭素社会に向けた気候関連財務情報開示と環境保護税制への期待

酒井　翔子（嘉悦大学）

1　はじめに

地球温暖化を要因とする猛暑や豪雨等の世界的被害は年々深刻化している。2015年に採択されたパリ協定では、異常気象など気候変動による悪影響を最小限に抑えるために、気温上昇幅を産業革命前の状況に比べて2℃下回る水準で維持する目標が掲げられた。2021年の気候変動枠組締約国会議（COP：Conference of the Parties）26において、締約国と交わされた「グラスゴー気候合意」では、近年の気候危機を踏まえ、これまで努力目標であった気温上昇幅1.5℃を追求する決意が示された。その結果、世界全体の CO_2 排出量を2030年までに2010年比で45%削減し、2050年までには実質ゼロ（カーボンニュートラル）にする必要性が明らかにされ、各国による排出削減へ向けた対策強化が求められている。

それに伴い、会計と税の領域でも様々な観点から気候変動へ対応が議論され、大きな転換期にある。例えば、気候変動対応に係る非財務情報は、これまで企業の自発的な開示に委ねられていたが、英国を中心に欧州諸外国では開示義務化へと進む動きがある。一方、カーボンニュートラルの実現に向けた租税の役割・貢献への期待から、各国でも多種多様な取り組みが行われている。

2　気候関連財務情報開示の現状と新展開

(1)　気候関連財務情報開示タスクフォースにおける論点整理と義務化への歩み

2017年６月の「気候関連財務情報開示タスクフォース」（TCFD：The Task Force on Climate-related Financial Disclosures）による勧告では、気候変動に伴うリスク及び機会に関する11項目について、年次財務報告での開示が推奨されている。TCFD は、気候変動関連事項が金融市場の安定に与える影響と気候変動リスクを考慮した効率的な資本配分を可能にすることにより、低炭素経済への円滑な移行を目指すものである。2020年11月に英国での TCFD 義務化が公表され、欧州諸外国でも義務化への動きが強まる中、気候関連財務情報開示への国際的関心がより一層の高まりを見せている。

TCFD では、気候変動関連リスクを「移行リスク」と「物理的リスク」に区分している。「移行リスク」とは、気候変動問題に対応するための政策・法規制、新しい低炭素技術の開発、市場の変化（消費者行動の変化）など、低炭素社会へ向けた経済構造の変化に伴うリスクをいう。「物理的リスク」とは、気候変動がもたらす異常気象・自然災害が企業の物理的な資産に影響するリスクをいう。一方で気候変動は、資源・エネルギーの効率的な利用、製品・サービスや市場の変化、サプライチェーン等の事業機会に繋がることから、企業の経営判断として、企業が直面している気候変動リスク及びそれを生かしたビジネスの機会を認識し、それらのリスク・機会に対してどのような対策を講じるかの検討が企業の経営判断に重要な課題となる。

とりわけ、気候変動の影響を受けやすい業界においては、他社との差別化の機会も生み、リスク・機会に対応するための技術革新や製品開発に繋げることができる。そのため、TCFD に基づく潜在的なリスクと機会の開示は、予測可能性の見地から、投資家への有用な情報であることはもとより、企業の持続的な発展・価値向上のためにも重要な評価項目となる。今後は世界の義務化が進むにつれて経済活動の大部分に気候変動関連情報が紐付くことになる。

⑵　サステナビリティ基準の統一化と気候関連財務情報開示のあり方

2021年の COP26では、IFRS において2022年６月を目標に IFRS サステナビリティ開示基準を設定することが明言され、国際サステナビリティ基準審議会（ISSB：International Sustainability Standards Board）を立ち上げるなど、非財務情報開示基準の新たな進展を見せた。その背景としては、従来、TCFD は定性的な報告である点が指摘されており、IFRS 財団による会計基準に基づいたより定量的な報告が機関投資家から求められていた。また、表１に示されるように、非財務情報開示基準は多数存在し、各基準が不統一であることから生ずる比較困難性や企業の対応コストへの問題意識から統一的な開示フレームワーク策定への動きに至った。

2021年３月には、TCFD をはじめ気候変動開示基準委員会（CDSB：Climate Disclosure Standards Board）[1]、国際会計基準審議会（IASB）、価値報告財団（Value Reporting Foundation）[2]、世界経済フォーラム（WEF）、証券監督者国際機構（IOSCO）の支持を得て「技術的準備ワーキンググループ」

（１）　気候変動開示基準委員会とは、The Climate Group 等の８団体で構成されるコンソーシアムである。

（２）　価値報告財団とは、2021年６月にサステナビリティ会計基準審議会（SASB）と国際統合報告評議会（IIRC）の統合により設立された機関である。

表１　国内外のサステナビリティ開示基準

		開示の義務		主な想定利用者	基準の粒度		情報の分野*1			
		制度	任意	（投資家 or マルチステークスホルダー）	原則主義	細則主義	経営戦略	ガバナンス	気候	人的資本
国内制度	金融商品取引法	●		投資家		●	●	●	*2	*2
	会社法	●		投資家		●	●	●		
	取引所規則	●		投資家		●	●	●	△*3	
国際基準・フレームワーク	国際統合報告フレームワーク		●	投資家	●		●	●		*4
	SASB 基準*5		●	投資家		●	●	●	●	●
	GRI 基準		●	マルチステークホルダー		●	●	●	●	●
	CDSB フレームワーク		●	投資家	●				●	
	TCFD 提言		●*6	投資家	●				●	

（出所）経済産業省（2021）『サステナビリティ関連情報開示と企業価値創造の好循環に向けて』、10頁。

（Technical Readiness Working Group）が組織され、ISSB の設立に先駆けて技術目標の検討が行われた。その結果、2021年11月に開示基準の基盤となる下記①から⑧の技術目標が検討成果物（Deliverable）として公表され、国際通貨基金（IMF)、経済協力開発機構（OECD)、世界銀行（World Bank)、国連（United Nations）との連携も表明されている。

①　サステナビリティ関連の開示に関する一般要件財務情報のプロトタイプ

②　気候関連開示のプロトタイプ

③　基準設定の概念的ガイドライン

④　基準の構想

⑤　基準設定アジェンダに通知するその他の項目

⑥　適正手続きの特徴

⑦　デジタル化戦略

⑧　IASB と ISSB の間の接続性

ここで注目すべきは、①のプロトタイプが TCFD や他の②から⑧に対して用いられる推奨（Recommendation）ではなく、要件（Requirement）という文言で示されている点であり、より強い開示要求としての位置づけになっている。

さらに、COP26に合わせて開催された Green Horizon Summit のパネルセッションにおいて、世界最大級の資産運用会社であるブラックロックのCEOラリー・フィンク（Laurence Fink）氏は、近年多発する上場企業から非上場企業への炭化水素事業（気候変動に伴う座礁資産）売却問題を指摘している。環境意識の高い利害関係者に誤解を与えかねないような、実態の伴わない見せかけだけの環境配慮詐欺が横行している現状では、カーボンニュートラルの実現は到底に無理であることから、上場企業のみならず、非上場企業に対しても包括的な情報開示体制に基づく気候変動リスクの開示を強く求める見解を示した。幅広い企業が気候変動関連情報の開示への対応を迫られる社会の動きに遅れることなく、上述①から⑧の技術目標やISSBへの理解を深めていく事が重要である。

3　環境保護税制の現状と役割

(1)　税制のグリーン化に関する国内外の現状

税の領域では、環境保護・保全活動には租税の軽減・免除を与える税制優遇措置を適用し、環境汚染活動には租税の重課に繋がる租税制裁措置を適用するような「差別的課税」（グッズ減税とバッズ課税の併用）により、環境保護に資することができる。税制優遇措置であるグッズ減税には、非課税措置、免税（税額控除）、損金算入、課税繰延、優遇税率があり、租税制裁措置であるバッズ課税には、損金不算入、追加課税、新環境税の導入などが挙げられる。各国では、これらの組み合わせにより、税制のグリーン化に向けて様々な政策が採られている。表２は環境保護税制の基本的な類型と手法が示される。

例えば、1990年に世界で初めて炭素税を導入したフィンランドでは、既存の燃料課税に対する付加課税として、炭素含有量に応じた税率設定が行われ、1996年には廃棄物量に応じて課税する埋立税が創設されている。

スウェーデンでは、燃料の炭素含有量と熱量に従い炭素税が課されるが、国際線航空機・汽車・船舶ための燃料、エネルギー生産目的以外で使用される燃料は非課税対象となる。英国では、自動車燃料のCO_2排出量に応じて課される個別消費税と2003年に新設された渋滞緩和税によりCO_2の排出量に対応し、

表２　環境保護税制の類型・手法

環境保護税制	
環境租税優遇措置	環境租税制裁措置
・損益不算入（罰科金等） ・追加課税（割増税率適用等） ・環境税	・非課税 ・租税免除（投資税額控除） ・租税軽減（優遇税率適用等） ・損金算入（準備金設定、特別償却等） ・還付（特定企業への還付）

（出所）菊谷正人（2018）『税制革命』税務経理協会、259頁。

その他の環境税には、気候変動税、砂利税、航空旅客税などがある。

わが国では、平成24（2012）年税制改正において、「地球温暖化対策のための税」が実現・施行され、化石燃料（石油・天然ガス・石炭）の利用に対し、CO_2 排出量に応じて税率が上乗せされる環境税が採用されている。個別消費税である石油石炭税を基にした特例であるため、消費税特有の「広く薄い」課税標準が設定され、特定の分野・産業への過重負担に配慮されている。また、急激な負担増加への懸念から、税率は、平成24（2012）年、26（2014）年、28（2016）年の３回に分けて段階的な引上げが行われてきた。

しかし、わが国の税率（CO_2 排出量１t あたり289円）は諸外国に比べて著しく低く、フィンランドでは、CO_2 排出量１t あたり9,625円、フランスが5,575円、英国が2,538円、最高税率のスウェーデンでは14,400円が課されている。世界銀行の試算によれば、パリ協定の２℃目標の達成を想定した場合でも、炭素税の税率を CO_2 排出量１t あたり4,500円から9,000円程度に設定する必要があるという。

⑵　環境対策手段としての環境保護税制の役割

環境政策には様々な手段があり、主として経済的手段と規制的手段に大別される。前者は、環境税と排出権取引のことを指す。規制的手段には、汚染物質排出量を一定水準以下に抑制することを義務づける排出量規制や汚染浄化設備の導入を義務づける技術規制等がある。

経済的手段の有用性に関して、OECD では、環境と経済の一体的な政策の推進を強調しており、より高い経済効率で環境問題に取り組む経済的手段として、①課徴金（charges）、②補助金（subsides）、③デポジット制（deposit-refund systems）、④市場の創設（market creation）等の手段を挙げている。①は、汚染物質や騒音に賦課される排出課徴金、排水・廃棄物の処理に関する使用者課徴金、環境に有害な製品の生産・消費・処分に賦課される生産物課徴金等に細分化される。②には、汚染物質削減への企業の取り組みに対する助成金や税務上の特別措置が該当する。③は、製品価格にデポジットを上乗せして販売し、使用後の製品が返却された時点でデポジットが返金される仕組みである。④には、排出量取引、市場介入、賠償責任保険が挙げられている。

こうした様々な経済的手段の中で、環境税と他の手段との明確な違いは、環境税が税収を生むことである。しかも、環境税による税収を他の税目財源に充てることで、社会政策の充実に繋げることができる。

例えば、OECD加盟国では、環境税による税収を一般財源の他、社会福祉・省エネ投資への補助金、さらに、所得税・法人税の引下げに伴う減収分の補填に用いられている。北欧諸国では、炭素税の導入により、所得税や社会保険料を引き下げ、代替エネルギーへの変換を促す措置が採られている。米国では、環境税収を所得税・資本所得課税の減税に充てることで、労働供給・貯蓄を促し、欧州諸国では、労働コストの削減に用いることにより、失業問題への対応を行う。英国の気候候変動税による税収は、雇用者の国民保険負担金の削減、省エネ・再生可能エネルギー投資に対する助成及び初年度100%償却等、事業部門への還元財源として使われる。つまり、環境税を利用すれば、課税による環境負荷要因の縮減に加え、税収による他税目の負担軽減・厚生水準の向上という二度の便益（以下「二重配当」という）を社会にもたらすことになる。したがって、環境税は他の税の歪みを是正する手段としても有効であり、ある種の財政調整機能的役割も果たす。

なお、英国では2001年の気候変動協定が開始され、同協定と環境税の組み合わせによる画期的な政策が採られている。気候変動協定は、業種ごとに企業と環境省との間で協定が結ばれ、協定で設定されたCO_2排出量、あるいは、エネルギー使用量の削減目標が達成された場合には、気候変動税の80%が減免される。目標が達成できない場合には、減免を受けることができないので、気候変動税が100%課税されることになる。

3 おわりに

地域的・局地的な問題が多かった環境問題は、地球規模での問題にまで拡大した今日、環境対策手段の各国における充実化あるいは国際的協調が重要な課題となっている。従来、非財務的な要素は、短期的では無く、中長期的な企業価値への影響を与える面が強いことから、財務情報とは異なり、強制開示などの対象となりにくかった。気候変動情報開示についても、どのような情報をどのような形式で開示するかを決定することは容易ではなかったが、TCFD 提言に基づく情報開示義務化が国際的に波及し、国際的な共通認識が得られるならば、企業の気候変動に対する実質的な取り組みを深化させる重要な契機となる。

他方、二重配当の要素を備える環境保護税制に対しては、SDGs の観点からもその役割・機能への期待は高まっており、グッズ減税とバッズ課税の併用による着実な環境改善策が継続されるだろう。現在、EU では、2023年を目途に国境炭素税（輸入品にコストを上乗せする）の導入が検討され、その税収は新型コロナ危機に対する復興支援策の財源と位置づけられるなど、環境保護税制に先進的な欧州諸国は積極的な試みがなされている。しかし、環境保護税制の一方的な重課は産業空洞化や国際競争力に悪影響を及ぼす懸念があるため、環境保護税制の導入国・非導入国、推進国・後進国との間の公平性を欠くことのない協調的な政策が必要である。各国の CO_2 排出量削減の責務が果たされ、持続可能な社会の構築に寄与する会計・税の国際的協調策の追跡・検討は、迫る気候変動危機に備え重要な意義をもつ。

[主要参考文献]

・ James Mirrlees (ed.) (2011), *Tax by Design*, Oxford University Press.

・ Task Force on Climate-related Financial Disclosures (2017), *Implementing the Recommendations of the Task Force on Climate-related Financial Disclosures,* June.

・ Technical Readiness Working Group (2021), *Summary of the Technical Readiness Working Group's Programme of Work*, November.

・ 経済産業省（2021）「サステナビリティ関連情報開示と企業価値創造の好循環に向けて－「非財務情報の開示指針研究会」中間報告－」非財務情報の開示指針研究会。

・ 加賀谷哲之（2019）「気候変動関連情報の開示をめぐる 現状と課題」『資本市場』第404号、38-46頁。

・ 菊谷正人（1995）「環境保護規制と環境保護税制－環境法規と環境税－」山上達人・菊谷正人『環境会計の現状と課題』同文舘出版。

・ 諸富徹（2000）『環境税の理論と実際』有斐閣。

自由論題報告

混合配当の基本問題
――配当順序にみる課税関係の『歪み』と『揺らぎ』――

立教大学大学院
松 永 真 理 子

はじめに

会社法施行に伴う2006（平成18）年度税制改正において、利益剰余金のみを原資とする配当は法人税法第23条第１項第１号に、資本剰余金を原資に含む配当は法人税法第24条第１項第３号（現行：第４号）に定められた。この規定ぶりからも、双方の剰余金を原資に有する「混合配当」は当然後者に含まれることになるが、その背景に、いわゆる先後関係問題[(1)]が存在していたことは、われわれのよく知るところである。

さらに、混合配当の取扱い及びプロラタ計算を定める政令の適法性が争われた国際興業管理事件の最高裁判決（最判令和３年３月11日民集75巻３号418頁）を受け、2022（令和４）年度税制改正では、法人税法施行令第23条第１項第４号に立法措置が講じられた。しかしながら、現行税制上もいかなる要件が揃うと混合配当に該当するのかは依然曖昧であり、それゆえ、税負担を意識して配当手段を選択するタックス・インセンティブの存在が指摘されていた（坂本(2021)、469頁；小山＝山川＝村上（2021)、８頁；渡辺（2021)、698-699頁)。なお、これに関しては、松永（2022、144-145頁）によりほぼ全てのケースで利益剰余金を先行して配当すると、より軽課になることが明らかにされている。

本稿においては、そのような配当順序による税負担の差異がなぜ生ずるの

（1） 先後関係問題とは、利益剰余金と資本剰余金のいずれが先行して配当されるのかによって税負担に差異が生ずることである。詳しくは、松永（2023a）を参照。

か、その本質を探りたい。それに先立ち、松永（2022）で論究した混合配当をめぐるタックス・インセンティブの状況を整理しておく。

Ⅰ　混合配当に係るタックス・インセンティブ

混合配当の税負担に影響を与える要素としては、利益積立金額（法法２XⅧ）と資本金等の額（法法２XⅥ）を合算した簿価純資産額の状況と、有価証券譲渡対価と譲渡原価の関係の二つがある（松永（2022）、139頁）。前者は下記のプロラタ計算式における払戻資本割合の分母であり、各々がゼロ超か、あるいはゼロ以下になるかにより四つのケース（利益積立金額と資本金等の額の双方がゼロ超、利益積立金額がゼロかつ資本金等の額がゼロ超、利益積立金額がマイナスかつ資本金等の額がゼロ超で払戻資本割合が１になるか否か）[2]に、また、後者は両者の大小関係によって三つ（譲渡益もしくは譲渡損失が発生するか、譲渡損益なし）に分類される。

【プロラタ計算式（法令８①XⅧ、法令23①Ⅳ）】

資本の払戻し部分（有価証券譲渡対価）

$$=\text{払戻等対応資本金額等}\times\frac{\text{払戻法人の払戻し等に係る株式数}}{\text{株式の総数}}$$

払戻等対応資本金額等

＝払戻し直前の資本金等の額

$$\times\frac{\text{資本の払戻しにより減少した資本剰余金の額（減少資本剰余金額）}}{\text{前事業年度終了時の簿価純資産額（資本金等の額＋利益積立金額）}}$$

（＝払戻資本割合）

みなし配当＝減少資本剰余金額－資本の払戻し部分

（２）　資本金等の額がゼロ以下になると、プロラタ計算式の払戻資本割合がゼロに規制され（法令23①Ⅳ）、減少資本剰余金額の全額がみなし配当になることから、配当順序による税負担の差異は生じない。したがって、本ケースは本稿の射程外とする。

1　配当手段と税負担

前述の二つの要素を踏まえ、混合配当には三つの配当手段が想定され得る。すなわち、資本剰余金もしくは利益剰余金のいずれかが先行して配当されるケースと、配当原資全体を資本の払戻しとするケースであり、本稿ではそれぞれ「資本先行型」、「利益先行型」、「一括払戻型」と称する（松永（2022）、141-142頁）。これらを組み合わせると、税負担は図表1のような結果になる[3]。

図表1　タックス・インセンティブの詳細

簿価純資産額の状況	有価証券譲渡対価と譲渡原価の関係	税負担
①　利益積立金額と資本金等の額の双方がゼロ超	有価証券譲渡対価＞有価証券譲渡原価	―
	有価証券譲渡対価＜有価証券譲渡原価	利益先行型＜資本先行型＝一括払戻型
②-1 利益積立金額がゼロかつ資本金等の額がゼロ超	有価証券譲渡対価＞有価証券譲渡原価	利益先行型＜資本先行型＝一括払戻型
	有価証券譲渡対価＜有価証券譲渡原価	
②-2 利益積立金額がマイナスかつ資本金等の額がゼロ超（払戻資本割合：1以外）	有価証券譲渡対価＞有価証券譲渡原価	（改正前） 利益先行型＜資本先行型＜一括払戻型 （改正後） 利益先行型＜資本先行型＝一括払戻型
	有価証券譲渡対価＜有価証券譲渡原価	
②-3 利益積立金額がマイナスかつ資本金等の額がゼロ超（払戻資本割合：1）	有価証券譲渡対価＞有価証券譲渡原価	（改正前） 利益先行型＝資本先行型＜一括払戻型 （改正後） 利益先行型＝資本先行型＝一括払戻型
	有価証券譲渡対価＜有価証券譲渡原価	

（出所）松永（2022、144-147頁）を一部修正

2　各ケースの特色

図表1最上段①のうち、有価証券譲渡原価が譲渡対価を超過して譲渡損失が生じる際に利益先行型が選択されると、先行して配当された利益剰余金額が払戻資本割合の分母から控除される。すると、払戻資本割合の値が資本先行型及び一括払戻型よりも増大し、譲渡対価に比例して譲渡原価が多額に算出され、常に利益先行型の税負担が軽減される（松永（2022）、144頁）。一方で、有価証券譲渡益が生ずる場合には、保有株式の種類による受取配当等の益金不算入割合に応じてその課税関係が反転することになるが、この点については本稿Ⅲにて詳述する。

（3）　譲渡損益が生じないケースは、みなし配当部分の益金算入金額により税負担が判断されるため、常に利益先行型が軽課になる（松永（2022）、144頁）。

また、②－１及び②－２では、全てのケースにおいて利益先行型の税負担が最も軽減される（松永（2022）、144頁）。ここで、利益積立金額がゼロ以下という簿価純資産額の状況で配当することが可能になるのは、プロラタ計算式における払戻資本割合の分母は、法人税法施行令第23条第１項第４号に規定されるものの、その金額は法人税法施行令第23条第１項第２号イに委ねられるためである。そこでは、払戻直前までの利益積立金額及び資本金等の額の変動額を加減算することが要請されているが、利益積立金額に関しては、法人税法施行令第９条第１号及び第６号の項目[(4)]が除外される（法令23①Ⅱイ括弧書き）。したがって、期中に利益の分配が行われた場合には、配当原資たる剰余金が存在するにもかかわらず、その金額はプロラタ計算式の簿価純資産額に反映されない。先にあげた国際興業管理事件では、米国デラウェア州のリミテッド・ライアビリティ・カンパニー法（以下、「デラウェア州 LLC 法」という。）を設立準拠法とする子会社の利益積立金額がマイナスであったが、このような状況は外国子会社からの配当に限らない。内国法人を発行法人とするならば、臨時決算における臨時計算書類を作成することにより（会社法441①）、期中に計上された利益配当の金額を配当原資にできる[(5)]からである（会社法461②）。

さらに、2022（令和４）年度税制改正において法人税法施行令第23条第１項第４号が改正されたことで、一括払戻型が選択された場合にも譲渡対価の金額は減少資本剰余金額が上限になった。すなわち、②－２及び②－３における資本先行型と一括払戻型の税負担は一致し（図表１下線部）、とりわけ払戻資本割合が１になる②－３では、いずれの配当手段が選択されても税負担は均衡する（松永（2022）、145頁）。

（４） たとえば所得の金額や、受取配当等の益金不算入（法法23）及び受贈益（法法25の２①）の規定によって所得金額の計算上、益金の額に算入されない金額などが該当する。

（５） デラウェア州 LLC 法によると、剰余金は総資産が総負債を超過する額である純資産のうち、資本と決定された額を超える部分である（DGCL§154）。それが不足する場合においては、当該事業年度あるいは前事業年度の純利益から配当することが許容される（DGCL§170（a））。

Ⅱ　有価証券譲渡対価と譲渡原価の関係から生ずる「歪み」

Ⅰ・2で示したとおり、利益積立金額がゼロ以下という簿価純資産額の状況では利益先行型が軽課になるが、これは有価証券譲渡対価（資本金等の額）と譲渡原価（帳簿価額）の対応関係が崩れることに起因する。この現象は、先行研究においても「譲渡対価と譲渡原価の歪み」（坂本（2021）、470頁）と指摘されているところであるが[(6)]、その本質は譲渡原価の過大計上にある。すなわち、譲渡対価を算定する際には減少資本剰余金額が上限となるのに対して、譲渡原価にはそのような制限が付されていないため、特定の場合において両者の関係が崩れることとなる。では、「特定の場合」とはどのような状況を指すのであろうか。

1　減少資本剰余金額を超過する有価証券譲渡対価

プロラタ計算式の構造からすぐに気づくのは、有価証券譲渡対価に係る払戻資本割合の分母は、前事業年度終了時における利益積立金額と資本金等の額の合計額であるが、その金額が資本金等の額よりも少額になると、減少資本剰余金額を超過する譲渡対価が算出されることである。このような状況は、利益積立金額がマイナスの簿価純資産額の状況において生じ、配当順序にかかわらず払戻資本割合の分母は前事業年度終了時における資本金等の額を下回る。

それに加えて、利益積立金額がゼロの状況においても、利益先行型が選択された際には、先行して配当された利益剰余金額が払戻資本割合の分母から控除されることから、その対象に含まれる。

2　払戻資本割合について――法人税法施行令第23条第１項第４号の範囲――

有価証券譲渡対価を算定する払戻資本割合の分母がゼロを下回ると、法人税法施行令第23条第１項第４号が適用されることになる。これについては、利益

（6）　この問題を設例を用いて検討した論考として、立教大学経済学部坂本ゼミナール（2022）がある。

図表２　有価証券譲渡対価と譲渡原価の算定から生ずる歪み

【有価証券譲渡対価の算定（法令23①Ⅳ）】

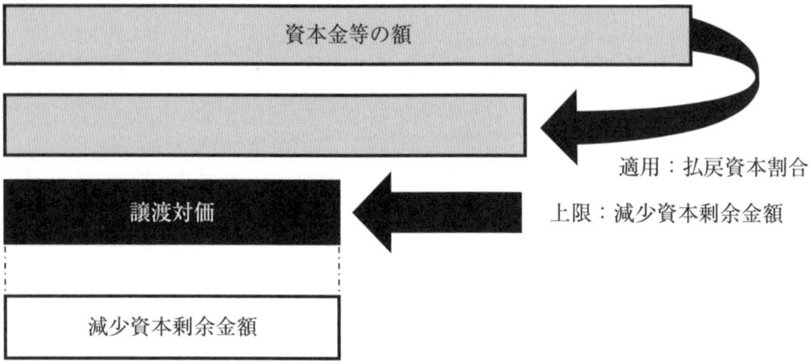

【有価証券譲渡原価の算定（法法61の２⑱、法令119の９①）】

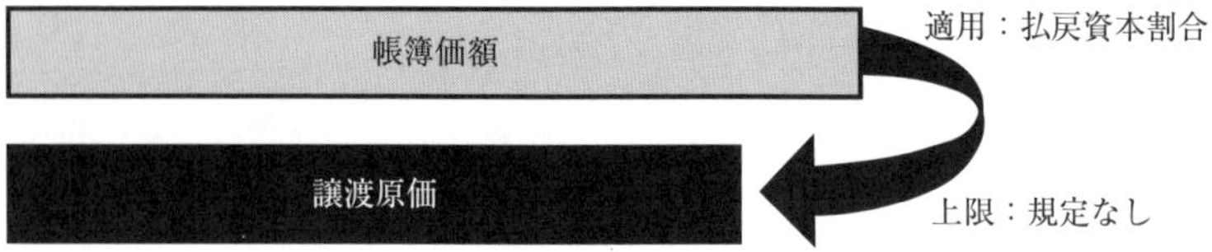

（出所）筆者作成

積立金額の絶対値が資本金等の額を超過する場合と、利益積立金額と資本金等の額の合計額を超える利益剰余金額が先行して配当される場合が該当し、そこでは払戻資本割合が１に規制され、さらに、その上限金額は減少資本剰余金額になる（法令23①Ⅳ）。また、仮に払戻資本割合の分母がゼロを下回らない際にも、譲渡対価の金額は減少資本剰余金額を超過して算出されることから、後者の金額が上限になる（法令23①Ⅳ）。

他方、有価証券譲渡原価の算定にも譲渡対価と同様の払戻資本割合が用いられる（法法61の２⑱、法令119の９①）が、そこには上限金額に関する規定はなく、当初、譲渡対価に使用されていた払戻資本割合がそのまま帳簿価額に乗じられる。結果として、譲渡原価の金額は譲渡対価と比べて過大に計上され、両者の対応関係が崩れることとなる（図表２参照）。

3　タックス・インセンティブへの当てはめ――2022（令和４）年度税制改正のインパクト――

ここまでの考察から、次のような「特定の場合」を抽出することができる。まずは、2022（令和４）年度税制改正前の状況を掲載する。

図表３　譲渡対価と譲渡原価の関係（2022年度税制改正前）

簿価純資産額の状況	配当手段	譲渡対価の算定方法	譲渡原価の算定方法
②-1 利益積立金額がゼロかつ資本金等の額がゼロ超	利益先行型	払戻資本割合（上限：減少資本剰余金額）	払戻資本割合
②-2 利益積立金額がマイナスかつ資本金等の額がゼロ超（払戻資本割合：１以外）	利益先行型		
	資本先行型		
②-3 利益積立金額がマイナスかつ資本金等の額がゼロ超（払戻資本割合：１）	利益先行型		払戻資本割合：１
	資本先行型		

（出所）筆者作成

(1)　各ケースの解説――有価証券譲渡対価と譲渡原価における払戻資本割合――

図表３②－１の利益先行型では、先行して配当された利益剰余金額が払戻資本割合の分母から控除され、減少資本剰余金額を超える譲渡対価が算出されるものの、その金額は減少資本剰余金額と同額になる（法令23①Ⅳ）。それに対して譲渡原価には、譲渡対価の金額が減少資本剰余金額を超過した際の払戻資本割合が適用される（法法61の２⑱、法令119の９①）。なお、本ケースにおいて資本先行型が除外されるのは、払戻資本割合の分母の利益積立金額がゼロであり、簿価純資産額は資本金等の額のみになることで、譲渡対価が減少資本剰余金額と一致するためである。

また、②－２の利益先行型及び資本先行型では、払戻資本割合の分母は正の値となるが、減少資本剰余金額を超過する譲渡対価がもとめられることから、その金額は減少資本剰余金額になる（法令23①Ⅳ）。他方、譲渡原価については、②－１と同じく譲渡対価に従前適用されていた払戻資本割合が使用される。

さらに、②－３で利益先行型及び資本先行型が選択されると、②－２と異なり譲渡対価を算出する際の払戻資本割合の分母がゼロを下回り、その割合は１

に規制されるものの、減少資本剰余金額が上限金額になる（法令23①Ⅳ）。が、譲渡原価に係る払戻資本割合には、譲渡対価に適用されていた１が使用されることで帳簿価額と同額になる。

(2) 2022（令和４）年度税制改正後の変化

それでは、2022（令和４）年度税制改正はどのようなインパクトを与えたのであろうか。前掲最判令和３年３月11日において、いわゆる資本の払戻し食い込み問題[7]が指摘された結果、法人税法施行令第23条第１項第４号には立法措置が講じられた。この問題が生じていたのは、利益積立金額がマイナスかつ資本金等の額がゼロ超の簿価純資産額の状況で配当原資全体を資本の払戻しとする場合であり、当該税制改正以降、譲渡対価の上限金額は減少資本剰余金額とされた。これにより、資本の払戻し食い込み問題は解消され、同時に株主拠出部分と法人稼得利益の峻別も図られたが（松永（2022）、145頁）、その一方で、譲渡対価と譲渡原価に係る払戻資本割合の対応関係が崩れたことに留意せねばならない。要するに、2022（令和４）年度税制改正後は、利益積立金額がマイナスかつ資本金等の額がゼロ超で一括払戻型が選択された場合もその対象に含まれ、図表４のように範囲を拡大させる[8]こととなった（網掛け部分）。

図表４　譲渡対価と譲渡原価の関係（2022年度税制改正後）

簿価純資産額の状況	配当手段	譲渡対価の算定方法	譲渡原価の算定方法
②-1 利益積立金額がゼロかつ資本金等の額がゼロ超	利益先行型	払戻資本割合（上限：減少資本剰余金額）	払戻資本割合
②-2 利益積立金額がマイナスかつ資本金等の額がゼロ超（払戻資本割合：１以外）	利益先行型		
	資本先行型		
	一括払戻型		
②-3 利益積立金額がマイナスかつ資本金等の額がゼロ超（払戻資本割合：１）	利益先行型		払戻資本割合：１
	資本先行型		
	一括払戻型		

（出所）筆者作成

（７）　資本の払戻し食い込み問題とは、利益積立金額がマイナスの簿価純資産額の状況において、配当原資全体を資本の払戻しとしてプロラタ計算を適用すると、利益剰余金を原資とする部分が一部資本の払戻し部分に含まれることである（坂本（2020）、460頁；髙橋（2021）、98頁；松永（2020）、102頁）。

（８）　同様の指摘として、立教大学経済学部坂本ゼミナール（2022、210頁）がある。

Ⅲ　利益積立金額と資本金等の額の双方がゼロ超の簿価純資産額の状況に係る論点

続いては、利益積立金額と資本金等の額の双方がゼロ超の簿価純資産額の状況を取り上げる。そこでは、有価証券譲渡対価と譲渡原価の対応関係は崩れないものの、また別の論点が生ずる。まず、本ケースは有価証券譲渡損益の状況に応じて軽課になる配当手段がそもそも異なっており、譲渡損失が生ずる際には、払戻資本割合の分母の金額によって、常に利益先行型の税負担が軽減される（松永（2023b）、149頁）。また、譲渡損益が生じない場合においても、受取配当等の金額がより少額になる利益先行型が軽課になる。しかしながら、譲渡益が生ずる場合に限っては、税負担が軽減される配当順序が変動することが指摘されている（坂本（2021）、473頁；松永（2022）、148頁）。

以上を踏まえてⅢでは、利益積立金額と資本金等の額の双方がゼロ超で有価証券譲渡益が生ずるケースに関して、なぜ配当順序による税負担が一律とならないのか分析する。その際に、資本先行型及び一括払戻型に係る税負担は一致することから、それらはまとめて「資本先行型／一括払戻型」と称する。

1　みなし配当部分と有価証券譲渡益の関係

プロラタ計算式における払戻資本割合の分母に着目すると、本ケースで利益先行型が選択された場合には、先行して配当された利益剰余金額が控除され、その割合は増大する。結果として、資本の払戻し部分（譲渡対価）は多額に計上されることとなり、反対にみなし配当部分は少額になる。

一方、資本先行型／一括払戻型における払戻資本割合の分母は、利益積立金額と資本金等の額の合計額であることから、払戻資本割合の値は利益先行型と比べて低減し、みなし配当部分がより多額に計上される。この状況を示したものが図表5である。

図表5　利益先行型と資本先行型／一括払戻型における課税所得金額の差異

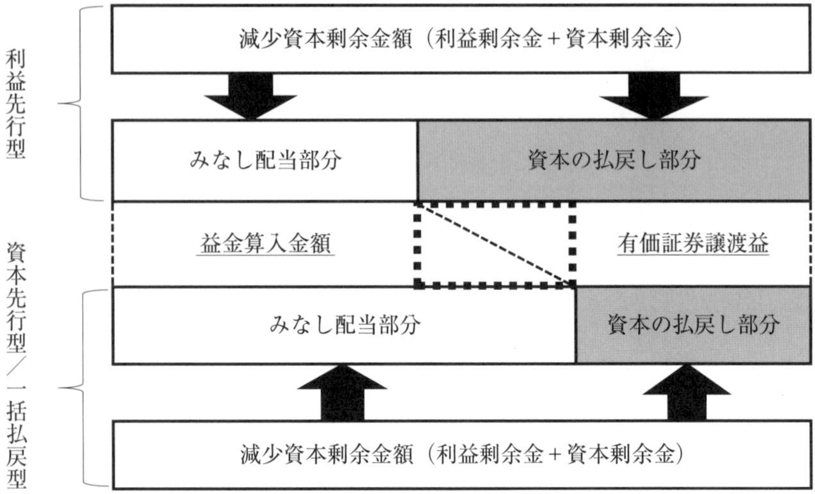

（出所）筆者作成

図表5中央にある益金算入金額と有価証券譲渡益（下線部）は、みなし配当部分と資本の払戻し部分の各々から算出される課税所得金額の構成要素であり、これらを合算した金額が利益先行型と資本先行型／一括払戻型で一致すると、両者の税負担が均衡する。ここで注目すべきは、利益先行型が選択された場合には有価証券譲渡益を構成する部分が、資本先行型／一括払戻型では配当部分を構成していることであり（図表5点線部分）、すなわち、そこが原因となって配当順序に応じて税負担の差異が発生する。

2　利益先行型と資本先行型／一括払戻型の均衡

(1)　益金算入金額の算定式

益金算入金額及び有価証券譲渡益を算出する式を展開することによって、利益先行型と資本先行型／一括払戻型で税負担が均衡する条件を抽出する。ここで、保有株式の種類に応じて益金不算入割合は異なることから、以後、本稿では益金算入割合を「r」、益金不算入割合を「１－r」とする。まず、益金算入金額を算出する式を示すと、次のとおりである。

益金算入金額＝受取配当等×r

受取配当等の金額は、資本の払戻し部分を超過した減少資本剰余金額と利益剰余金を原資とする部分により構成されるため、以下の式に展開される。

益金算入金額＝(減少資本剰余金額－資本の払戻し部分＋利益配当)×r

また、資本の払戻し部分に関しては、資本金等の額に払戻資本割合及び出資割合を乗じた式となり、①のようにまとめられる。

益金算入金額＝(減少資本剰余金額＋利益配当)×r
－資本金等の額×払戻資本割合×出資割合×r…①

(2)　有価証券譲渡益の算定式

次いで、有価証券譲渡益を算出する式は次のとおりである。

有価証券譲渡益＝資本の払戻し部分－譲渡原価

上式右辺の資本の払戻し部分及び譲渡原価は、資本金等の額と帳簿価額の各々に払戻資本割合と出資割合を乗じて算出されることから、次のように展開される（法令８①ⅩⅧ、法令23①Ⅳ、法法61の２⑱、法令119の９①)。

有価証券譲渡益＝資本金等の額×払戻資本割合×出資割合
－帳簿価額×払戻資本割合×出資割合

さらに、払戻資本割合と出資割合によって右辺第１項及び第２項を括ると②のようになる。

有価証券譲渡益＝(資本金等の額－帳簿価額)×払戻資本割合×出資割合…②

益金算入金額を求める①式と有価証券譲渡益を算出する②式のうち、いずれの配当手段が選択されても同額になる①式右辺第１項を除き、①式右辺第２項と②式右辺（上式網掛け部分）を等式にしたものが③である。

資本金等の額×払戻資本割合×出資割合×r
＝(資本金等の額－帳簿価額)×払戻資本割合×出資割合…③

③式の左辺と右辺で重複する払戻資本割合及び出資割合を与件とすると、下記の式が導出され、これすなわち利益先行型と資本先行型/一括払戻型の税負担が一致する条件になる。

帳簿価額＝資本金等の額×(１－r)

3　税負担が軽減される「範囲」――保有株式の種類を勘案して――

以上を踏まえると、帳簿価額が資本金等の額に益金不算入割合を乗ずる金額である場合を境として、税負担が軽減される配当順序は反転することとなった。ここで、rの値が受取配当等の益金算入割合よりも少額になると、（1－r）が益金不算入割合よりも増大することから、帳簿価額が資本金等の額に漸近する。すると、有価証券譲渡益よりも益金算入金額が税負担に影響を及ぼし、受取配当等の金額が少額になる利益先行型が軽課になる。一方、帳簿価額が資本金等の額に益金不算入割合を乗じた金額を下回る際には、有価証券譲渡益が税負担に影響を与えるため、譲渡益が少額に算出される資本先行型／一括払戻型が軽課になる。

益金不算入割合が95%である外国子会社からの配当を前提とすると（法法23の2①、法令22の4②)、利益先行型と資本先行型／一括払戻型の税負担が均衡するのはrの値が0.05となる場合であり、換言すると、帳簿価額は資本金等

図表6　三種類の株式における税負担軽減の範囲

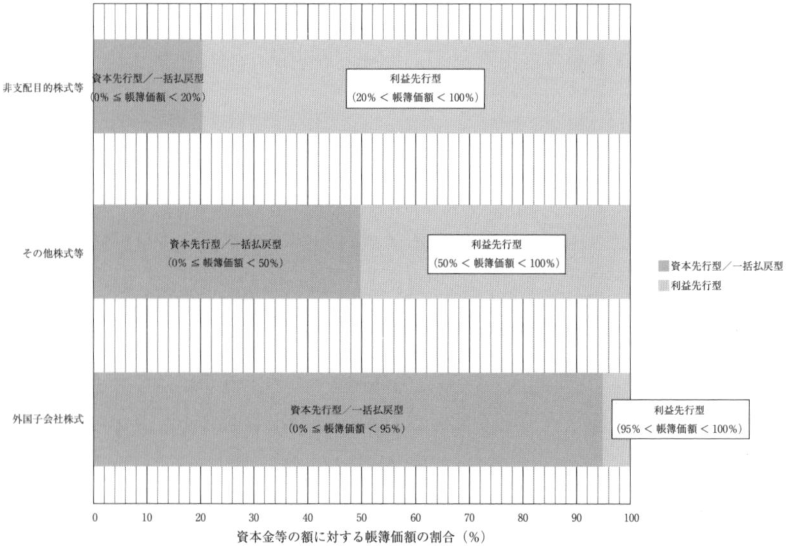

（出所）筆者作成

の額に95%を乗じた金額になる。また、完全支配関係を除く内国法人から配当された際には、保有株式の種類により益金不算入割合は異なるため、税負担が均衡する帳簿価額の条件はそれに応じて変動する。非支配目的株式等及びその他株式等（法法23Ⅶ、法令22の３の２）、さらに外国子会社株式（法法23の２①、法令22の４②）を例にとると、図表６のようにその範囲に差異が生ずる。[9]

４　小括――配当順序にみる「歪み」と「揺らぎ」――

Ⅲにおいては、わが国で最も一般的とされる簿価純資産額の状況から生ずる配当順序による税負担の変動について考察した。この問題の射程に含まれたのは、利益積立金額と資本金等の額の双方がゼロ超の中でも、とりわけ有価証券譲渡益が生ずるケースのみであった。結果として、保有株式の種類に応じて受取配当等の益金不算入割合は異なるため、税負担が軽減される配当順序は一律とはならない。

先述のとおり、混合配当の中でも利益積立金額がゼロ以下かつ資本金等の額がゼロ超の簿価純資産額の状況において、有価証券譲渡原価のみが過大に計上されることに起因し、譲渡対価との対応関係が崩れることは「歪み」と称されていた。それを踏まえると、本章での問題は、帳簿価額が資本金等の額にどれほど漸近するのかによって軽課になる配当順序が変動する、いわば課税関係の「揺らぎ」と捉えられよう。

Ⅳ　むすびに

2022（令和４）年度税制改正において、法人税法施行令第23条第１項第４号には立法措置が講じられ、国際興業管理事件の各判決で指摘されたプロラタ計算を定める政令の違法性は解消されることとなった。ただし、混合配当に係るタックス・インセンティブの原因については、上記判決及び税制改正によって解消されるどころか、むしろその範囲を拡大させている。

（９）　三種類の株式を題材とした設例については、松永（2023b、152-160頁）を参照。

ここで、利益積立金額と資本金等の額の双方がゼロ超の簿価純資産額の状況で留意すべき点を付け加えておく。それは、利益積立金額を超過する利益剰余金額が配当された場合であり、一見すると、利益積立金額がマイナスかつ資本金等の額がゼロ超のケースと同様の課税関係になるかと思われる。しかしながら、有価証券譲渡益が生ずる場合に限っては、受取配当等の益金不算入割合に応じて軽課になる配当順序は反転し、その税負担を一律に定めることが困難になるものと推察される。

すなわち、そのような状況においては、本稿で検討した有価証券譲渡対価と譲渡原価の「歪み」と、配当順序の「揺らぎ」が併起することになる。もっとも、これについてはきわめて興味深い論点ではあるものの、より複雑な議論がなされることから、別稿に譲ることとしたい。

[参考文献]

・　小山浩＝山川佳子＝村上博隆（2021）「みなし配当の計算を規定する法人税法施行令の定めを一部無効とした最高裁判決」『TAX LAW NEWS LETTER』第45号、1－10頁（https：//www.mhmjapan.com/content/files/00047778/20210331-024047.pdf）（2023年1月7日）。
・　坂本雅士（2020）「混合配当をめぐる課税問題－最高裁判決を前にして－」『會計』第198巻第5号、456-470頁。
・　坂本雅士（2021）「混合配当に係る最高裁判決を受けて－残された課題－」『會計』第200巻第5号、464-475頁。
・　髙橋絵梨花（2021）「混合配当に係る税務論点－プロラタ計算をめぐる2つの問題－」『税研』第216号、96-101頁。
・　松永真理子（2020）「法人税法における混合配当の取扱いとプロラタ計算について－近年の税務訴訟を題材に－」『第16回　税に関する論文　入選論文集』（公財）納税協会連合会、75-112頁。
・　松永真理子（2022）「混合配当に係るタックス・インセンティブの検討－税負担を異にする要素と配当手段を勘案して－」『産業經理』第82巻第2号、139-149頁。
・　松永真理子（2023a）「混合配当における先後関係問題の再検討－その史実と現行税制に残る課題－」『立教経済学研究』第76巻第3号。
・　松永真理子（2023b）「配当手段と揺らぐ課税関係－利益積立金額と資本金等の

額の双方がゼロ超のケースを対象に－」『立教経済学研究』第76巻第４号、143-162頁。
・　立教大学経済学部坂本ゼミナール（2022）「混合配当における残された課題とその対応－有価証券の譲渡対価と譲渡原価の関係にみる『歪み』の分析を踏まえて－」『第18回　税に関する論文　入選論文集』（公財）納税協会連合会、185-216頁。
・　渡辺徹也（2021）「企業会計・会社法と法人税法に関する一考察－最近のルール改正案や最高裁判決を題材として－」『税法学』第586号、685-704頁。

（原稿提出：2023年１月23日）
（掲載決定：2023年３月21日）

自由論題報告

権利確定主義が意味するもの
――解釈論[1]の分析を中心に――

立教大学大学院
吉　原　一　帆

はじめに

平成30（2018）年度税制改正（以下、「税制改正」という。）により法人税法第22条の２（以下、「22条の２」という。）が新設され、税法における収益認識についての法文上の規定が置かれた。これにより権利確定主義の終焉が囁かれる向きもあったが、22条の２がカバーしきれていない領域があること、また、22条の２の解釈の基点として利用される余地があること[2]を勘案すると、そのアクチュアリティは失われてはいない。一方、企業会計と法人税法の関係に着目すると、その収益の計上時期において中心となるのは、引渡基準である。さらに、法人税法に根拠規定のない権利確定主義においても、引渡基準がその概念の中核的な地位を占めているのは論を俟たない。このように、企業会計と権利確定主義が中核とするものは同一であるのだが、それでは権利確定主義を権利確定主義たらしめる独自の意義とは何か。本稿では当該論点について探究する。

（１）　解釈論とは、一般的に立法論の対概念として用いられ、裁判所が下した判示についての分析、及び研究者等による説示いわゆる学説の分析を含意しているものであるが、本稿は後者に焦点を当てて展開していく。なお、前者については髙橋（2020）が裁判例を網羅的に検討した結果を示しており、そこでは権利確定主義と引渡基準の親和性を確認することができる。

（２）　例えば酒井（2019、５頁）は、22条の２の創設によって、「権利確定主義はこれまで以上に解釈論の内部に潜り込む」との見解を示している。

I　権利確定主義の生成と発展

1　権利確定主義の淵源

ここでは権利確定主義の成り立ちから探り、どのような要請により当概念が誕生したかを繙く。権利確定主義的な概念[3]は、戦前から見受けられる。例えば、「損益の所属事業年度の法律的解釈はその資産の増減変化又は負債の増減変化の原因たる権利義務の確定時点の属する事業年度とする[4]」（片岡（1935）、160頁）と説明されているほか、船田（1934、20頁）では、損金と益金について「原則としては、権利義務発生の日の属する事業年度の損益に計上すべき」とされている。しかし、課税所得の算出にあたっては会計上の利益が基となることが前提とされているにもかかわらず[5]、税法上においてわざわざこのような考えを定立せんとするのは何故だろうか。

これについては、会計と税においてその目的に差異があることがその理由の一つであることはもちろんだが、ここでは戦前の企業会計の状況にスポットを当てて考えてみたい。戦前の企業会計は、端的に言えば、商法による影響を受けつつも、その商法によって会計の慣行や実務慣行を認められているという状況であったようだ（弥永（2013）、11-23頁）。これについて北浦（2017、26頁）は、「戦前期日本において、会計および監査に関する法的規制はほとんど存在していなかった」と評している。こうした会計の実情について、当時の課税実務サイドはどのような所論を有していただろうか。片岡（1931、122-123頁）

（3）　後述するように、権利確定主義という語が文献において確認できるようになるのは時代が下ってからとなるため、以下、便宜上このような表現を用いる。

（4）　なお、引用文中、旧字体であるものは新字体に改めている。以下同じ。

（5）　法人への課税がスタートしたのは1899（明治32）年の改正所得税法からであるが、その第7条は「納税義務アル法人ハ各事業年度毎ニ損益計算書ヲ政府ニ提出スヘシ」としており、さらに第9条は「第一種[法人を指す－筆者注]ノ所得金額ハ損益計算書ヲ調査シ政府之ヲ決定」するとしており、損益計算書から所得金額を導くという考えが見てとれる。また、大蔵省[当時]主税局の職員による論考においても、「総益金、総損金の何たるかに付ては税法上に規定なく、[中略]主として一般会計学上の知識解釈に依り併せて所得税課税の趣旨に考へ之を判定するの外なし」（藤沢（1920）、44頁）と説示されている。

は、商法によって基礎づけられた会計理論に依ろうとしても抽象的理論しか得られず、財産評価等においても難問があり、「会計理論は当事者の主観的認定に依る価値判断に向つて道徳的に『斯くあるべし』との指示を与え警告を発するに過ぎず、その効果たるや専ら経営当事者の計理上の裁量態度を公正に馴致する道徳律として役立つものではあるまいか(6)」と述べ、課税にあたっては公平性を重視した税法の「特殊の定型性」が必要な場合があると説く。このような事情により、会計上の利益をそのまま課税所得とすることが現実的でないことから、税法独自の課税所得を算出するにあたり、権利確定主義的な概念が生ずるに至ったものと考えられる。

以上のように、会計制度の整備状況にも影響を受けつつ、権利（及び義務）の確定という考えを中心として権利確定主義的な概念が形成されたと捉えることができよう。ただし、実際に「権利確定主義」という語が盛んに用いられ、活発に議論がなされるようになるのは、管見の限り、以下で検討する時代になってからである。

2　「権利確定主義」に関する議論の萌芽——税法調整意見書を中心に——

権利確定主義という語の誕生はいつだろうか。1947（昭和22）年から所得税法においては収入金額を「その収入すべき金額」とする旨が規定され、さらに1951（昭和26）年に発遣された所得税基本通達（194）は、「収入金額とは、収入すべき金額をいい、収入すべき金額とは、収入する権利の確定した金額をいう」と定められた。植松（1980、31頁）は、「この通達の文言が、おそらく世

（6）　1931（昭和6）年には、財務管理委員会より財産評価目録、標準損益計算書が公開されている。これに基づき、1934（昭和9）年には財務諸表準則が完成するのであるが、その内容については強制力もなく、「教育的、理想的かつ理論的なものであるといわれていた」（弥永（2013)、14頁）と指摘される。このような指摘は、本文中に示した片岡（1931、122-123頁）による主張と軌を一にするものである。なお、片岡政一氏は、財務諸表準則公表後においても「少なくとも貸借対照表の真実原則は多くの条件に依って制肘せられ、化粧せられ、修正せられるのが常況である」（片岡（1938)、28-29頁）と述べており、その評価に変化がないことが見てとれる。

にいう『権利確定主義』の語を生み出す淵源となったものと考えられる[7]」とする（ただし、権利確定主義という語が使用されるようになった厳密な時期についてはより仔細な検討を要する必要があると思われる[8]。）。その後、1952（昭和27）年に「税法と企業会計原則との調整に関する意見書」（以下、「税法調整意見書」という。）が公表され、企業会計原則を中心とする会計理論と税法上の理論との相違を示すものとして、権利確定主義が盛んに俎上に載せられることとなるのである。以下では、「権利確定主義論争」（植松（1980)、54頁）とも称される当該論争について取りあげる。

税法調整意見書は、企業が算出した会計上の利益が課税所得の算定上適切に用いられていないという問題意識から出発し、そのような事態が起きる要因として権利確定主義の存在をあげる。そのうえで、「権利確定主義に拘泥することなく」（総論第一）、企業会計原則が示す販売基準を、税法上においても認めるよう要求する。このような表明により、会計と税法、両者の研究者や実務家[9]

（7） 酒井（2008、4頁）で植松（1980、31頁）の引用が確認できるほか、谷口（2022、484頁）も、植松（1980、31頁）と同旨の説明をしており、権利確定主義の淵源に係る説明として通説的な地位を占めているものと推量できる。

（8） 忠（1952a、78頁）には、「古くは権利確定主義という用語が幅をきかしていた時代もあつたが」という記述があり、一定程度の過去から確たる用語として使用されてきたことを示唆している。栗原（1949、189頁）は損益の計上時期についての説明において、「法人が収入又は支出をしたときを以て損益を計算して、所謂権利確定主義に拠らない場合」と記述しており、1951（昭和26）年の通達の発遣以前に権利確定主義という語が使用されていたことが見てとれ、また、「所謂」と前置きしていることから、既に一定程度において世に定着した用語として認知されており、読者にもその認識が当然に共有されるであろうことが前提されている。さらに、『税の実務』という表題にあるとおり、専門書ではなく広く納税者を対象にした書籍であり、かつ、著者は研究者や課税実務に携わった人材ではなく、会社の従業員や役員、計理士であることも興味深いところである。権利確定主義という語は、当時、学術用語としてではなく実務等で使用されていた可能性もなくはないであろう。なお、同書刊行と同年の裁判においては、「正しい損益を確定するには権利義務の確定（確定主義）に依るべき」（東京地判昭和24年5月12日税資24号31頁）との判示があり、権利確定主義に類似した表現が用いられている。

（9） 税と会計の専門家からは多大な反応があったにもかかわらず、課税庁は税法調整意見書については無反応だったようだ。税法調整意見書の公表から3年後、主税局調査課より刊行された雪岡（1955、370頁）は、「この意見書に対しては会計学

によって多くの主張が展開された。このうち、会計の専門家からは概ね税法調整意見書と同様の主張がなされた。(10)

こうした批判に対し、税法の側はどう応じただろうか。忠（1952b）は、権利確定主義は発生主義に匹敵する概括的なものであり、「同根同内容のものであつたと、考えられないこともなさそうである」（94頁）としたうえで、「現在の段階においては、税法調整意見書で考えられている販売基準的な姿が、また税法上の権利確定主義の基本的な姿である、と考える立場がもつとも合理的」（95-96頁）であると説く。湊（1952、103頁）も、「権利確定主義と実現主義との関係については、実現主義を販売基準と理解すれば、権利確定主義はまさに実現主義に外ならない」としている。このように、会計からの批判に対し、権利確定主義が実現主義と同等の内容を有していると主張している。一方、明里（1952、103-104頁）は、「税法は、すべての場合において権利確定主義を固執する必要はなく、また現に固執しているわけではない。［中略］税法における各規定を些細に、検討し、総合的に観察すれば企業会計原則のもつ体系はすでに税法において採り入れられているものと考えられるのである」と説明している。企業会計原則の考えを税法が取り入れていることは上掲の論と同様であるものの、それが権利確定主義を介して取り入れられているものとは解していないようにみえる。

この両者の差異は、権利確定主義がカバーする領域が相当に広いことに起因するだろう。湊（1952、97頁）は「権利確定主義における権利確定の時期は、かなり幅のある概念である」として、種々の例外的規定をあげた後、これら例外については「権利確定主義と対立するものではなく、あくまでも権利確定主

者及び税務畑の人々から多くの批判が加えられたが、それらはすべて各筆者の個人的意見に過ぎず、税務当局として検討の結果確定された意見はまだ公にされていない」としている。

(10)　例えば、会計との喰違いを税法があらためるべきとするもの（岩田（1952）、16頁）、会計原則の発展に税法が対応していないとするもの（黒澤（1952b）、10頁、14頁）、純資産増加説を批判し、これを所得計算の原理とする税法に修正を要求するもの（佐藤（1952）、21頁）などがある。

義の範囲内における例外である」としている。権利確定主義に例外として多くの領域を担わせる解釈がある一方、忠（1952a、79頁）は、同様に権利確定主義の具体的適用において相当に幅広く弾力的な運用がなされていることを指摘しつつ、「精緻な理論を整理するうえからは、権利確定主義という産着は、成人の着衣としてすでに間に合わなくなつてしまつている」と論じている。そのような状況により、会計と税において同様のことを考えているにもかかわらず、「用語の末」が争われることになっている向きがあるとしている。

以上をまとめると、権利確定主義は会計の側が思うほど実現主義と相違するものではないと説明することが可能なものの、権利確定主義の範囲の限界がどこにあるかが曖昧な状況であったことが窺える。会計の側と税の側で見解の相違が生じたのは、この権利確定主義という語のもつ意味内容の広さに一因があるだろう。こうした事態が生ずるのは、「雑多な多辺な納税者層を対象とする税法」（忠（1952a）、79頁）の特性に起因するものと考えられる(11)。この特性が、「公の権威をもつて世に現われた」（忠（1951）、77頁）企業会計原則という新しい基準との調整という問題に際して、権利確定主義に内在していた論点として浮かびあがったものととらえられる。しかし、税法は新たな「成人の着衣」を用意することはなく、その後も権利確定主義という用語をそのまま保持することとなる。では、現代において権利確定主義はどのような意味内容を内包しているだろうか。次に論じる。

Ⅱ　権利確定主義の解釈論の展開とその意味内容

Ⅰで見たように「権利確定主義論争」を経て、権利確定主義の意味内容はどのように語られるようになっただろうか。税法調整意見書の公表以降では、1963（昭和38）年に税制調査会より「所得税法及び法人税法の整備に関する答申」（以下、「答申」という。）が公表され、会計との整合性と法的基準の設定

(11)　税法の側はこのような前提のもと、税法調整意見書に対し、「発生主義会計を理念的に学説的に推進しようとするの余り、すべての納税者を包容するだけの広義の理論体系化が取り残されている」（忠（1952c）、71頁）との批判をしている。

が問題とされた。以下では権利確定主義に関する学説を種々検討することになるが、これらは総じて上記答申と同様のものを問題としているようだ。権利確定主義についてはしばしば、「各人の論ずるところは必ずしも一様でない。権利確定主義の多義性は著しいものがある」（清永（1965）、94頁）と評されるが、基本的に、このような会計への準拠性と独自の法的判断の基準のうち、そのどちらをどの程度重視するかの濃淡により、学説上の見解に差異が出ているものと思われる。したがって、ここからは学説を三つの視点に類型化することにする。具体的には、①権利確定主義の会計との整合性を重視する視点、②権利確定主義に法的な基準としての意義を見いだす視点、③権利確定主義に租税法上のリーガル・テストとしての意味を持たせる視点、の三つに分ける。なお、これら三つの類型は重なり合う部分もあり、明確に区分できるものではない。ゆえに、排他的に機能する区分ではなく、一種のグラデーションをなすものとしてイメージされたい。

まずは権利確定主義の会計との整合性を重視する視点についてみていく。このような視点によるならば、権利確定主義に積極的な意義は見いだせず、会計すなわち実現主義との決定的な開差は認められないということとなる。そのような立場によると、リーガル・テストとして権利確定主義をとらえようとする論者の見解は、「『実現主義』的内容を何とかして『権利確定主義』の枠内におさめようとして、通達文言の解釈や『権利確定主義』の概念そのものの解釈に、いささか無理をしている」（植松（1980）、57-58頁）ように映る。なぜなら、法文上のみならず通達でも「権利確定」という明文が存在せず、また、税務執行上も収益認識に係る基準選択の幅を広くとっている点を見ると、「税務会計が本質的に企業会計に依存することを示すものであって、リーガル・テストによる統一的な収益計上基準という、『権利確定主義』の思想とは背馳している」（植松（1980）、66頁）からである[(12)]。こうした考えを推し進めるならば、

（12）　権利確定主義の思想について、その語源から検討する見解もある。忠（1965、69頁）は、権利確定主義は accrual basis（発生主義）の訳語であったという推測を前提とし、「私は、権利確定主義は発生主義の、現実収入主義は現金主義の、

課税所得の算出は本質的には企業の利益に依存するのであり、その企業利益の算出が公正妥当な会計処理の基準によっているかどうかこそが適正な所得算出の判断基準となる。かくして、「税法上の収益計上基準が、リーガル・テストではなく、会計上の『発生主義』・『実現主義』であると考えて、何らさしつかえはない」（植松（1980）、104頁）こととなる。

また、上記のとおり明文がないことによるその存在の曖昧さは、権利確定主義に対する否定的な主張を掻き立てることにもなる。例えば答申における、「税法は、期間損益決定のための原則として、発生主義のうちいわゆる権利確定主義をとる」（15頁）という記述について忠（1965、75頁）は、誰がそのようなことを言っているのか答申が明確に述べていないことから、「全然独断である」と難ずる。そういった状況では、「権利確定主義の発想の結果として、特に『税法独自の規制』として強調するのに値する内容をもつているのか、といえば、私の解するかぎりにおいては、あまりにも貧弱である」（忠（1964）、50頁）ということになろう。

このように、権利確定主義に確固たる法的基準があるとは考えず、会計との整合性を強くみてとる視点を推し進めると、「税法が漸次近代会計理論の進展に歩調を合わせて整備せられてきた現在においては、税法上の権利確定主義なるものは、すでに発展的解消を遂げてしまつて、［中略］いわゆる権利確定主義の主流なるものは、いつかの日には、揚棄せられざるをえない運命にある」（忠（1953）、86頁）という見解となる。なお、実際は現在においても権利確定主義という語がなくなっていないことを踏まえるならば、これは少々勇み足のように映るかもしれない。しかし、既に1931（昭和６）年には、「税法独自の損益認定観念と雖、その概念は常に会計理論に拘束され、その独自性は最小限度に止めらるべきである。会計学の発展と課税技術の進歩とに伴ひ、これ等の

それぞれの税法的意訳語であつたとしてとらえ、それ以上または以下の特殊化を追及すべきものではなかつたはずだ、という主張を変えない」と述べている。この観点で考えるならば、権利確定主義はリーガル・テストが主体的な意義を有するものではなく、会計の思考を中心として構成されるべきものと解される。

不一致の間隔は漸次減縮されて行く傾向にあるものと信ずる」(片岡（1931)、129頁）との表明がなされていることからすると、会計学の発展によって税法の独自性が漸次解消されるべきであるとする考えは、伝統的なものであるといえるだろう。前節で確認したとおり、会計学の未整備な状況から権利確定主義的な発想が必要とされ、その後の権利確定主義論争によって会計との接近が確認された変遷を踏まえるならば、権利確定主義という概念においては特にこのような考え方が適合するのである。

次に、権利確定主義に法的な基準としての意義を見いだす視点についてみていく。この視点に基づくならば、権利確定主義とは「税務の私法依存」(黒澤＝湊（1955)、117頁）から生じたものという考えを前提として議論を展開することとなる。そうであるならば、前述のような会計との整合性を重視する視点とは異なり、権利確定主義は「あくまでも法律的な概念であつて会計理論でいう発生主義と同じ基盤の上に立つものでな」(黒澤・湊（1955)、119頁）いということになる。このような「私法上の法的テスト」(岡村（2007)、58頁）として権利確定主義を認識するならば、その内容は一体どのように説明されるだろうか。

武田（2005）によると、「収益計算に関しては法的規準と経済的規準とが一致［圏点は原文による。以下同じ。］しているところから、税法上、改めて『債権の確定』したものにかぎり益金の額とする旨の規定を設ける必要はなかった」(113頁）とされている。どういうことかというと、売買という行為を経済的に把握するのであれば、財・サービスと貨幣、この二つの流れは対価の関係として表現される。これを法律的に把握すれば双務契約と表現される。また、実現主義で規定される財・サービスの移転と、その対価としての現金またはその同等物の取得による収益の実現は、法律的には財・サービスの引渡しと対価の支払いという有償契約として表現される（114頁)。このように整理すると、会計学的思考と私法上の思考とで異なった表現をしつつも、売買という経済的事象について同一のことを説明していることとなる。この考えを突き詰めるならば、「会計学上の収益認識・測定原則である実現主義の原則を、法的概念によって記述するならばまさに権利確定主義にほかなら」（122頁）ず、「端的に、実現主義と権利確定主義とは同一内容の異なる表現にすぎないものと解せられる」こととなる。このように考えると、法的な概念である権利確定主義を法的尺度としてそのまま存続させつつ、会計との整合性も保持することができる。

最後に、権利確定主義に租税法上のリーガル・テストとしての意味を持たせる視点についてみていく。この視点も権利確定主義を法的基準としてとらえるのであるが、私法としてではなく、公法たる税法としての要素を重視していることが、上述の視点と異なっている。まずもって、実現主義は法ではないことが着目される。金子（1995）は、実現主義は厳密な意味として使用されているのではなく、経済的な実態に応じたコンベンションの集合として使われていると指摘する。その内実は経済的な取引であるがゆえに多様性に富んだものである。もちろん、会計処理という点においてこれを否定するものではないが、「この意味での実現主義が訴訟の場面において、法的分析の道具として十分に役立ちうるかどうか」（296頁）という観点で疑問を投げかけている。すなわち、企業会計の網の目は粗く、裁判において実現主義が法的に明確な基準を提供できるとは考えられないことや、年度帰属について係争になった際に見るべき会計慣行がない場合もあることから、「所得ないし収益の実現時期の判定に関する何らかの法的な基準の必要性は依然として否定できない」（297頁）として、その税法的な基準として権利確定主義の必要性を説くのである。このように、会計学上の収益認識を法的な視点による細かい網の目でとらえることを推し進めるならば、「会計学上の収益計上時期に関する原則を、租税法（ないし租税会計法）の見地から見なおして（review）、所得類型あるいは取引類型ごとの具体的な事情に応じた適切な解決をはかる租税法独自のリーガル・テストが、『権利確定主義』である」（中里（1979）、136頁）ということになる[(13)]。かか

---

(13)　金子（1995、285頁）では、権利確定主義が判例においても学説においても長く支持されている理由について、「租税法律関係における法的安定性の要請に合致すると考えられたためであろう」と説明されている。

る観点に立てば、権利確定主義は、法的安定性を担保する役割を担うものとして積極的に肯定すべきものとなる。

税法の観点を重視する視点では上記のような法的安定性のほか、担税力という要素も重要になる。例えば酒井（2009、63頁）は、「『担税力』の存在を見出し得る時点を図る極めて租税法的な見地から説明すること」が、無理のない自然な解釈であるとする。具体的に、酒井（2008、42頁）では、各裁判例の検討を踏まえ、「権利確定主義と管理支配基準が明確に分離されていない司法判断が多いことなどを前提とすると、その境界の線引きはますます見えにくいものとなっている」と指摘し、「むしろ、権利確定主義を収入の蓋然性テストとして柔軟に捉え、契約当事者間においては意思の合致を基軸とし、その判断要素の一つとして法的効力による判断を介在させるとともに、［管理支配基準が必要な不法な利得等の］契約関係以外の場面においては経済的利益の法的支配説によるというリーガル・テストとして捉え直す」という考えを示しており、担税力を測る蓋然性テストとして権利確定主義を使用する。また、こうした担税力を基点として課税所得を把握する観点に立脚するのであれば、権利確定主義と管理支配基準との整合性も取れるであろう(14)。ただし、権利確定主義はあくまでも法文に根拠のない不確定概念にすぎず、このような概念に積極的なリーガル・テストとしての意義付けを見いだすことに、租税法律主義の観点から疑問が残るという問題は存在する(15)。

おわりに

本稿では、権利確定主義の黎明期を出発点として学説を見渡してきた。権利確定主義ははじめ、会計学の未整備な状態から課税所得を適正に算定するため

(14)　水野（1993、186頁）も、権利確定主義は「文字どおり『権利の確定』したときを収入の計上時期とするというのではなく、もっぱら現実に利得を管理し、それを享受しているかどうかという事実関係に着目して判断していくべきものと考えられる」としており、管理支配基準と親和性のある見解を示す。

(15)　権利確定主義に租税法上のリーガル・テストとしての意味を持たせる論者においてもこれは自覚されている。例えば（酒井（2016）、216頁）を参照。

に使用された。戦後における権利確定主義論争によって、権利確定主義は実現主義と同様ないしほぼ変わらないといった見解が税務専門家側からも出てきた。

その後の学説について、三つの視点を改めて俯瞰すると、会計との整合性を重視する視点を取ったとして、必ずしも法的な視点を軽視しているものではない。むしろ会計の側が税法の要請を満たすほど高度に発展したからこそ、別段の定めで特に規定するもの以外は会計の基準のみでこと足りるというスタンスをとるのである。一方でその対極の立場である、公法たる税法としての役割を重視する視点をとるとしても、実現主義のコンベンショナルな建付けを否定するでもなく、その態様に応じた弾力的な取扱いを志向している。このように、相互にとって排他的でない部分に着目すると、権利確定主義は会計準拠性と法基準性が包含されたものとみることができる。このうち、権利確定主義の独自性を積極的に見いだし得るのは法基準性であるが、これは法的安定性の担保や担税力を測る指標等、抽象的な概念にとどまる。すなわち、権利確定主義とは、具体的な意味内容を明白に規定することはできないものの、実現主義と親和性を有しつつ、税法として要請される公平性・中立性を収益認識の領域に特化した形で描写したものであると、少なくともいえそうである。

最後に、上記のように公平性・中立性に着目した場合、権利確定主義が租税法律主義を満たしていない問題について、税制改正がどう作用したかについて考えたい。22条の2の新設により、収益認識に係る明文の規定が置かれることとなった。これにより、権利確定主義は、法文上の根拠がないにもかかわらず「期間損益決定のための原則であって［中略］現行租税法全体の構造としては権利確定主義がその中核的地位を占める」(16)（松澤（2003）、114頁）といった状況から、22条の2に係る解釈のためのツールとしてその役割が固着(17)したといえ

---

(16)　また、司法上においては、「法人税法では、根拠が見出せないにもかかわらず、判例実務をほぼ支配していると見てよい」（岡村（2007）、58頁）との指摘もある。

(17)　22条の2の法文の内容を踏まえ、「権利確定主義を基調としていた通達上の扱いが法人税法22条の2第1項ないし第2項へと実定法化したとみることもできなく

る（ただし、22条の２がカバーしていない領域である、無償による資産の譲受とその他の取引については、別途検討しなければならないだろう。)。22条の２によって収益認識部分において会計基準と形式的に遮断されたことと相俟って、権利確定主義は静的な概念として機能するだろう。また、権利確定主義のもつ会計準拠性は、企業会計基準第29号の影響を受けることなく、引き続き実現主義との対応を意味することとなる。すなわち、権利確定主義は、会計基準の発展に柔軟に対応してきたこれまでの動的な立ち位置とは異なる状況に置かれることとなった点に留意すべきである。

[参考文献]

・　明里長太郎（1952)「税法と企業会計原則とについて－税法と企業会計原則との調整に関する意見書の総論に対する批判－」『税経通信』第７巻第13号、96-106頁。
・　岩田巖（1952)「意見書の基本的要望」『産業經理』第12巻第７号、15-19頁。
・　植松守雄（1980)「収入金額（収益）の計上時期に関する問題－「権利確定主義」をめぐって－」『租税法研究』第８号、30-107頁。
・　岡村忠生（2007)『法人税法講義（第３版)』成文堂。
・　片岡政一（1931)『税務会計』森山書店。
・　片岡政一（1935)『税務会計原理』文精社。
・　片岡政一（1938)『税法上の損益』第一書房。
・　金子宏（1995)「所得の年度帰属－権利確定主義は破綻したか－」『所得概念の研究　所得課税の基礎理論　上巻』有斐閣、282-305頁。
・　北浦貴士（2017)「日本企業の会計処理の歴史－東京電燈にみる「投資家との対話」」『企業会計』第69巻第４号、21-26頁。
・　清永敬次（1965)「権利確定主義の内容」『税経通信』第20巻第11号、88-95頁。
・　栗原一平（1949)『税の実務（新版)』ダイヤモンド社。
・　黒澤清（1952a)「資本と所得の本質－特に税法と企業会計原則との調整に関する意見書をめぐって－」『會計』第62巻第１号、１-12頁。
・　黒澤清（1952b)「会計原則と税法との調整に関する基本的見解」『産業經理』第

はない」（酒井（2019)、４頁）とする見方もある。いずれにせよ、権利確定主義が期間損益計算の中核として機能するのではなく、条文に関する解釈のための概念という役割にのみとどまるのであれば、租税法律主義への抵触の問題は解消されたことになる。

12巻第７号、７-14頁。

・　黒澤清＝湊良之助（1955）『企業会計と法人税－調整実務から損益計算まで－』日本税経研究会。

・　経済安定本部企業会計基準審議会（1952）「税法と企業会計原則との調整に関する意見書」（『産業經理』第12巻第７号付録）。

・　酒井克彦（2008）「権利確定主義はリーガル・テストとしての意味を持ち得るか（一）－法人税法に関する議論を中心として－」『國士舘法學』第41号、１-47頁。

・　酒井克彦（2009）「権利確定主義はリーガル・テストとしての意味を持ち得るか（二）－法人税法に関する議論を中心として－」『國士舘法學』第42号、61-85頁。

・　酒井克彦（2016）「権利確定主義はリーガル・テストとしての意味を持ち得るか（３・完）－法人税法に関する議論を中心として－」『國士舘法學』第49号、199-219頁。

・　酒井克彦（2019）「権利確定主義の事実上の終焉か（下）法人税法上のグランドルールとしての債務確定基準と権利確定主義」『月刊税務事例』51巻１号、１-５頁。

・　佐藤孝一（1952）「調整意見書の根本思想」『企業会計』第４巻第８号、14-22頁。

・　税制調査会（1964）「昭和38年12月　所得税法及び法人税法の整備に関する答申」。

・　髙橋絵梨花（2020）「法人税法第22条の２をめぐる論点－引渡基準と権利確定主義の裁判例を俯瞰して－」『税務会計研究』第31号、211-218頁。

・　武田隆二（2005）『法人税法精説（平成17年版）』森山書店。

・　谷口勢津夫（2022）「税法における所得の年度帰属－税法上の実現主義の意義と判断枠組み－」『税法創造論－税法における法創造と創造的研究－』清文社、475-516頁。

・　忠佐市（1951）「税務計算の理論－８－税法と企業経理の自主性」『財政』第16巻第８号、74-81頁。

・　忠佐市（1952a）「課税所得の計算と会計原則」『企業会計』第４巻第８号、77-85頁。

・　忠佐市（1952b）「税法調整意見書の示唆するもの」『産業經理』第12巻第８号、87-96頁。

・　忠佐市（1952c）「税法と会計原則との基本的課題」『會計』第62巻第３号、67-83頁。

・　忠佐市（1964）「権利確定主義の発想批判」『税経通信』第19巻第７号、48-54頁。

・　忠佐市（1965）「権利確定主義からの脱皮」『税経通信』第20巻第11号、65-79頁。
・　中里実（1979）「最高裁判所民事判例研究」『法学協会雑誌』第96巻第11号、129-143頁。
・　藤澤弘（1920）「所得税法改正法案の立法的研究（一）」『會計』第7巻第2号、29-66頁。
・　船田勇（1934）『会計学全集第21巻　税務会計』東洋出版社。
・　松澤智（2003）『租税実体法（補正第2版）－法人税法解釈の基本原理－』中央経済社。
・　水野勝（1993）『租税法』有斐閣。
・　湊良之助（1952）「税務会計における発生主義の解釈」『税経通信』第7巻第11号、96-103頁。
・　弥永真生（2013）『会計基準と法』中央経済社。
・　雪岡重喜（1955）『調査資料　所得税・法人税制度史草稿』国税庁。

（原稿提出：2023年1月25日）
（掲載決定：2023年3月21日）

自由論題報告

更正の請求の可能性と取消判決の拘束力
――最判令和3年6月24日(民集第75巻第7号3214頁)を素材として――

成蹊大学非常勤講師・税理士
安　田　京　子

はじめに

1　相続税事案と税務会計との接点

本稿は、相続税の事案を素材とする。そのため、本学会が目的とする税務会計の研究との接点について若干の例を挙げて言及しておきたい。

相続税は、被相続人が生前において受けた税制上の特典・負担軽減などにより蓄積した財産を相続開始時点で清算する所得税の補完税であると解されている（税大（2022)、１頁）。所得税との関係では、個人が、相続・遺贈等により取得した財産を譲渡する場合の所得計算について被相続人の取得費が引き継がれる（所法60①Ⅰ）。法人税では、法人税の納税義務者である人格のない社団又は財団が遺贈を受けた場合に、個人とみなされて相続税の納税義務者となる(相法66①)。国税通則法及び行政事件訴訟法に規定する争訟手続きは、法人税をはじめとして税務訴訟に共通して適用される。本稿は、両者の関係等を実体的真実主義に基づく課税の公平の観点から、相続税の事案を素材として考察する。

2　問題意識

本稿が素材とする最判令和３年６月24日（民集第75巻第７号3214頁）は、納税者が、相続税法第32条第１号（現行相法32①Ⅰ、以下同じ。）に規定する更正の請求に対する理由がない旨の通知処分及び所轄税務署長が当該納税者に対して行った同法第35条第３項第１号に規定する相続税の増額更正処分それぞれにつき、納付すべき税額４億4689万9300円を超える部分の取消しを求めた事案（以下「本件」という。）である。本件の上記最判は、相続税法第32条第１号の請求理由を遺産分割のみに限定し、国税通則法第70条の更正の除斥期間（減額更正は５年）の経過後は、当初申告の評価誤りを相続税法第32条第１号の更正の請求に対する処分及び同法第35条第３項第１号による更正をする法令上の権限を有せず、本件においては、行政事件訴訟法第33条第１項の取消判決の拘束力を論ずるまでもないとして、当該納税者の請求をいずれも棄却した。

同判決には、次に述べる①から④の理由から疑問を感じる。①国税通則法第114条は、行政事件訴訟法第33条の適用を排除していない（志場（2019）1276-1278頁、及び品川（2017）437-438頁）。②京都地判昭和51年９月10日（行集第27巻第９号1565頁、以下「京都地判」という。）では、国税通則法第70条は、「判決により原処分を取消すことについては、……期間制限がないことを当然の前提としている」（同行集1572頁）から、税務署長は、訴訟係属中に誤りに気付いた場合に、除斥期間経過後であっても減額再更正が許される旨を判示している。③東京高判昭和45年３月４日（行集第21巻第３号423頁、以下「東京高判昭和45年」という。）は、未分割による申告は便宜的に相続税額を算出し、遺産分割により取得した財産が確定したときに相続税額を改算し、一般の更正とは異なる旨を判示している。④税務署長は国税通則法第24条、及び同法第71条第１項第２号に基づく更正の義務がある。

3　本稿の構成

本稿は、まず本件の事実関係を紹介し、次に先行研究を確認し、裁判所に提出された本件に係る証拠を手掛かりに国税通則法と行政事件訴訟法との関係、及び更正の請求を考察する。そして、実体的真実主義に基づく公正かつ適正な課税（課税の公平）の実現のために、税務署長が行う更正（通法24）において遵守すべき「行政指針的義務」（大渕（1994）、709頁）について検討する。

Ⅰ　事案の概要

1　事実

本件の概要は、図1のとおりである。事実関係は、課税の経緯を中心に示すと以下の①から⑪のとおりとなる。

① 平成16年12月27日、X（原告・被控訴人・被上告人）は、平成16年2月28日に母が死亡したことによる相続について共同相続人（Xを含めて兄弟姉妹7人）間で遺産が未分割であったため相続税法第55条に基づき法定相続分（各7分の1）に従って課税価格を計算し、相続税の申告（Xの課税価格は22億6374万4000円、納税額は10億7095万円）をした（以下「本件申告」という。）。

② 平成19年2月13日、所轄税務署長が、遺産のうち、複数の会社の株式（以下「本件各株式」という。）のうち、A社及びB社が株式保有特定会社に該当し、一部が価額過少であるとして課税価格が41億2059万2000円、納税額19億9989万9200円とする更正処分を行った（以下「前件更正処分」という。）。

③ 平成21年1月21日、Xら5人の相続人（二女と五女が訴外）は、前件更正処分の取消しを求めて訴えを提起した。

図1　事案の概要図

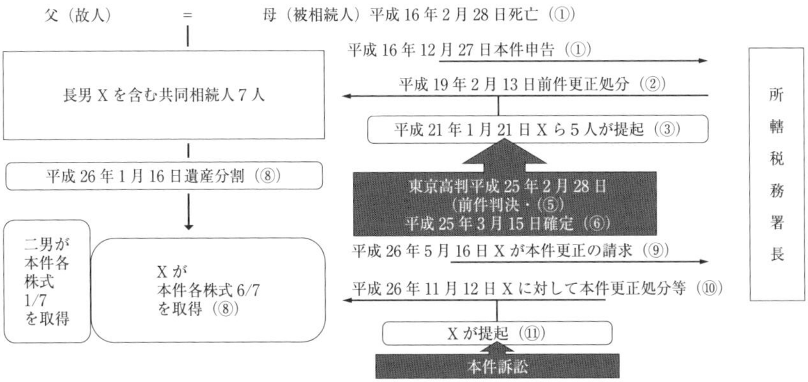

（出典）池本征男「判批」『国税速報』第6669号5頁参照及び加筆修正して筆者作成

④　平成24年３月２日、第一審・東京地裁判決（税資262号-52順号11902）は、評価通達における株式保有特定会社に関する判定基準の一部に合理性がなく、Ａ社が株式保有特定会社に当たらないこと等を判示した上で、前件更正処分のうち本件申告に係る税額を超える部分を取消した。

⑤　平成25年２月28日、控訴審・東京高裁判決（税資263号順号12157）は、第一審判決を維持した（以下、第一審判決と併せて「前件判決」という。）。

⑥　平成25年３月15日、前件判決は確定した。

⑦　平成25年５月、国税庁長官は、前件判決を受けて、財産評価基本通達における大会社の株式保有割合による株式保有特定会社の判定基準を25％以上から50％以上に改正し、これを公表した。

⑧　平成26年１月16日、遺産分割調停が成立し、Ｘは本件各株式につき各銘柄の７分の６を取得した。

⑨　平成26年５月16日、Ｘは、本件調停の成立を理由として、本件各株式の取得分が増えたものの、本件各株式の価額が前件判決で認定された価額と同額ないし評価方法を前提にすれば本件申告よりも相続財産の価額が減少するとして相続税法第32条第１号に基づき、納税額を４億4199万400円とする更正の請求（以下「本件更正の請求」という。）をした。

他方、所轄税務署長は、平成26年２月21日に訴外二女及び五女（以下「訴外二女ら」という。）の相続税法第32条第１号に基づく更正の請求に対しては、平成26年６月20日に減額更正処分を行った。

⑩　平成26年11月12日、所轄税務署長は、Ｘに対して、更正をすべき理由がない旨の通知処分（以下「本件通知処分」という。）をするとともに、相続税法第35条第３項第１号に基づき、本件申告における価額を基礎として納税額23億2567万1800円とする更正処分（以下「本件更正処分」といい、本件通知処分と併せて「本件各処分」という。）を行った。

⑪　平成28年７月29日、Ｘは、本件各処分それぞれにつき、納税額４億4689万9300円を超える部分の取消しを求めて本件訴えを提起した。

ちなみに、Ａ社株式とＢ社株式に係る１株当たりの価額は、表１のとおりである。

表1　A社株式及びB社株式の1株当たりの価額

（単位：円）

	本件申告	前件更正処分	前件判決の計算	本件更正の請求	本件更正処分	本件高裁判決
A社株式	11,185	19,002	4,653	4,653	11,185	4,653
B社株式	21,009	64,908	31,189	19,132	21,009	19,132

（出典）東京地判平成30年1月24日（別表1）参照及び本件高裁判決の認定額を追加して筆者作成

2　争点

①　相続税法第32条第1号、及び同法第35条第3項の解釈

②　前件取消判決の拘束力

③　本件通知処分取消請求に係る訴えの適法性

以下においては、上記争点のうち、①と②を取り上げる。

3　裁判所の判断

本件第一審、控訴審、及び上告審の判断は、簡潔に示すと表2のとおりとな

表2　判決要旨

争点	東京地判（H30.1.24）	東京高判（R1.12.4）	最（一）判（R3.6.24）
①更正の請求等の解釈	原則として、相法32Ⅰにおいて申告に係る評価誤りを主張できず、相法35③に基づく更正も同様である。	同左	相法32Ⅰは確定した価額に係る評価誤りを主張できず、相法35③も同様に解する。
②前件取消判決の拘束力	判決確定時点において更正処分の法定制限期間を経過して取消判決の説示に従った処理ができない場合には、本件は行訴法33①にいう「その事件」として拘束力が及び、同判決の評価方法等を基礎に相法32Ⅰ・相法35③の処分が可能になる。	除斥期間等を理由に前件判決の拘束力に従った対応拒否は、拘束力の趣旨に反する。前件判決の計算違いについては民訴法257条の更正決定の対象となり得、その他は前件判決を維持し相法32Ⅰ・相法35③の計算をする。	拘束力によっても行政庁の義務内容は法令上の権限に限られ、通則法所定の除斥期間経過後は前件判示を用いて相法32Ⅰ・相法35③による更正権限を有しない。本件処分は適法である。

（出典）筆者作成

表3　Xの課税の経緯と本件高裁判決の認定

	①当初申告 平成16年12月27日	②更正（平成19年6月27日一部取消し後）	③Y主張（平成23年2月28日減額更正後）	④前件判決による計算（地判平成24年3月2日）	⑤分割後更正請求 平成26年5月16日	⑥本件増額更正処分 平成26年11月12日	⑦本件高裁判決 令和1年12月4日
課税価格	22億6374万4000円	41億2059万2000円	40億6089万0000円	18億7747万3000円	9億6080万5000円	49億0410万9000円	9億7133万7000円
納付すべき相続税額	10億7095万0000円	19億9985万4900円	19億7000万9300円	8億7873万3800円	4億4199万4000円	23億2567万1800円	4億4689万9300円
課税価格の合計額	158億1005万6000円*	290億3686万4000円**	286億1895万0000円	133億3503万1000円	112億0703万7000円	158億1005万3000円	112億0703万0000円
相続税の総額	75億1602万6000円*	141億2943万3000円**	139億2047万3000円	62億7851万3500円	52億1451万7000円	75億1602万6000円	52億1451万3500円

（出典）前件東京地判平成24年3月2日税資第262号-52順号11902、本件東京地判平成30年1月24日民集第75号第7号3283頁及び東京高判令和1年12月4日同民集3313頁参照にて筆者作成
なお、表中の「*」はXの平成26年11月12日付更正通知書参照（令和3年12月9日閲覧）、「**」は二女の平成26年6月20日付更正通知書参照（令和3年11月25日閲覧）。

表4　訴外二女の課税の経緯と筆者試算

	①当初申告（閲覧） 平成16年12月27日	②更正（平成19年6月27日一部取消し後）	③Y主張（一部筆者計算）	④前件判決による計算（一部筆者計算）	⑤分割後更正請求 平成26年2月21日	⑥更正通知（減額） 平成26年6月20日	⑦本件高裁判決を基に納税額を試算
課税価格	22億5240万7000円	41億5309万2000円	40億9339万0000円	19億0997万3000円	16億1962万9000円	16億6957万9000円	16億1962万9000円
納付すべき相続税額	10億6954万8900円	20億2090万7700円*	19億9105万5700円	8億9926万9800円	7億6256万7800円*	8億1247万8400円*	7億5359万6300円**
課税価格の合計額	158億1005万6000円	290億3686万4000円	286億1895万0000円	133億3503万1000円	133億3503万4000円	290億3686万3000円	112億0703万0000円
相続税の総額	74億9320万1800円(ママ)	141億2943万0000円	139億2047万3000円	62億7851万3500円	62億7851万7000円	141億2943万0000円	52億1451万3500円

（出典）上記表3と同じ。なお、表中の「＊」は、更正通知書がマスキングのため、前件判決及び上記表に係る更正通知書を基に筆者算出
表中の「＊＊」は、本件控訴審判決の数字を二女の取得価格にあてはめて筆者試算（52億1451万3500円×16億1962万9000円/112億0703万0000円＝7億5359万6300円）。

る。

4　本件における問題

本件において、所轄税務署長は、Xに対しては、前件判決によって前件更正処分が取り消されたため、当初申告の課税価格の合計額158億円余を基礎として本件更正処分を行った。他方、訴外二女ら（以下、Xと訴外二女との比較とする。）の更正の請求に対しては、前件判決の認定判断が及ばないとして前件更正処分に係る課税価格の合計額290億円余を基礎として納税額を算出した。

Xと訴外二女との課税関係を比較すると、表3及び表4のとおりとなる。

Xと訴外二女は、当初申告を同一の申告書で提出し、当初申告において被相続人の遺産に係る課税価格を同一としながら、二女に対する減額更正とXに対する増額更正の計算において、両者の納税額計算の基礎となる相続税の課税価格の合計額を異にしている。これは国税通則法の解釈誤りから生じているものと考える。そこで、筆者が、実体的真実主義及び課税の公平の観点から正しいと考える両者の負担すべき相続税相当額を、表3⑦欄及び表4⑦欄に示した。

この問題は、後述するⅣ4で言及する。

Ⅱ　先行研究

1　本件最判評釈の紹介

本件の最判に係る評釈は多数あるところ、次の二つを紹介する。

① 佐藤孝一：前件更正を取り消した前件判決の形成力により前件更正の効力が遡って失われることになるため、本件申告における本件各株式の価額を基礎として相続税法32条1号、同法35条3項1号の各規定が適用されることになる。拘束力によっても、行政庁は法令上の根拠を欠く行動を義務付けられるものではない（佐藤（2022）、28頁）。

② 高橋祐介：判決は、①相続税法32条1号及び35条3項1号による事由を、

55条による申告後に遺産分割が行われて各相続人の取得財産が変動した場合に限定、②行政庁は取消判決の拘束力によっても法令上の根拠のない行為は義務付けられない、③通知処分と増額更正につき、前者に訴えの利益がない、の３点につき最高裁が初めて判断した。②は、取消訴訟の拘束力の及ぶ具体的範囲については述べておらず、せいぜい拘束力によっても行政庁が法令上の根拠を欠く行動を義務付けられないという、重要ではあるが租税法律主義（合法性の原則）から当然のことを述べているに留まる（高橋（2022)、177頁)。

2　裁判所に提出された証拠

筆者が調べる限りにおいては、上記１評釈のほか、本件の最判に係る他の評釈においても、国税通則法第114条に関する言及がなかった。また、本件に係る裁判所に提出された次の証拠においても同条への言及が見当たらなかった。

①　青柳馨「平成30年５月９日付鑑定意見書」(2022年６月17日最終閲覧)
②　今村隆「平成29年６月１日付鑑定意見書」(2022年６月16日最終閲覧)
③　小林幹雄「平成29年６月２日付鑑定意見書」(2022年６月17日最終閲覧)
④　佐藤英明「平成30年８月18日付意見書」(2022年７月１日最終閲覧)
⑤　首藤重幸「令和３年５月３日付意見書」(2022年７月15日最終閲覧)

そこで、国税通則法第114条と行政事件訴訟法第33条について検討する。

Ⅲ　取消判決の拘束力

1　国税通則法と行政事件訴訟法との関係

国税通則法第114条は、行政事件訴訟法との関係について、「国税に関する法律に基づく処分に関する訴訟については、この節及び他の国税に関する法律に別段の定めがあるものを除き、行政事件訴訟法（昭和37年法律第139号）その他の一般の行政事件訴訟法に関する法律の定めるところによる。」と規定している。同条は、「行政事件訴訟法等の法律が税務訴訟についての一般法であり、この節等の規定はこれらの一般法に対する特別法であることを規定し、両者の関係を明らかにしている」（志場（2019）、1276頁）ものである。同条が除外する「この節」の定めとは、同法第８章「不服審査及び訴訟」のうち第２節「訴訟」をいい、同節にある第115条（不服申立ての前置等）、及び第116条（原告が行うべき証拠の申出）が主たる別段の定めであって、それ以外の税務訴訟は、行政事件訴訟法と主として民事訴訟法の定めによることになる（品川（2017）、437-438頁）。また、同法第114条でいう「他の国税に関する法律」の定めとしては、現在のところ、国税徴収法中の執行停止の特例（徴法90③）、出訴期間の特例（徴法171②）がある（志場（2019）、1278頁）のみとされる。

したがって、行政事件訴訟法第33条に規定する取消判決の拘束力は、国税通則法所定の除斥期間の規定（通法70）によってその適用が排除されていないと解される。

ところが、本件の最判は、国税通則法第70条の更正の除斥期間を理由として前件判決の拘束力の適用を否定した。

2　行政事件訴訟法第33条とその意義

行政事件訴訟法第33条第１項は、「処分又は裁決を取り消す判決は、その事件について、処分又は裁決をした行政庁その他の関係行政庁を拘束する。」と規定している。この拘束力とは、同法の立法担当者は、「行政庁の側に対し処分を違法と確定した判決の判断内容を尊重し、受忍し、以後その事件については、判決の趣旨に従って行動し、もしほかにこれと矛盾するような処分等がある場合には、適当な措置を取らなければならないという効力を生ずることをさす」（杉本（1963）、533頁）と解説している。その性質については、既判力説と、特殊効力説があるところ、後説が立法者意思（杉本（1963）、533-534頁）、及び通説（宇賀（2021）、289頁ほか多数）である。

最判平成４年４月28日（民集第46巻第４号245頁）は、特許権に関する事案であるが、「この拘束力は、判決主文が導き出されるのに必要な事実認定及び法律判断にわたるものである」と判示し、判決理由中の認定判断にも取消判決の拘束力が及ぶ旨を述べている。本件控訴審は、この最判を引用して、本件各処分が前件判決との関係で「その事件」に該当すると認め、前件取消判決の拘束力に基づいて判断し、本件更正処分を取消して本件更正の請求を認容した。

3　拘束力の効果

行政事件訴訟法は、取消判決の拘束力の効果として、行政庁に対して、①判決の趣旨に反して再度の処分を禁止する義務（以下「反復禁止効」という。）と、②判決の趣旨に関連する処分を取り消す義務（以下「不整合処分是正義務」という。）を課すものと解されている（杉本（1963）533-534頁、園部（1989）421頁、小林（2017）2頁、及び青柳（2018）3頁）。

大阪地判昭和38年10月31日（行集第14巻第10号1793頁）は、不整合処分是正義務に関して、贈与税の「賦課処分が違法であり、これを取消すべきものとする判決が確定すれば、……、被告税務署長は右判決の拘束力によって差押処分を取消すべき義務を負」（同行集1805頁）うと判示している。

以上を前提にすると、前件判決の確定時に、所轄税務署長には、前件判決の拘束力として、本件各株式の評価に係る当初申告誤りとの不整合部分について是正義務があったと考える。

4　拘束力の適用可能性

上述したように、国税通則法第114条は、行政事件訴訟法第33条の適用を排除していない。また、前記京都地判は、更正の除斥期間が当該課税処分について取消訴訟が提起されている場合には適用されない旨を判示（ただし、志場（2019）856頁は疑問視する。）し、最判昭和43年11月7日（民集第22巻第12号2421頁）は、行政処分が違法又は不当であれば、「法定の不服申立期間の徒過により争訟手続によってもその効力を争い得なくなったものであっても、……、行政庁においては、……、これを取消すことができると解する」（同行集2427頁、2426-2427頁）と判示している。青柳馨教授は、この「いわゆる“行政作用に関する通則”」（青柳（2018）、5頁）によれば、「私人の申告により法律関係が形成される場合において過誤のある申告がされたときについても、瑕疵ある処分が行われた場合に準じて考える」[(1)]（青柳（2018)、５頁）と述べている。よって、本件は、取消判決の拘束力及び上記判示の考え方が適用される可能性があったと思料する。

5　小括

上述した取消判決の拘束力の考え方を前提にすると、所轄税務署長には、前件更正処分を取り消す際に、前件判決の認定判断に基づいて、当該訴訟の当事者であったX、及び他の相続人４人の本件申告に係る評価誤りを是正することも可能であったと考える。

したがって、本件申告に係る評価誤りは、本件相続に係る相続人７人のうち５人（Xを含む。）についてはこれによって是正され、訴外二女ら２人については、後述する相続税法第32条第１号に基づく更正の請求に係る減額更正処分によって是正され得ると解する。結果として、租税法律主義の一内容である合法性の原則に抵触せず、かつ、税負担の公平性が確保されると考える。

そこで、次に、更正の除斥期間を確認したうえで本件における相続税法第32条第１号と同法第35条第３項の解釈について検討する。なお、国税通則法上の更正の請求については、紙幅の都合から言及しない。

Ⅳ　更正の請求

1　更正の除斥期間

除斥期間とは、課税庁が、法律上賦課権（更正・決定・賦課決定等）を行使し得る期間（中断がない）を意味し、当該権利の存続期間を限定するものである（志場（2019)、847-850頁)。更正の期間制限には、通常の更正の除斥期間（通法70①Ⅰ・平成23年改正前は法定申告期限から３年・現在５年）と特別の

（1）　ただし、青柳教授は、行政関係法規において特別な定めが置かれている場合には、租税関係法規が“行政作用に関する通則”に優先すると述べている。しかし、本件に関しては、国税通則法第114条が行政事件訴訟法第33条を排除していないため、当該優先問題が生じないと考える。

更正の除斥期間（通法71①Ⅱ・当該理由が生じた日から３年）の二つに分かれる。これらを更正の請求と対応させて整理すると、表５のとおりとなる。

表５　更正の請求期間と更正の除斥期間

更正の請求	更正の請求期間	更正の除斥期間
①　通常の更正の請求（通法23①）	法定申告期限から５年（本件当時は１年）	法定申告期限から５年（通法70①Ⅰ）
②　後発的理由による更正の請求（ただし③を除く、通法23②）	当該理由が生じた日等の翌日から２月以内	当該理由が生じた日等から３年（通法71①Ⅱ、同令30・24④）
③　通達解釈の変更公表による更正の請求（通令６①Ⅴ）	当該公表等を知った日の翌日から２月以内	法定申告期限から５年（通法71①Ⅱ、同令30・24④カッコ書き）
④　相続税法の特則による更正の請求（相法32）	当該理由等を知った日の翌日から４月以内	当該理由が生じた日から３年（通法71①Ⅱ、同令30・24④）
（参考）法人税法の特例による更正の請求（法法82）	当該修正申告書を提出した日等の翌日から２月以内	当該理由が生じた日から３年（通法71①Ⅱ、同令30・24④）

（注１）税務署長が行う更正は、更正の請求がなくても更正の除斥期間内であれば行うことができる。

（注２）②から（参考）の更正の請求の各理由に該当する場合には、国税通則法第23条第１項に規定する更正の請求を行うことになる。

（出典）筆者作成

2　相続税法第32条第１号及び同法第35条第３項の解釈

本件の最判は、相続税法第32条第１号の更正の請求においては、当初申告に係る評価の誤りを当該請求の理由とすることはできず、課税庁も、同法第35条第３項第１号の更正において、上記評価の誤りを是正することはできない旨を判断した。(2)

前記東京高判昭和45年は、相続税の申告期限までに遺産分割が行われていない場合の更正の請求等の考え方について、「相続税法27条、……の各規定によ

（２）　同旨として、神戸地判平成24年７月31日税資第262号-165順号12015等がある。

れば、同法は、当該相続税の申告期限までに遺産分割が行われていない場合においては、便宜、各相続人らの法定相続分に応じて……当該課税価格および相続税額を算出し、相続税を課することとしその後において遺産分割……が確定したときは、その際にこれを基礎として相続税額を改算し、それに基づいて更正の請求または修正申告をなし、あるいは更正決定がなされることを建前としている……、遺産分割があったことに基づいてする税務署長の更正は、その形式はともかく、実質は遺産分割により取得した財産を基礎として算出した課税価格および相続税額を確定するものであって、一般の更正とは異なる」（同行集429-430頁）と判示している。これに対して、今村隆教授は、判示事項だけを見ると先例性があるように考えられるが、更正処分の除斥期間内であったため税務署長が相続財産の価格を見直した事案であるから本件最判と異なる判断をしているものでない旨を述べている（今村（2017）714-16頁）。同見解は、当該事件の昭和31年当時、相続税法第35条の２が相続税の除斥期間（３年）について、「減額する更正を除く」と規定していたことを念頭におくものと解される。(3)

しかしながら、同判決は、相続税の申告、修正申告の特則、更正の請求の特則等の規定を前提に、未分割による申告後に遺産分割が行われた場合については、「便宜」、「改算」、「建前」の文言を使って、「一般の更正とは異なる」と説示している。したがって、本件最判の事案において、Ｘに対する更正は、遺産分割により取得した財産を基礎に改算して課税価格及び相続税総額を見直し得ると解する方が妥当ではなかろうかと考える。

3　手続要件を充足する場合における当初申告誤り是正の可能性

最判平成２年６月２日（民集第44巻第４号612頁）において、「修正申告の要

（３）　当該事案の相続が開始した昭和31年当時の相続税法（昭和37年税制改正前）は、同法第35条の２において更正の除斥期間を３年と定めているところ、括弧書きで「課税価格又は相続税額若しくは贈与税額を減額する更正を除く。」と規定し、減額更正に係る除斥期間を定めていなかった。このことから、当時の相続税は、更正の期間制限によって実体的真実が擬制になる考えがなかったように見える。

件を充たす限りにおいては、……、錯誤に基づく概算経費選択の意思表示を撤回し、……実額経費を社会保険診療報酬の必要経費として計上することができる」（同民集619頁）との判示がある。この判示から佐藤英明教授は、「後に『たまたま』修正申告の要件を満たすことがあれば、その機会をとらえて錯誤による選択を修正しうると理解することが可能であろう。」（佐藤（2018）、9-10頁）と述べる。

これらの考え方に立つと、仮に、当初申告に係る評価の誤りを同法第32条第1号の理由とすることはできないとしても、当初申告に係る評価を前提に遺産分割により取得した財産に係る課税価格を計算し、当該更正の請求要件を充足する場合には、その更正の請求手続きの中でさらに当初申告の誤りを是正し得るとする解釈が可能になると思われる。

4　小括

以上の解釈から、本件の相続でいうと、前記Ⅰ１⑨の訴外二女らが行った相続税法第32条第１号に基づく更正の請求がこれに該当する。そうすると、所轄税務署長は、当該更正の請求に対する更正は、国税通則法第70条第１項の期間制限が及ぶものではなく、国税通則法第71条第１項第２号に該当して当該理由が生じた日から３年間は更正ができるのであるから、訴外二女らの当該更正の請求に対する減額更正処分において、本件申告に係る評価誤りを調査して是正した上で課税価格を改算し得たと解する。

Ⅴ　行政指針的義務

税務署長は、国税通則法第24条に基づき、納税申告書が誤りであると認識したときは、「更正の請求の有無あるいは更正の請求期限の徒過の有無とは関係なく、納税者の負担の公平の見地から」（武田（加除式）、1424頁）、あくまでも真実を追求すべきであって、その誤りの過大・過少のいずれであっても真実の税額に更正する義務を負っている（武田（加除式）、1437頁・堺澤（1999）、121頁）。この更正の義務は、実体的真実に基づく適正課税の観点から、課税庁に負わされた「行政指針的な義務」（大渕（1994）、710頁）という性質として理解される。

また、税務署長は、更正処分に際しては、「当初申告に過大な税額があればそれも考慮したところにより増差税額を計算して更正処分をする義務があるので、更正処分に際して当初の過大申告分が考慮されていなかったときは、当初申告の過大を理由としてその更正処分について不服申立てをすることもできる」（武田（加除式）、1440頁）と解されている。

上記解釈は、本件における当初申告誤りの場合であっても同様であると考える。しかし、本件に係る所轄税務署長は、前件判決の拘束力を考慮せずに本件更正処分を行った。所轄税務署長は、前件判決の後に国税通則法第23条による更正の請求が行われていなかったとはいえ、前件判決による拘束力に従った減額更正を怠っていたことになり、理論的にも、国税通則法上の更正の除斥期間経過後においても当然の処理として拘束力に従った減額更正が可能であったと解することができる（占部（2022）91頁）。

また、国税通則法第71条第1項第2号の更正の除斥期間の特例規定は、更正の請求が前提となる規定ではないことから、本件のような相続税法第32条の事由が生じた場合について、当該理由が生じた日から3年間更正することができると解される（通法71①Ⅰ、同令30・24④）。

以上から、所轄税務署長は、Xら及び訴外二女らに対して、実体的真実に基づいて減額更正する行政指針的義務を負っていたと考えることができる（占部（2022）91頁）。このような権利救済は合法性の原則からも妥当な解釈であると思料する。

おわりに

本件の最判は、課税庁が国税通則法所定の除斥期間経過後は更正する法令上の権限を有しない場合においては、拘束力についての判断を論ずるまでもない旨を述べて、Xの請求を棄却した。しかも、同最判は、国税通則法と行政事件訴訟法の関係についての言及がない。本稿は、①国税通則法第114条が行政事件訴訟法の適用を排除していないため、所轄税務署長に取消判決の拘束力によってXの納税額を是正する権限があったこと、②訴外次女らが行った相続税法第32条第1号に基づく更正の請求においてXと同様に是正され得る可能性があったこと、③国税通則法第24条、及び同法第71条第1項第2号の規定から、所轄税務署長は、Xら及び訴外二女らに対して、合法性の原則に基づいても減額更正する行政指針的義務を負っていたことを指摘した。

佐藤英明教授は、租税法律主義の内容に、納税者の権利侵害を認識し救済する論理として完全救済原則を提唱している（佐藤（2007）、73頁）。税務署長には、実体的真実主義に基づく公正かつ適正な課税（課税の公平）の実現のために、調査をして更正する「行政指針的な義務」（大渕（1994）、709頁）があると解する。

[主要参考文献]

- 青柳馨（2018）「平成30年5月9日付鑑定意見書」（2022年6月17日最終閲覧）。
- 池本征男（2021）「判批」『国税速報』第6669号、5-10頁。
- 今村隆（2017）「平成29年6月1日付鑑定意見書」（2022年6月16日最終閲覧）。
- 占部裕典（2022）「判批」『税研』第38巻第3号、88-91頁。
- 大渕博義（1994）『最新判例による法人税法の解釈と実務』大蔵財務協会。
- 金子宏（2021）『租税法第二十四版』弘文堂。
- 小林幹雄「平成29年6月2日付鑑定意見書」（2022年6月17日最終閲覧）。
- 佐藤孝一（2022）「判批」『税務事例』第54巻第4号、15-29頁。
- 佐藤英明（2018）「平成30年8月18日付意見書」（2022年7月1日最終閲覧）。
- 佐藤英明（2007）「租税法律主義と租税公平主義」金子宏編『租税法の基本問題』有斐閣55-73頁。
- 品川芳宣（2017）『国税通則法の理論と実務』ぎょうせい。
- 志場喜徳郎ほか（2019）『国税通則法精解第十六版』大蔵財務協会。
- 首藤重幸（2021）「令和3年5月3日付意見書」（2022年7月15日最終閲覧）。
- 杉本良吉（1963）「行政事件訴訟法の解説（二）」『法曹時報』第15巻第4号、10-86頁。
- 税務大学校（2022）『税大講本（相続税法）令和4年版』。
- 園部逸夫（1989）『注解行政事件訴訟法』有斐閣。

・　高橋祐介（2022）「判批」『ジュリスト』第1570号、176-177頁。
・　武田昌輔監修（加除式）『DHC コンメンタール国税通則法』第一法規。
・　田中治（2022）「判批」『TKC 税研情報』第31巻第３号、１-13頁。

（原稿提出：2023年１月31日）
（掲載決定：2023年５月29日）

自由論題報告

英国企業による Tax Transparency Report 等の特質

拓殖大学
稲葉知恵子

はじめに

英国では売上高が2億ポンド以上又は資産総額が20億ポンド超の「適格法人(Qualifying entities)」は、税務リスクの管理方法、自社の税務リスク、タックス・プランニングに対する考え方、及び歳入税関庁（Her Majesty's Revenue and Customs：HMRC）との協力という四つの観点から税務戦略（Tax strategy）を開示することが義務づけられている（Finance Act 2016, Schedule 19)。

この背景には、経済協力開発機構（Organisation for Economic Co-operation and Development：OECD）が2015年に公表した勧告（BEPS Actions）の存在がある(1)。OECD では、近年のグローバルなビジネスモデルの構造変化により生じた多国籍企業の活動実態と各国の税制や国際課税ルールとの間のずれを利用することで、多国籍企業が税制の抜け穴を利用して国際的租税回避を行う問題（Base Erosion and Profit Shifting：BEPS）に対処するため、2013年に BEPS プロジェクトを立ち上げた(2)。2015年に公表された最終報告の行動計画12 義務的開示制度（Action 12: Mandatory Disclosure Rules）及び行動

(1) OECD, BEPS Actions, URL: https://www.oecd.org/tax/beps/beps-actions/ (January 30, 2023).

(2) OECD Library, OECD/G20 Base Erosion and Profit Shifting Project, URL: https://www.oecd-ilibrary.org/taxation/oecd-g20-base-erosion-and-profit-shifting-project_23132612 (January 30, 2023).

計画13 多国籍企業の企業情報の文書化（Action 13: Guidance on Transfer Pricing Documentation and Country-by-Country Reporting）を受け、要件を満たす英国の適格法人は税務情報を開示している（Freedman & Vella (2016), pp. 653-654）。

税の情報開示に消極的な企業がある一方、20頁を超えるTax Transparency Report等を公表し、法律で要請されている以上の情報を積極的に開示する企業もある。適切な納税は、企業が社会基盤や公共サービスの提供に貢献することにつながり、税のガバナンスに関する情報開示はステークホルダーに対するポジティブなアピールとなる。そのため、OECDによる新たな租税回避対策に加え、企業の社会的責任（Corporate Social Responsibility：CSR）の観点から、税の透明性の開示を行う企業もあるという仮説を導出することができる。本稿では、FTSE（Financial Times Stock Exchange）100の企業が開示する税務情報の分析をとおして、英国企業が開示する税務情報の特質を考察する。

Ⅰ　税の透明性（Tax Transparency）

英国ではTax Transparency Report、Tax Contribution Report、Tax Strategy Report等の名称で「税の透明性（Tax Transparency）」の情報開示に特化した報告書を発行する企業がある。

「税の透明性（Tax Transparency）」という用語は、1963年にOECDが発表したOECD Model Tax Convention on Income and on Capital（OECD Model）で最初に使われた(3)。これは国家間の税務情報交換に関するものである。租税条約上の税の透明性の議論とその規定の展開は「個人的情報交換の強化→度重なるリークによる政治問題化→自動的情報交換」（増井（2017）、365頁）という流れに要約される。当初、税の情報交換の基準として広く採用されていたのは上述のOECDモデル第26条に基づく「個別の要請に基づく情報交換（Ex-

（3） OECD, 1963, *Draft Double Taxation Convention on Income and Capital 1963*, OECD Publishing, URL: https://doi.org/10.1787/9789264073241-en (January 30, 2023).

change of Information on Request：EOIR)」であった。[(4)] EOIR は、個別の納税者に対する調査において、国内で入手できる情報だけでは事実関係を十分に解明できない場合に、必要な情報の収集・提供を外国税務当局に要請するものである。[(5)] その後、2008年から2009年の世界的な金融危機と、メディア等によって明らかにされた多国籍企業の税務スキャンダルにより、責任ある法人税慣行を促進する公的及び政府の圧力がより顕著になった（De la Cuesta-González & Pardo（2019), p. 2168)。オフショア法域を用いた国際的脱税が政治問題化したことを受けて、「自動的情報交換（Automatic Exchange of Financial Account Information：AEOI)」と「自発的情報交換（Spontaneous Exchange of Information)」が租税条約等に基づく情報交換に追加された。[(6)] この展開がBEPS プロジェクトにおける多国間の共通報告基準（Common Reporting Standard：CRS）につながる。[(7)]

BEPS プロジェクトの要請と呼応して、国際連合は持続可能な開発目標（Sustainable Development Goals：SDGs）を達成するために、税が重要な役割を果たすと認めている。[(8)] そのため、多くの ESG の情報開示基準[(9)]の中で、税の透明性が重要な要素の一つと位置づけられている。[(10)] 中でも Global Reporting

---

（4）　詳しくは Pfister（2022）を参照されたい。

（5）　国税庁、租税条約等に基づく情報交換 URL：https://www.nta.go.jp/taxes/shiraberu/kokusai/eoi/index.htm（2023年 1 月30日)。

（6）　詳しくは Freedman & Vella（2016）を参照されたい。

（7）　Ibid.

（8）　GRI, Topic Standard for Tax, URL：https://www.globalreporting.org/standards/standards-development/topic-standard-for-tax/(January 30, 2023).

（9）　環境（Environment)、社会（Social)、ガバナンス（Governance）に関連する非財務情報の開示基準を意味する。

（10）　高野＝中原（2021a）では、税務情報の開示に関する指標として GRI スタンダードの GRI207：税金 開示事項、責任投資原則（Principles for Responsible Investment：PRI）の法人所得税に関する開示推奨事項、B チーム（the B team）の責任ある税への行動原則、世界経済フォーラム（World Economic Forum：WEF）の国際ビジネス評議会（International Business Council：IBC）による“Towards Common Metrics and Consistent Reporting of Sustainable Value Creation”の税に関連する指標、世界的な ESG 評価機関における税の透明性の取扱いの内容を取り上げている。

Initiative（GRI）が公表するGRIスタンダードにおいて2019年12月に税の透明性に関する事項が追加されたことは多くの企業に影響を与えている[(11)]。GRIスタンダードにより要請される税務情報の開示内容は「207-1 税務へのアプローチ」、「207-2 税務ガバナンス、管理、及びリスクマネジメント」、「207-3 税務に関連するステークホルダー・エンゲージメント及び懸念への対処」及び「207-4 国別の報告」である[(12)]。

GRIスタンダード以外に複数の基準・フレームワーク等について考察した高野＝中原（2021b）によれば、企業がステークホルダーに対して開示する税の透明性に関する内容は、「①税への姿勢・基本方針（法令遵守、税務リスクの低減、税の透明性、税務当局との関係、税務プランニングへの考え方等）、②税務ガバナンス・税務リスクの管理体制、③実績情報（実効税率、国・地域別の納税額等）、④個別事項（タックスヘイブン等に子会社が所在する理由や税務訴訟等）」（高野＝中原（2021b）、1704-1705頁）の四つに分類することができる。

Ⅱ　分析方法

本稿は、英国企業がTax Transparency Report等で開示している定性的情報の分析を行うため、Middleton & Muttonen（2020）の分析観点に準拠して、図表１のとおり、税務情報の開示を四つの項目から分析する[(13)]。分析対象企業はFTSE100を構成する100社として、年次報告書（Annual report）、税務情報の

（11）　Global Reporting Initiativeによれば、GRIスタンダードは100か国以上の10,000を超える組織で使用されている。

（12）　GRIスタンダード　税の透明性（日本語訳）、URL：https://www.globalreporting.org/how-to-use-the-gri-standards/resource-center/?g=985d0123-2c6e-47c1-a359-df0bb3d33935&id=7719（2023年１月30日）。

（13）　Middleton & Muttonen（2020）は、当該分析観点からアメリカ、イギリス、ドイツ、フランス及びフィンランドから抽出した計150社の大規模上場企業の分析を行っている（p.86）。先行研究との比較可能性の観点からMiddleton & Muttonen（2020）の分析項目を採用する。なお、本稿では分析対象を法人税法にフォーカスするため、Middleton & Muttonen（2020）の「法人税以外の税金」に関する分析は取り上げない。

開示に特化した報告書等（Tax transparency report 等）、及び企業のホームページにおける開示内容を取り上げる。FTSE を構成する100社を対象とする理由は、時価総額が大きく国際的な事業を展開している企業の動向を分析するためである。

図表1　分析項目：税の透明性の尺度

構成要素	重要性	限界
1．法人税の納付額	法人税は、税務情報の議論や立法措置において主要な焦点となっている。	法人税の数字だけでは、例えば利益や収益と比較することができなければ、読み手は情報を得ることができない。 財務諸表で開示されている。
2．税務戦略	税制上の戦略は、支払うべき法人税（及びその他の税金）に影響を与える。立法府は積極的な戦略を求め、世間はタックス・プランニングのスキームに注目する。	与えられた情報の主観性、原則と実践の比較について検討が必要である。
3．国又は地域ごとの納税額	国家間の課税競争と、ほとんどの大企業が高度に多国籍の事業展開をしていることから、税金の地理的な広がりを開示することは重要である。	法人税の数字だけでは、読み手は正確な情報を得ることができない（地域別の利益や収益と比較する必要がある）。
4．その他	CSR における税金の重要性・妥当性に関する企業の見解、企業が直面する税金関連のリスクについての洞察を提供する。	会社の業績に関する情報価値が低い可能性がある。主観的である。

（出典）Middleton & Muttonen（2020），p. 83．Table 4.1 Tax transparency scale を和訳の上、一部修正。

「法人税の納付額」は、年次報告書に財務情報として記載されている。また、国際財務報告基準（International Financial Reporting Standards：IFRS）第12号に基づいて作成された財務諸表には、実効税率の調整表が含まれている。それにも関わらずここで法人税の納付額を分析項目として取り上げるのは、Tax transparency report 等へ税額の増減の原因に関する説明を期待するためである。

「税務戦略」は、企業の税務戦略、タックスポリシー、タックスヘイブンの利用に対する姿勢などを含む。タックス・プランニングや企業の税務部門に関連する税務ガバナンス構造について言及している場合もある。

「国又は地域ごとの納税額」は、国別報告書（Country by Country Report：CbCR）に該当する情報が提供されているかどうかを確認する。当該観点からは、企業が上場している地域に加えて、その他の地域での納付税額の開示を確認する。

「その他」について、上記の三つの項目に該当しない観点を取り上げる。Middleton & Muttonen（2020）では納税の社会的重要性や政府の税制について言及しているかどうかという観点を取り入れているが、本稿ではGRI対照表の開示や上記の項目に該当しない観点をその他の項目として検討する。

Ⅲ　分析結果

一つ目の分析項目である「法人税の納付額」に関して、英国では法律や会計基準で企業が納付した税額を開示することは義務づけられていない。財務報告基準（Financial Reporting Standard：FRS）102セクション29において、現在の税金費用/収入（current tax expense/income）の金額の開示は要請しているが、これは企業が実際に納付した税額の開示を義務づけるものではない。

法律で要請されるよりも詳しい情報を開示している企業は、財務諸表上の法人税額と支払った法人税額が異なる理由を説明している。2021年度は26社がこれに関する情報開示を行っていた[(14)]。例えば、薬品会社のグラクソ・スミスクライン（GlaxoSmithKline plc.）は、「Tax strategy」という独立した税の報告書で「今年度の当社の法人税等は12億7300万ポンドであり、当社は16億5,500万ポンドの現金納税を行った。（中略）違いの主な要因は、現金納税が行われ

（14）　財務諸表上の法人税額と支払った法人税額の違いについて情報開示する企業数は、2016年度19社、2017年度24社、2018年度19社、2019年度20社、2020年度23社、2021年度26社と推移している。

るタイミングであり、（中略）もう一つの要因は税務申告書が修正され、税務当局との間で未解決の問題が解決された場合、追加的な支払いが発生する可能性があるためである。」（p. 9）と説明している。また、法定実効税率と税効果会計適用後の法人税等の負担率との差異について説明している企業が2021年度は42社あった。FRC（2016）をもとに、企業の収益性に対するコロナ禍の影響が繰延税金資産に与えた影響を公表することでステークホルダーの要求に応えている。(15)

二つ目の分析項目である「税務戦略」に関して、英国の「適格法人（Qualifying entities）」は①税務リスクの管理方法、②自社の税務リスク、③タックス・プランニングに対する考え方、及び④HMRC との協力という四つの観点から情報開示することが義務づけられている（Finance Act 2016, Schedule 19）。

法律で要請される最低限度の開示のみを行う企業は、「当社は、税務リスクを管理し、税法及び規制の遵守を確保するための内部統制を整備し、これらを定期的に監視・検証している。」、「当社の事業には税務リスクが存在するが、当社は関連する全ての税法及び規則を遵守していると考える。」、「当社のタックス・プランニングは経済活動に基づくものであり、積極的なタックス・プランニングのスキームには関与していない。」、「当社の税務戦略は、HMRC との透明性と協力関係を基礎として構築されており、HMRC と緊密に連携して税務リスクの管理とコンプライアンスの維持に努めている。」等のステレオタイプな記述に留まる。一方で、タックスポリシー（Tax principles）、移転価格税制やタックスヘイブンに対する姿勢、税務上のリスク管理に対するアプローチについて詳しく開示する企業もある。

タックスポリシーは、税制優遇措置の活用についての記述や税制を改善するための支援を原則の中に含めている点が特徴的である。例えば、石油・ガス等

(15)　財務報告審議会（Financial Reporting Council：FRC），2022/9/21 News，URL：https://www.frc.org.uk/news/september-2022/frc-review-of-companies-deferred-tax-asset-disclos (January 30, 2023).

のエネルギー関連事業を展開するBP（BP Plc.）は「Tax report」において、1．説明責任とガバナンス、2．コンプライアンス、3．事業構造、4．課税当局との関係、5．税制優遇措置の模索と適用、6．効果的な税制の支援、7．透明性という七つのOur responsible tax principlesを掲げている。「税制優遇措置の模索と適用」では「税制優遇措置は短期的には国の税収を減らす可能性があるが、（中略）投資の継続による長期的な利益に寄与する」ものとして技術投資、研究開発等の税制優遇措置を活用すると記述している。「効果的な税制の支援」では税制の発展をサポートするためにOECDなどの国際機関と協力することや事業を展開している国の税務委員会に参加していることを明記している。

移転価格税制への姿勢については、OECDの原則に準拠しているという定型文の開示から、ベンチマーク活動や移転価格の仕組みの詳細、自社のビジネスモデルとの関連性に言及する開示まで情報開示の内容に幅がある[(16)]。2021年度は48社がタックスヘイブンに対する姿勢について記述している[(17)]。

税務上のリスク管理については、リスク管理のフレームワークを示し、想定されるリスクとリスクを軽減するための措置を示している点が特徴的である。例えば、一般消費財メーカーであるユニリーバ（Unilever Plc.）は「ポリシー」、「ガバナンスと組織」、「職員」、「コンプライアンスと文書化」、「報告とリスク管理」についてリスクの例と軽減措置の例を示している。2021年度はこのようなリスク管理に関するアプローチを96社が開示している[(18)]。

また、取締役会の関与についても記載し、タックスガバナンスを機能させるための取組を明確化している企業が増加している。具体的には、2018年度51

(16) 移転価格税制に関して言及する企業数は2017年度33社、2018年度40社、2019年度46社、2020年度60社、2021年度64社と推移している。

(17) 移転価格税制に比べてタックスヘイブンに対する姿勢に言及する企業数が少ない理由はCOVID-19の流行により、タックスヘイブンに対する監視が強化されたためだと考えられる。

(18) リスク管理に関するアプローチを開示する企業数は2017年度71社、2018年度73社、2019年度85社、2020年度93社、2021年度96社と推移している。

社、2019年度58社、2020年度66社、2021年度67社が税務戦略を適切に策定し、実施するために経営層が主導的な役割を果たしていることを記している。

三つ目の分析項目である「国又は地域ごとの納税額」について、法律や会計基準で情報開示することは義務づけられていない。しかし、「国又は地域ごとの納税額」を開示する企業は2017年度31社、2018年度34社、2019年度40社、2020年度47社、2021年度50社と増加してきている。ここでの特徴は、税についてだけでなく経済的な貢献（その国・エリアでの事業）についても記述している点である。(19) シェル（Shell Plc.）などの頁数の多い Tax Transparency Report 等を発行している企業は、国ごとに詳細な事業内容や納税額を示している。今後、欧州連合（European Union：EU）の大企業は CbCR を発行することが法制化されるため、「国又は地域ごとの納税額」を開示する企業はさらに増加するだろう。

四つ目の分析項目である「その他」として特筆すべき事項は、気候関連財務情報開示タスクフォース（Task force on Climate Related Financial Disclosure：TCFD）の報告として税金に言及している企業が2021年度は38社あることである。例えば、製薬会社のアストラゼネカ（AstraZeneca Plc.）はサステナビリティリポートにおいて、バリューチェーンにおける将来の炭素価格と環境税の影響を軽減すると記述している（p. 221）。

以上の分析結果より、英国企業が開示する税務情報はタックスガバナンス、国又は地域ごとの納税額及び経済的な貢献、TCFD と税金の関連について、法律で要請されるよりも詳しい情報を開示している企業が多いことが明らかになった。

---

(19)　伊藤（2022）は、携帯電話事業会社のボーダフォン（Vodafone Group Plc.）を例にとって国・地域別の税務情報の開示内容を詳細に検討している（92-94頁）。ボーダフォンは GRI207に先行して2012年より「間接的な政府の歳入への貢献」を開示している。また、ホームページ上の FAQ でも法人税以外の形で英国政府の歳入に貢献してきたことを記述している。

Ⅳ　考察

1　社会的責任としての税務情報開示

ここでは、多くの英国企業が法律で要請される以上の情報開示を行っている理論的根拠について考察する。

Forstater（2016）によれば、Finance Act 2016が成立する以前から、FTSE 100の3分の2近くの企業が自発的に税務情報を開示していた。開示された税務情報の量は「俳句から叙事詩（Declarations range from haikus to epics)」（p. 10）と表現されるほど企業によって異なるが、企業が自発的に税務情報の開示に取り組んでいたのは、OECDの多国籍企業向けガイドラインにおいて、納税が人権、雇用、環境、贈収賄との闘いなどの問題とともに、責任ある企業行動の領域として扱われていたことも影響している（Forstater（2016), p. 10)。

法律で要請される以上に税務情報を開示することは、納税を「社会貢献を構成するCSRの一要素」と捉えるためである（Hardeck et al.（2019), p. 8; Middleton & Muttonen（2020), pp. 41-43)。納税とCSRが補完的とする説の論拠は、ステークホルダー理論より説明することができる[(20)]。ステークホルダー理論の下では、企業は株主の利益を最大化するためだけでなく、より広範な利害関係者に利益をもたらすために存在する。そのため、税金を納めることは、積極的なCSR活動としてアピールする価値のある情報と捉えられる。

税務情報の開示についてCSRの観点から考察したMiddleton & Muttonen（2020）は、次のようにCSRの観点からの納税を説明している。「企業は法律により納税の義務を負うが、実際の運用や支払税額は企業の税務戦略によって決まる。したがって、世界的な税率の違いや、政府による免税や軽減措置などを考慮すれば、企業は発生する税金を最小限に抑えるためにさまざまな戦略をとることができる。（中略）グローバル化により、多様な税務戦略の可能性が

(20)　Freeman（2010）を参照されたい。

高まっており、事業や所有者が世界的に分散している多国籍企業が最も広範囲にこれを利用することができる。税金は国家への財政移転であり、国家はその資金を使って国民にサービスを提供し、社会の機能を保証している。したがって、納税は社会福祉への貢献とみなすことができる。過度な節税を控えることは、社会への富の移転をより大きくすることになり、社会的責任ある行動と言える。このような考え方から、税はCSRの枠組みの中で、経済的責任の柱に組み込まれている」(pp. 7-8)。

2　税務情報開示に対する批判

従来は社会的、特に環境保全に関するテーマに焦点を当てていたCSRの実践に、税の透明性の開示を含めることが支持されつつある（Knuutinen (2014), p. 37)。しかし、CSRの観点からの税の透明性の開示は、すべての実務家、あるいは研究者に支持されているわけではない。Sikka（2010）は、税務情報の開示が租税回避の防止を果たす効果はないとしている。非財務報告の開示に関する統一基準がないため、CSRの中で納税に直接言及している企業はほとんどないし、企業の決定と行動の間にかなりのギャップがあり、組織的な偽善に過ぎないことを指摘している（Sikka (2010), p. 37)。この見解は、Lanis & Richardson（2013）や Ylönen & Laine（2015）の研究でも主張されている。これらの研究では、税の透明性の開示は必ずしもCSRパフォーマンスの向上と関連するものではなく、むしろその租税回避戦略に注目が集まるのを避けるために利用されている可能性があると主張している。企業のCSR開示では、アグレッシブなタックス・プランニング等への注目を避けるために、税務マネジメントや税務リスクに関する問題を意図的に避け、イメージの良い側面のみに焦点を当てるケースがある（Ylönen & Laine (2015), p. 15)。

3　「税の透明性」のガイドライン

上記の批判は、データの欠如が透明性を低下させ、情報の非対称性を招くためになされるものである。これに対処するように、2014年には非財務報告指令

(Non-Financial Reporting Directive：NFRD 2014/95/EU）が導入され、大企業に対して非財務報告の内容、構造、形式、公開に関する一連の具体的要件が規定された。2018年には、Bチーム（the B team）[(21)]が、「税務マネジメントのアプローチ」、「課税当局との関係性」、「ステークホルダーへの報告」という観点から七つの税の原則を公表した。さらに、2019年にGlobal Reporting Initiative（GRI）が公表するGRIスタンダードにおいて税の透明性に関する事項が追加された（GRI207：Tax）。

税の透明性の開示内容にガイドラインが示されてから、多くの研究で税の透明性が租税回避行動を防止していることを検証している。Lanis & Richardson（2018）では、CSRとコーポレートガバナンスの組み合わせが租税回避性の緩和要因になると述べている。また、Stiglingh, Smit, & Smit（2020）では、税の透明性が高い企業は実効税率（effective tax rates）や現金実効税率（cash effective rates）も高いことが示された。CSRの観点から税の透明性をアピールすることで資本調達コストを下げることも、企業が税務情報の開示に積極的に取り組むインセンティブとなる（Müller, Spengel, & Vay（2020）, p. 21）。

V　むすび

本稿では、FTSE100の企業が開示する税務情報の分析を通して、英国企業が開示する税務情報の特質を考察した。その結果、英国企業が開示する税務情報はタックスガバナンス、国又は地域ごとの納税額及び経済的な貢献、TCFDと税金の関連について、法律で要請されるよりも詳しい情報を開示している企業が多いことが明らかになった。これらの項目について詳しい情報を開示している企業は、ステークホルダー理論の下、納税を「社会貢献を構成するCSRの一要素」と捉えている。ステークホルダー理論は、企業は株主、従業員、取

---

(21)　Bチームは様々な分野の企業リーダーがメンバーとなって運営されている非営利団体である。Bチームに加盟している企業、市民、投資家、国際機関などとの対話をもとに“A New Bar for Responsible Tax-The B Team Responsible Tax Principles”を策定し、持続可能な社会をつくる上で重要な役割を果たす税の原則を発表した。

引先、政府、社会など様々なステークホルダーに対して責任を負うという考え方である。ステークホルダー理論に立脚すれば、企業は株主の利益を最大化するためだけでなく、より広範な利害関係者に利益をもたらすために存在する。つまり、社会に利益をもたらす政府を支持して税金を納めることは、積極的なCSR 活動となる。

本稿は、先行研究で英国において税の透明性が高い理由を法制度が整備され税務情報の開示が義務化されているとしていたことに対して、CSR の一要素として税務情報を開示しているという新たな知見を付与することができる。

今後の課題として、税務情報として開示している内容が租税回避行為の抑制になるか、CSR として有効な開示内容であるかを検証する必要である。また、企業が行っているタックスガバナンスの効果、税務情報として開示する内容の決定プロセスについて、インタビュー調査を通して明らかにしたい。

[参考文献]

- De la Cuesta-González, M. & Pardo, E. (2019) "Corporate tax disclosure on a CSR basis: a new reporting framework in the post-BEPS era," *Accounting, Auditing & Accountability Journal,* Vol. 32 No. 7, pp. 2167-2192.
- Forstater, M. (2016) "Publishing corporate tax strategies," *Tax Journal*, Vol. 5, pp. 10-12.
- FRC (2016) "Corporate Reporting Thematic Review: Tax Disclosures," URL: https://www.frc.org.uk/getattachment/d15d079f-bbd1-46ba-979c-cbc776f8042b/Corporate-Reporting-Thematic-Review-Tax-Disclosures-Oct-2016.pdf (January 30, 2023).
- Freedman, J., & Vella, J. (2016) "Section 161 and Schedule 19: large businesses: tax strategies and sanctions for persistently unco-operative behaviour: further commentary," *British Tax Review*, Vol. 5, pp. 653-663.
- Freeman, R. E. (2010) *Strategic Management: A Stakeholder Approach.* Cambridge University Press.
- Hardeck, I., Inger, K. K., Moore, R. D., & Schneider, J. (2019) "Cross-Cultural Evidence on Tax Disclosures in CSR Reports-A Textual Analysis Approach," *In Proceedings. Annual Conference on Taxation and Minutes of the*

Annual Meeting of the National Tax Association, No. 112, pp. 1-57.

・ Knuutinen, R. (2014) "Corporate social responsibility, taxation and aggressive tax planning," *Nordic Tax Journal*, No. 1, pp. 36-75.

・ Lanis, R. & Richardson, G. (2013) "Corporate social responsibility and tax aggressiveness: a test of legitimacy theory," *Accounting, Auditing & Accountability Journal*, Vol. 26 No. 1, pp. 75-100.

・ Middleton, A. & Muttonen, J. (2020) *Multinational enterprises and transparent Tax reporting.* Routledge.

・ Müller, R., Spengel, C., & Vay, H. (2020) "On the determinants and effects of corporate tax transparency: Review of an emerging literature," *Available at SSRN 3853895.*

・ Pfister, R. A. (2022) "Rethinking the international tax transparency framework," *Trusts & Trustees*, Vol. 28 No. 6, pp. 471-481.

・ PwC (2017) *Tax Transparency—A new era?* URL: https://www.pwc.co.uk/tax/assets/pdf/tax-transparency-new-era-trends-voluntary-reporting.pdf (January 30, 2023).

・ PwC (2020) *Tax transparency: A shift in focus—tax as a sustainability issue,* URL: https://www.pwc.co.uk/tax/assets/pdf/tax-transparency-review-2019-year-ends.pdf (January 30, 2023).

・ PwC (2021) *Tax transparency: A new reporting landscape,* URL: https://www.pwc.co.uk/tax/assets/pdf/tax-transparency-2021.pdf (January 30, 2023).

・ PwC (2022) *Tax transparency in an ESG era*, URL: https://thesuite.pwc.com/insights/tax-transparency-in-an-esg-era (January 30, 2023).

・ Sikka, P. (2010) "September. Smoke and mirrors: Corporate social responsibility and tax avoidance," *Accounting forum,* Vol. 34 No. 3/4, pp. 153-168.

・ Stiglingh, M., Smit, A. R. & Smit, A. (2022) "The relationship between tax transparency and tax avoidance," *South African Journal of Accounting Research*, Vol. 36 No. 1, pp. 1-21.

・ Ylönen, M. & Laine, M. (2015) "For logistical reasons only? A case study of tax planning and corporate social responsibility reporting," *Critical Perspectives on Accounting*, Vol. 33, pp. 5-23.

・ 伊藤公哉（2022）「持続可能性のための多国籍企業の税務情報開示のあり方：税務コーポレートガバナンスの取組みの次段階としての税の透明性の検討」『成蹊大

学経済経営論集』第53巻第２号、79-100頁。

・　高野公人＝中原拓也（2021a)「ESG 経営における税務情報開示の課題：サステナビリティと税（１)」『企業会計』第73巻第11号、1564-1571頁。

・　高野公人＝中原拓也（2021b)「ESG を踏まえた適切な税務情報開示に向けた取組み：サステナビリティと税（２)」『企業会計』第73巻第12号、1701-1708頁。

・　増井良啓（2017)「『グローバルな税の透明性』と信託」能見善久＝樋口範雄＝神田秀樹編『信託法制の新時代－信託の現代的展開と将来展望』弘文堂、363-378頁。

(付記）本研究は JSPS 科研費 JP21K01796の助成を受けた研究成果の一部である。

（原稿提出：2023年１月31日）

（掲載決定：2023年５月29日）

自由論題報告

韓国におけるグローバル最低限税制度に関する一考察

周南公立大学
林　徳順

はじめに

デジタル経済[1]の発展により、多国籍企業のタックスヘイブンを利用した租税回避が問題化[2]され、2012年6月から、経済協力開発機構（Organisation for Economic Cooperation and Development、以下「OECD」という）租税委員会本会合において、税源浸食と利益移転（Base Erosion and Profit Shifting、以下「BEPS」という）プロジェクトが開始された。2015年10月、BEPS最終報告書が公表され、2016年6月にはBEPSに関するOECD/G20包摂的枠組み（OECD/G20　Inclusive Framework on BEPS、以下「IF」という）が設置され、2020年10月に「デジタル化に起因する税制上の挑戦－第1柱の青写真に関する報告書（Tax Challenges Arising from Digitalisation－Report on Pillar One Blueprint、以下「第1柱」という）」及び「デジタル化に起因する税制上

（1）　本稿でのデジタル経済とは、情報通信技術の発展に基づくインターネットを介したモノやサービスの授受及びビックデータなどの技術に基づく経済活動をいう。

（2）　デジタル経済の下、GAFA（Google、Apple、Facebook、Amazon）などのIT企業は、市場国において恒久的施設を有しない場合でも容易にサービスなどを顧客に提供することができる。このことは、恒久的施設の有無を根拠に国内源泉所得の有無を判定する外国企業等への課税方法の下では、市場国の課税が困難になる。また、これらのIT企業の収益は、無形資産に頼る場合が多く、企業が当該無形資産を意図的にタックスヘイブンにある子会社などに移転した場合、当該無形資産による所得に係る納付税額を意図的に減額又は回避することが可能になり、伝統企業とIT企業との税負担や競争環境の不平等を招くことになった。蜂屋（2019）、5頁。

の挑戦－第２柱の青写真に関する報告書（Tax Challenges Arising from Digitalisation－Report on Pillar Two Blueprint、以下「第２柱」という）」がOECD 事務局により公表された。2021年12月、IF は第２柱のモデル規定を公表し、2022年３月にはそのコメンタリーを公表した。

第１柱では、「新たな課税権の創設」が提案され、第２柱では「最低法人税率の導入」が提案された。第１柱は、デジタル経済の下、恒久的施設（PE）を有しない市場国などに課税権の一部を付与することが趣旨である。第２柱は、国家間の法人税率引下げ競争の歯止めをかけることが趣旨であり、世界共通の「最低法人税率」を導入することである（菊谷（2022）、１-22頁）。

これを受け、韓国では2022年６月に公聴会を開催した。同年７月には企画財政部が公表した「2022年税制改編案詳細本（2022년 세제개편안 상세본）」にて、施行予定の「グローバル最低限税制度導入」に関する内容が公表された。具体的には、「国際租税調整に関する法律（국제조세조정에 관한 법률）」の一部（第60条～第84条）として当該制度を新たに導入し、その内容は①通則、②実効税率及び追加税額の計算、③追加税額の課税、④特例、⑤申告及び納付に区分され、2024年１月１日より施行される予定である（韓国企画財政部（2022）、113-124頁）。この取組みは、日本におけるグローバル最低限税制度導入に示唆を与えることができる。

本稿では、韓国での「グローバル最低限税制度導入」に関する内容を対象に、その概要と課題を明らかにしたい。

Ⅰ　韓国グローバル最低限税制度の概要及び通則

１　制度の概要

韓国グローバル最低限税制の下、2024年１月１日から、直近四つの事業年度のうち、二つ事業年度以上において、連結財務諸表上の売上高が7.5億ユーロ以上である多国籍企業グループが、国別に計算された実効税率が15%（最低限税率）以下である国で税額を納付した場合には、当該納付税額と15%を税率とした場合の税額との差額を、他の国が追加課税できるようになる。

上記制度は、①通則、②実効税率及び追加税額の計算、③追加税額の課税、④特例、⑤申告及び納付から構成されているが、紙幅の関係上、①、②及び③の一部について取り上げる。

2　通則

(1)　本税制における主な用語の定義

①多国籍企業グループ（다국적기업그룹）とは、複数の国家で企業又は固定事業場を有するグループをいい、②構成企業（구성기업）とは、多国籍企業グループに所属されている企業をいい、法人・組合・信託なども該当する。③最終親企業（최종모기업）とは、他の企業に対する支配持分を最終的に所有している企業をいい、④所有持分（소유지분）とは、企業の利益・資本金・準備金に対する権利を伴う出資持分をいう（韓国企画財政部（2022）、115頁）。

(2)　連結売上高基準、除外企業、納税義務者及び構成企業の所在地・納税地に関する取扱い

直前四つの事業年度のうち二つ以上の事業年度における連結売上高が7.5億ユーロ以上である多国籍企業グループの構成企業は納税義務を負う。ただし、①政府機関、国際機構、非営利機構、年金ファンド、②最終親企業である投資ファンド及び不動産投資機構、③前記①・②で掲げた機関が直接または間接的に所有している企業は除く（韓国企画財政部（2022）、114頁）。

韓国グローバル最低限税の納税義務者は、韓国の国内構成企業である。納税義務者は、所得算入規則（소득산입규칙）及び所得算入補完規則（소득산입보완규칙）に基づき計算された追加税額の配分額を法人税として納付しなければならない（韓国企画財政部（2022）、114頁）。

納税義務者の所在地の判定は、税法上の居住者である認定された国家又は設立地国が行う。ただし、①導管企業[3]の場合、所在する国家がないこととみなすか又は設立地国に所在するとみなされる。②固定事業場の判定は、租税条約等

（3）　導管企業とは、企業の所在地国において当該企業の損益が出資者の持分比率に従って直ちに出資者に帰属するものとみなされる企業をいう。

を考慮し、その所在地を決定する。納税義務者の納税地は、法人税法上の納税地を準用することになる（韓国企画財政部（2022)、114頁)。

Ⅱ　実効税率及び追加税額の計算に関する取扱い

⑴　所得金額・欠損金額の計算

①所得金額・欠損金額は、事業年度の会計上の純利益・純損失に加算される純租税費用[4]、減算される配当所得等の調整項目を加味して計算され、②国際海運所得及び適格国際海運附属所得（裸用船賃貸、コンテイナー賃貸・保管等国際旅客・貨物運送と関連する活動を通じて計上された当期純利益）は、グローバル最低限税制における所得・欠損から除外される（韓国企画財政部（2022)、115頁）

⑵　構成企業の会計上の純損益

「構成企業の会計上の純損益」とは、企業会計基準[5]に基づき算定された会計上の純損益であり、内部取引消去等の連結調整前の金額をいう。ここでいう会計基準とは、最終親企業の連結財務諸表の作成時に使用される企業会計基準をいう。最終親企業の企業会計基準を適用することが困難な場合には、一定の要件の下に最終親企業が適用したものと異なる会計基準（国際会計基準等）を適用することが可能である（韓国企画財政部（2022)、115頁)。

⑶　固定事業場及び導管企業の会計上純損益の配分に関する取扱い

固定事業場である構成企業の会計上の純損益は本社のグローバル最低限税制における所得金額・欠損金額に包含されない。また、導管企業の会計上の純損益は、事業が遂行される固定事業場又は株主としての構成企業（他の構成企業の所有持分を直接または間接的に保有する構成企業）に配分される（韓国企画財政部（2022)、116頁)。

（４）　純租税費用の対象は、会計上の税引き前利益に対する法人税等であり、消費税などではない。

（５）　韓国においては、営利企業に適用される会計基準として、韓国採択国際会計基準（K－IFRS)、一般企業会計基準、中小企業会計基準の３種類がある。

⑷　調整対象となる租税額の計算方法

構成企業の調整対象となる租税額は、当期の法人税費用として計上される対象租税（所得又は利益に対する財務諸表に計上した税金、一般的に適用される法人税の代わりに賦課される税金等）に繰延法人税調整総額等の調整事項を反映して計算される。繰延法人税調整総額は、一時差異・前期欠損金[(6)]関連の繰延法人税費用に調整事項を反映して計算する（韓国企画財政部（2022)、116頁)。

⑸　申告後の調整

更正などにより、過年度の対象租税の納付税額が変更される場合、①当期事業年度の実効税率を計算するとき、対象となる租税額に合算して納付税額の増加を反映し、②過年度の関連税額から納税税額の減少分を減算して実効税率を再計算する。この場合、実効税率の再計算結果は、税額が増加される時には、当期追加税額加算税として処理する（韓国企画財政部（2022)、117頁)。

⑹　実効税率の計算

国別に、構成企業の調整対象租税合計額を純グローバル最低限税制対象の所得合計金額で割り算して実効税率を計算する[(7)]。同じ国に所在する構成企業間のグローバル最低限税制対象の所得金額・欠損金額を合算しなければならない(韓国企画財政部（2022)、117頁)。

(実効税率＝(調整対象となる合計税額)÷(純グローバル最低限税の所得金額))

構成企業のうち、ファンドなど投資企業の「調整対象租税」及び「グローバル最低限税所得・欠損」は実効税率計算から除外する。投資企業である構成企業の実効税率は同一国家内の他の構成企業と合算せず、個別に計算される（韓国企画財政部（2022)、117頁)。

---

(6)　韓国では、欠損金の繰越控除が15年間可能である。

(7)　特定産業育成を目的に、一部の事業を遂行する企業に税制優遇（例えば、法人税等の免除）を導入している国がある。この場合、当該国で、特定産業に係る事業を遂行する企業の利益に対する法人税等はゼロとされ、それ以外の企業の法人税等は通常の税率（例えば20%）が適用される。

⑺　国別及び構成企業別の追加税額の計算方法

i　国別の追加税額＝(最低限税率－対象となる国の実効税率)×(純グローバル最低限税所得金額－控除額[8])＋当期追加税額加算額－適格所在地国追加税額[9]

ii　構成企業の追加税額＝対象となる国家の追加税額×(関連構成企業のグローバル最低限税所得金額÷対象となる国家に所在する構成企業のグローバル最低限税所得の合計額（グローバル最低限税欠損金額は除く))

Ⅲ　追加税額の計算

⑴　所得算入規則の適用

最終親企業が低率で課税される構成企業の追加税額配分額を優先的に納付し、最終親企業に賦課できない場合、最終親企業の下位におかれた中間親企業が納付しなければならない（韓国企画財政部（2022)、119頁)。

⑵　部分所有中間親企業に対する所得算入規則の適用

部分所有中間親企業（非支配株主が企業の所有持分を直接または間接に20％以上を保有している中間親企業）が低税率で課税された構成企業の所有持分を保有している場合、当該部分所有中間親会社は追加税額の配分額を納付しなければならない（韓国企画財政部（2022)、119頁)。

⑶　低率課税構成企業の追加税額のうち、親企業が負担すべき追加税額配分額の計算

追加税額配分額＝構成企業の追加税額×親企業の所得算入比率

計算式における親会社の所得算入比率は、「１－(親企業以外の他の所有者が

(８)　原文では、「実質基盤除外所得（실질기반제외소득)」と名付けている。その意味は、「対象国内の構成企業の人件費及び有形資産の純帳簿価額の一定比率（５％)」である。本稿では、用語の意味に基づき、筆者が修正している。

(９)　実効税率15％以下である場合、所在地国に納付する「その国の実効税率に基づく税額と15％税率に基づく税額との差額」をいう。この規定は、他の国家が課税できる追加税額を、所在地国が優先的に徴収し、課税権の移転を防止する効果がある。

保有する所有持分に帰属される低税率課税構成のグローバル最低限税所得÷低税率課税構成企業のグローバル最低限税所得)」によって計算される（韓国企画財政部（2022)、119頁)。

Ⅳ　考察

実効税率計算方法及び追加納付税額を軽課税国にある子会社のGlobe所得に基づき配分することに起因した「一部中間親会社の過剰な税額負担」問題が惹起される恐れがある。

例えば、最終親会社が中間親会社㋑の60%持分を所有し、同時に中間親会社㋺の55%持分を所有し、この3社が韓国の法人であるとする。X国には、中間親会社㋑の100%出資の子会社A及び中間親会社㋺の100%出資の子会社Bがあり、当該国は特定産業育成などを目的とした租税優遇制度を実施していると仮定する[(10)]。

X国で、子会社Aは特定産業関連の事業を行っているため、Globe利益400に対し、法人税が免除される。それ以外の事業を行っている子会社Bの利益600に対する法人税率は20%であり、納付税額は120とする。この場合、国ごとに実効税率を次のとおり計算した結果、実効税率は12%になり、X国は軽課税国と判定される。実行税率12%＝〔子会社Aの納付税額（ゼロ)＋子会社Bの納付税額（120)〕÷〔子会社Aの利益（400)＋子会社Bの利益（600)〕となる。

X国での実効税率は12%であり、15%以下であるため、韓国にある中間親会社㋑及び中間親会社㋺は、各自の子会社のGlobe利益の3%に相当する税額を韓国の課税当局に追加納付することになる。この場合、中間親会社㋑及び中間親会社㋺のそれぞれに対する持分所有率が80%以下である最終親会社は、

---

(10)　韓国公認会計士会2022年7月4日に開催された[第16回租税実務セミナー]グローバル最低限税の実務上の争点及び対応策に関する討論におけるパク　インデ氏（한국공인회계사회 [제16회 조세실무 세미나] 글로벌 최저한세의 실무상 쟁점과 대응방안|박 인대）の発言を基に加筆修正して入る。

追加納税の義務を負わない。

すなわち、中間親会社㋺は、すでに軽課税国で20%の税率で税額を納付しているため、韓国での追加納税額は、中間親会社㋑のみ納付することが妥当であると思われる。理由は、中間親会社㋺の非支配株主の利益を損なえることにな

図　企業の出資関係及び子会社Aと子会社BのGlobe利益と納付税額

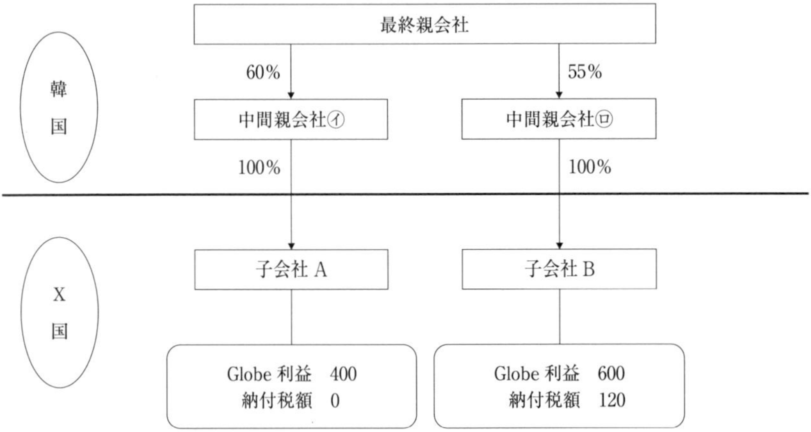

表　中間親会社㋑及び中間親会社㋺に係る追加納付税額の例

区　分	中間親会社㋑	中間親会社㋺	合計
子会社の Globe 利益（A）	400	600	1,000
X国で子会社の実際納付税額	0	120	120
合計所得(1,000)における子会社の所得の比率	40%	60%	100%
追加納付税額	12	18	30
納付税額の合計（B）	12	138	150
実効税率（B/A）	3%	23%	15%
改善案（追加税額を中間親会社㋑のみ負担）	30	0	30
改善後の納付税額の合計（C）	30（0＋30）	120（120＋0）	150
改善後の実効税率（C/A）	7.5%	20%	15%

https://www.youtube.com/watch?v=N5GVXVRSWKw&list=PLaw9wpHYizTE2nQb8GjKXzQe4_twZ20Y5&index=5（2023年6月18日アクセス）。

り、軽課税されていない中間親会社は過剰に税負担を負うことになる。

同様な問題は、日本の場合にも起きる恐れがある。軽課税国での実効税率は国単位に計算され、中間親会社㋑と中間親会社㋺の場合を想定した関連規定が導入していないため、上記の問題が生じる可能性が大きい。そのため、実質的に軽課税されている中間親会社㋑のみ、追加税額を納付するように、適切な措置を導入する必要があろう。

Ⅴ　おわりに

OECDで公表した第2柱であるグローバル最低限税制度は、共同アプローチ（Common Approach）方式で導入するものである。同制度を各国で導入することは義務化されていないが、同制度を導入しない場合、又は導入した制度がOECDの提示したモデル規則と一致しない場合は、当該制度は存在していないとみなされ、他の国が代わりにグローバル最低限税制度に基づく課税権を行使することになる。

2019年の国別報告書の提出企業の情報に基づく場合、約245社の韓国企業が最終親企業基準を満たし、グローバル最低限税制度の対象になる見込みである（韓国企画経済部報道参考資料（2021）、4頁）。

グローバル最低限税制は、細部まですべて明確化されているとは言えず、上述のとおり、国別実効税率が軽課税国と判定された後、追加納付税額の配分が機械的に按分計算される場合、一部の中間親会社等は税額過剰納付の問題が生じる可能性がある。このことは、日本でも可能な限り、回避可能な制度的措置の導入が望ましい。

[参考文献]

・　韓国企画財政部（2022）『2022年税制改編案　詳細版』113頁-124頁、2022년 세제개편안 발표|보도・참고자료|기획재정부（moef.go.kr）

・　韓国企画財政部（2022）「2022税法改編案Q＆A」2022년 세제개편안 발표|보도・참고자료|기획재정부（moef.go.kr）（2022年9月30日アクセス）。

・　韓国企画経済部報道参考資料（2021）「デジタルピラ２モデル規定公開」、https://www.korea.kr/news/pressReleaseView.do?newsId=156487444（2022年９月30日アクセス）。

・　韓国公認会計士会2022年７月４日に開催された[第16回租税実務セミナー]グローバル最低限税の実務上の争点及び対応策に関する討論（한국공인회계사회 [제16회 조세실무 세미나] 글로벌 최저한세의 실무상 쟁점과 대응방안)、https://www.youtube.com/watch?v=N5GVXVRSWKw&list=PLaw9wpHYizTE2nQb8GjKXzQe4_twZ20Y5&index=5（2023年６月18日アクセス）。

・　菊谷正人（2022）「最低法人税率の全世界的導入－BEPSに関するOECD/G20包摂的枠組の成果－」『イノベーション・マネジメント』第19巻、１頁-22頁、https://doi.org/10.24677/riim.19.0_1（2022年10月１日アクセス）。

・　蜂屋勝弘（2019）「デジタル課税が税収・企業負担に及ぼす影響と導入に向けた課題」『JRIレビュー』第11巻第72号、５頁、https://www.jri.co.jp/MediaLibrary/file/report/jrireview/pdf/11425.pdf（2023年３月30日アクセス）。

（原稿提出：2023年１月31日）

（掲載決定：2023年６月25日）

自由論題報告

非営利法人の課税所得の選択基準について

九州情報大学
春 日 克 則

はじめに

わが国の非営利法人課税は、「原則課税＋例外としての収益事業のみの課税」が行われている。しかし、例外とされる非営利法人の収益事業課税において採用されている個別列挙方式には、様々な問題点が指摘されているが（春日(2018)、86-87頁)、とりわけ、当該方式が「外延的定義」(1)に該当することから、収益事業課税の範囲が不明確となり肝心の該当例がどのような事業なのかの理解を困難にさせている。さらに、代替案として提言された税制調査会の答申と収益事業課税を巡る判例の考察から、両者は収益事業を対価概念(2)に置き換えた解決策を提言・実践している（春日（2022)、207-210頁)。しかし、当該概念が非営利法人とその役務提供先である資源受領者との関係において理解されていることから、非営利法人に寄附金あるいは出捐金等として提供された資

（1） 碧海純一教授によると、このような外延的定義は「『列挙』による定義であり、集合の元を網羅的に枚挙することによって集合を定義するものである（引用者中略)『閣僚』を定義するのに、『閣僚とは内閣総理大臣、外務大臣、大蔵大臣・・・である』というような定義が外延的定義であるが、これは『法』の定義のばあい、明らかに不適切な方法である。」(碧海（1973)、63-64頁）と批判されるところである。

（2） 租税特別措置法関係通達（法人税編）61の4（1）－8「情報提供料等と交際費等との区分」の規定を参考にし、対価を次の3要素から構成されているものと考える。すなわち、（1）契約等による拘束性、（2）役務等の提供と代金授受との関連性、（3）当該役務と当該代金が同等の経済的価値を持つという同等性である（春日（2022)、207-208頁)。

金とその資金を利用した資源提供との関係が分断され、その結果、原則課税の考え方と収益事業課税の考え方に整合性を保つことができず、非営利法人課税において無視できない問題が存している。そこで、本稿は、まず、収益事業課税においてとられている個別列挙方式に代わる新たな課税所得の選択基準について考察するものである。そのために、非営利法人の根本に立ち返った理論的な検討を行う必要がある。しかし、このような検討は、収益事業課税に留まらず非営利法人の課税制度そのものの変革にまで射程が及ぶことになる。すなわち、現行の「原則課税＋例外としての収益事業のみの課税」方式から、非営利法人の本質的な特徴に根ざした課税を行うための「損益取引から生じた余剰への課税」方式への転換、別言すれば、法人税法が予定する非営利法人への原則課税を前提として、非営利法人における余剰（課税所得）計算について論ずるものである。

課税所得を「余剰」と理解するならば、損益取引を明確にする必要がある。損益取引は、資本取引以外の取引であることから、非営利法人の本質に根ざした資本概念とはどのようなものであるのかが問題となる。そこで、本稿では、FASB（Financial Accounting Standards Board）のSFAC第4号（FASB (1980)）に示された非営利法人（非営利組織体）(3)の組織的な特徴を手掛かりとして検討を行う。SFAC第4号は、非営利法人の特徴として持分権者の不在をあげているが、わが国には持分権者が存在する法人（協同組合等）もある。そこで、持分権者不在の法人の捉え方も踏まえつつ、持分権者が存在する法人、特に会計基準が詳細に定められている独立行政法人会計基準を参考として、非営利法人の資本概念を検討するための足掛かりを得ることを目的とする。

（3） SFAC第4号の表題は、“*Objectives of Financial Reporting by Nonbusiness Organizations*”である。その用語法は非営利組織体を意味しているが、本稿では税務に関する問題を検討しているため以下、非営利法人と表記する。

Ⅰ　非営利法人の組織的な特徴から導出される非営利法人課税の課題

前述のように、現行の個別列挙方式は、場当たり的であり、非営利法人の本質的な特徴に根ざしたものとなっていないことから、本稿では非営利法人の根本に立ち返った理論的な検討を行うが、その際に最も参考になるのがSFAC第4号であると考える。なぜならば、非営利法人と営利法人との共通性や非営利法人における公益活動と収益獲得活動との混在について、SFAC第4号は詳細な検討を加えているからである。これらの点は非営利法人課税を考えるうえで避けては通れない論点である。本稿は、わが国の非営利法人課税を対象とするものではあるが、非営利法人の本質を踏まえて、包括的に検討されている文献と考えられるSFAC第4号を手がかりとして、検討することにしたい。FASBのSFAC第4号では、非営利法人の組織的な特徴について、a. 経済的な見返りを期待しない資源提供者からの相当額の資源を受領すること、b. 利益を得て財貨やサービスを提供すること以外に活動目的があること、c. 売却や譲渡等が可能な所有主請求権及び残余財産請求権が存在しないこと（par. 6)、の三点をあげている。

このうちのa. とb. の特徴から、非営利法人は反対給付なしに資金を受領する活動（a.）と、利益を得て行う活動以外の活動、すなわち、非営利法人の役務提供先である資源の受益者に対して無償ないしは低廉な価格（以下、「無償」という。）で財やサービスを提供する活動（b.）、との関係性について検討する必要性が生じるのである（非営利法人課税の第1の課題)。さらに、b. の特徴から、非営利法人は無償による財やサービスの提供と、利益を得て行う活動を同時に行い得ることになる。そのため、非営利法人が無償で受領した資金に着目すると、それが①回収を目的とせずに財やサービスの提供により消費される活動と、②回収・再投下を目的とした営利活動の双方に供されていることを意味している。それゆえ、非営利法人の資金の循環過程について検討する必要があることになる（非営利法人課税の第2の課題)。

また、SFAC 第 4 号は、非営利法人の特徴の一つとして所有主請求権及び残余財産請求権が存在しない（c.）旨を指摘していることから、非営利法人は持分（資本）を有しないことになる。しかしながら、非営利法人の所得に課税するためには資本の概念は必須である。そのため、非営利法人が利益（所得）計算を行う際の会計主体（論）及びそこから導出される資本概念についても検討しなければならないのである（非営利法人課税の第 3 の課題）。

このように、検討すべき課題は三つあるが、最終的には第 3 の課題（資本概念）に帰着する。この第 3 の課題については、第 1 及び第 2 の課題を解決してはじめて解決できるため、本稿では第 1 及び第 2 の課題に焦点を絞って検討を行うことで、第 3 の課題を考察するための足掛かりを得ることを目的とする。

1　無償により受領した資金とその利用との関係性（第 1 の課題）

わが国の非営利法人分野には、統一的な会計基準が設定されていないため、典型例としてプライベートセクターから公益法人会計基準、パブリックセクターから独立行政法人会計基準（以下、「独法基準」という。）をとり上げ、国庫補助金を例に取り、共通する特徴を抽出したい。

公益法人会計基準では、「寄付（補助金も含まれる－引用者）によって受入れた資産で、その額が指定正味財産に計上されるものについては、基本財産又は特定資産の区分に記載する」（注解、注 4 、 2 ）とし、貸方の指定正味財産と借方の基本財産、特定資産との結合・連携が図られている。さらに、補助金については永久に拘束されるものを除いて、使途が解除された場合には処分可能な一般正味財産となる（注解、注13）が、少なくともそれまでは貸方の正味財産と借方の基本財産、特定資産との結合・連携を図ることによって、無償により受領した資金とその利用との関係性について明示しているのである。

他方、独法基準では、国庫補助金のみならず拠出された資金については拠出者の意図と取得された資産との結びつきから、無償により受領した資金とその利用との関係性について規定している（注解、注11）。さらに、同基準では当該法人の意図によって、拠出された資金が会計上の財産的基礎（資本剰余金）

を構成するか否かの判断がなされるところに大きな特徴がある（注解、注12）。

以上、無償により受領した資金とその利用との関係性（第１の課題）の視点から、国庫補助金を例にとり考察した。その結果、非営利法人の会計基準においては、外的要因による資源の拘束性の違いを純資産の表示に反映させる方式が採用されていた。この非営利法人の会計基準に共通する特徴は、「純資産の区分表示に利用する使途制約の要因は、資源提供者から指定される場合や法規制に基づき資源保全が求められる場合を含めた、組織の意思を越えた外的要因に基づく制約が存在するか否かにより純資産が区分表示されることが情報利用者のニーズに沿うものである」（日本公認会計士協会（2016）1.9項）と考えられるからである。もとより、法人税法上の非営利法人課税において必要とされる要件と、受託責任を含む非営利法人会計の「情報利用者のニーズ」との一致を期待できるものではないが、法規制によって資源の保全が求められている金額を課税対象とすることは、法律間の矛盾・対立を生むことになるため避けなければならない。同様に、「資源提供者から（の）指定」についてもその内容を検討することにより、「法規制」に準じたものとして課税対象から除外され得るものと考えられるのである。

それゆえ、わが国における非営利法人の組織的な特徴に即した課税を行うためには、無償により受領した資金とその利用とを結びつけて（別言すれば、資源の拘束性に着目して）、課税対象を選択しなければならないと結論づけることができるのである。

2　非営利法人における資金の循環過程（第２の課題）

わが国の非営利法人は、様々な目的により活動を行っているが、例えば「公共的な性格を有し、利益の獲得を目的とせず、独立採算制を前提としないなどの特殊性」（会計検査院（2012）第４、１（２））を有する独立行政法人においても、自己収入の獲得が目指されている。ここで自己収入とは、「運営費交付金及び国又は地方公共団体からの補助金等に基づく収益以外の収益」（独法基準注解、注43、１）をいうのである。そこで、独立行政法人のみならず、補助金等に依存せずに収入によって支出が賄える自己収入活動と、無償による給付活動を同時に営む非営利法人においては、原価の回収を目的として投下・再投下を行うことにより事業を継続する収支の因果的な循環運動と、補助金や寄附金などから得られた資源を回収を目的としない消費活動のみに使用する非因果的な片道運動との区分が重要となる(4)。なぜならば、このような非営利法人が持つ特徴的な資金の循環過程は、課税対象を識別するための有用な手段となり得るからである。すなわち、前者（収支の因果的な循環運動－以下、「循環運動」という。）については、自己収入という「循環運動」から生じる余剰分を課税対象とすることにより、組織の再生産を阻害することなく税収を確保することが可能となるからである。また、後者（収支の非因果的な片道運動－以下、「片道運動」という。）は、無償による給付活動に要する支出を資金提供者から得た収入によって賄うものであり、この収入に課税することは法人の主たる活動である公益活動のみならず、法人の存続それ自体を危うくするため、課税対象から除外され得ると考えられるからである。これは学校法人であろうが、公益法人であろうが、あるいは独立行政法人であろうが、変わるところはない。

以上のように、非営利法人課税の第２の課題については、非営利法人が自己収入活動と無償による給付活動とを同時に行っている場合、その活動に伴う資金の循環過程の差異に着目する必要があるとの結論に達したのである。同時に、上記１（第１の課題）で検討したように、調達した資金はその利用と結びつけて理解されなければならないことから、第１の課題と第２の課題を結合させたマトリクスが図表１である。

（4）「収支の因果的な循環運動」と「非因果的な片道運動」については、醍醐（(1981)、３頁）を参照している。なお、小西（(2017)、12頁）は、醍醐の「循環運動」と「片道運動」をキャッシュ変換サイクルの視点から説明している。すなわち、「タイプＡの非営利組織は、主に、投下資本によって市場から獲得される自己収入で原価を回収し、さらに事業に再投下するという因果関連的な循環運動が行われるキャッシュ変換サイクルを有し、タイプＢの非営利組織は、主に、国からの財源措置等を収入として、この範囲内で支出を行う非因果的な片道運動が行われるキャッシュ変換サイクルを有する。」としている。このタイプＡとＢの区分は、アンソニー報告書でいうビジネス組織に該当するＡタイプとノンビジネス組織に該当するＢタイプを念頭に置いているものと思われる。

図表１　資金の獲得形態と資金の循環過程との関係

<table>
<tr><td>資金の獲得形態（自己収入）</td><td rowspan="2">収支の因果的な循環運動</td></tr>
<tr><td rowspan="2">資金の獲得形態（寄附金・補助金等）</td></tr>
<tr><td>収支の非因果的な片道運動</td></tr>
</table>

Ⅱ　非営利法人の会計規定からみた課税所得の選択基準

Ⅰでは、SFAC 第４号に示された非営利法人の組織的な特徴を手がかりとした考察により、非営利法人においては無償により資金を受領する活動とその使途、すなわち、「循環運動」と「片道運動」が相互に密接に関連しているとの結論に達した。そこで、Ⅱでは、わが国の非営利法人の中から、NPO 法人、学校法人、公益法人、そして独立行政法人をとり上げ、資金の調達源泉と当該資金の使途との関係が会計規定の中でどのように定められているかをみることにしたい。なお、その際、調達した資金を最終的に資本とするか損益とするかの規定についても確認し、第３の課題（資本概念）を考察するための足掛かりを得たい。なぜならば、法人税法の課税標準は所得の金額であり（法法21）、その算定にあたり資本等取引から生じる金額は益金及び損金の額から除外される（法法22②③）。つまり、法人税法では、資本等取引に該当する取引については課税対象とはならないため、特定の資金調達が資本取引となるか損益取引となるかの区分は、新たな課税所得の選択基準を考えるためには不可欠な判断基準となるからである。

１　非営利法人の会計規定に定められた反対給付なしに受領した資金とその利用方法

NPO 法人会計基準では、経常収益について、「NPO 法人の通常の活動から生じる収益で、受取会費、受取寄付金、受取助成金等、事業収益及びその他収益等に区分して表示する。」（同注解、注１、２）としており、このうち反対給付なしに受領した資金は寄付金と助成金等（「等」には補助金が含まれる（別

表１））の二つが示されている。次に、学校法人会計基準では、収入を「学生生徒等納付金収入、手数料収入、寄付金収入、補助金収入、資産売却収入、付随事業・収益事業収入、受取利息・配当金収入、雑収入、借入金等収入、前受金収入、その他の収入」（別表第１）の11種類に区分して表示するものとしている。このうち、本稿では反対給付なしに受領した資金を対象としていることから、寄付金と補助金収入の二つが該当することになる。さらに、公益法人会計基準は、指定寄付金の増加原因（大科目）として「受取補助金等、受取負担金、受取寄付金、固定資産受贈益、基本財産評価益等、特定資産評価益等」が掲げられている。なお、負担金については、同会計基準注解の注13における補助金等に含まれる（公益法人会計基準運用指針10）ことから、反対給付なしに受領した資金は補助金等と寄付金の２種類となる。最後に、NPO 法人など他の「公益法人等」と同様、法人税法「別表第二　公益法人等の表」に記載された独法行政法人の会計基準では(5)、「出資」（第19)、「施設費」「補助金等」「運営費交付金」「寄附金」（注解、注12）の五つが反対給付なしに受領した資金となる。

以上のように、NPO 法人、学校法人、公益法人、そして独立行政法人を例にとり、これらの会計規定の中で定められている反対給付を伴わない資金源泉についてみてみた。その結果、４種の法人に共通しているのは補助金等（NPO 法人会計基準では補助金を含む「助成金等」の名称）と寄（付）附金である。さらに、独法基準では、これらに加え出資、施設費、運営費交付金が示されていた。

次に図表１の資金源泉とその使途との関係について検討を行うが、その際には、補助金、寄附金を含む多様な資金源泉を規定する独法基準を対象にすることで、より広範で詳細な分析を行うことが可能となる。そこで以下では、独法基準の区分に従って確認することにしたい(6)。なお、独立行政法人は、独法基準

（５）　独立行政法人には、この他「別表第一 公共法人の表」に掲載される独立行政法人が存在する。

（６）　独法基準の五つの資金源泉について分析した先行研究として、樋沢（2018）をあ

が資産から負債を差し引いた差額について、これを資本金、資本剰余金、利益剰余金等（第57）として区分する非営利法人（法人税法別表第二に該当する）であることに留意する必要がある。その他の非営利法人においては、それぞれ何らかの形で資本は規定されているものの、「コアとなる資本」が明確でない（金子（2009）17頁）。その意味で、独立行政法人はいわば「特殊」な非営利法人ではあるが、わが国には持分権者を有する法人（協同組合等）も存在する。そこで、持分権者不在の法人の捉え方も踏まえつつ、まずは持分権者の存在する法人、特に会計基準が詳細に定められている独法基準を参考として、非営利法人において資本取引と損益取引をいかに区分すべきか、何が非営利法人に共通する「コアとなる資本」なのか、あるいはそれは法人ごとに異なるべきなのか、異なるとすればどのようになるのかを検討したい。

2　独立行政法人の五つの資金源泉に基づいた課税所得の選択基準

⑴　出資

独法基準では、「資本金とは、独立行政法人の会計上の財産的基礎であって、独立行政法人に対する出資を財源とする払込資本に相当する」（第19、１）ことから、出資によって提供された資金は資本金として処理される。独立行政法人は、「各府省の行政活動から政策の実施部門のうち一定の事務・事業を分離し、これを担当する機関に独立の法人格を与えて、業務の質の向上や活性化、効率性の向上、自律的な運営、透明性の向上を図ることを目的」（総務省 Web

---

げることができる。樋沢は、独法基準における資本取引と損益取引の区分の特徴として次のように述べている。「資金拠出者の意図によって、資金流入を、投下資本によって市場から獲得される収入で原価を回収し、さらに事業に再投下するという因果関連的な循環運動が行われる収支構造（以下、キャッシュ変換サイクル（A））と資金拠出者からの財源措置を収入として、この範囲内で支出を行う非因果的な片道運動が行われる収支構造（以下、キャッシュ変換サイクル（B）に区分（小西. 2017、７））したうえで、それぞれの資金収支構造において、資本取引と損益取引を区分している。」（25頁）そして、キャッシュ変換サイクル（A）を「資金調達プロセス」と「資金回収プロセス」に、キャッシュ変換サイクル（B）を「資金維持目的」と「資金支出目的」に区分し、一覧表にまとめている（28頁）。

ページ「独立行政法人制度等」）として制度設計された法人である。そこで、出資された資金は、行政機関の一部を代行する公益性の高い活動に使用されるため、原則として「片道運動」に投入される。しかしながら、独立行政法人も自己収入を否定されるわけではないがゆえに、「特定の事業に係る費用（例えば委託研究費等）の支出として使用するため」（会計検査院（2013)、図表5③）に、つまり、自己収入獲得のために出資が行われた場合は、「循環運動」に利用されることになる。

それゆえ、出資は会計上の財産的基礎であるため資本取引であり、これにより提供された資金は「片道運動」と「循環運動」において利用されることになる。

⑵　施設費

「独立行政法人における施設費は、国から拠出された対象資産の購入を行うまでは、その使途が特定された財源として、預り施設費として負債に整理する。」（注解、注62、１）とされていることから、施設費は原則として固定資産の購入・整備に使用することが求められる。また、「独立行政法人の会計上の財産的基礎となる固定資産の取得については、出資による方法と施設費による方法が予定されて（いる）」（「『独法基準』及び『独法基準注解』に関するQ＆A」－以下、本稿では「Q＆A」という。－Q83-２、A）ため、出資と同様、「片道運動」と「循環運動」の施設整備に使用されることになる。しかし、「施設費を財源として固定資産を取得した場合であって、当該支出のうち固定資産の取得原価を構成しない支出については、当期の費用として処理することとなるが、この場合の施設費の会計処理については、費用相当額は、施設費収益の科目により収益認識を行い、資本剰余金への振替は行わないことになる」（「Q＆A」Q82-１、A１）。つまり、固定資産の修繕等に充てた場合には、資本剰余金への振り替えを行わないために収益とされるのである。

このように、施設費は「片道運動」と「循環運動」のいずれにおいても使用されるのであり、それが会計上の財産的基礎となる場合（資本取引）と修繕費等への支出に充てられる場合（損益取引）とに区分されることになる。

⑶　補助金等

補助金等とは「独立行政法人が行う業務のうち、特定の事務事業に対して交付されるものである」(「Q＆A」Q83-３、Ａ１）ため、「片道運動」から生じる経費に対する財源措置であるが、例外的に「非償却資産を取得した場合」には、独立行政法人の会計上の財産的基礎を構成することから資本剰余金として処理される（注解、注12)。なお、「補助金等が既に実施された業務の財源を補塡するために精算交付された場合」(注解、注63)、例えば貸倒引当金繰入額の補塡（注解、注64）が行われた場合には、限定的に「循環運動」の損益取引に利用可能と考えられる。

このように、受領した補助金等は原則「片道運動」の経費補塡に充てられる。そこで、非償却資産の取得（資本取引）は、「片道運動」においても例外的であるため、さらにその例外として「循環運動」において非償却資産を取得することは認めらないものと解される。

⑷　運営費交付金

運営費交付金について、「独立行政法人改革等に関する基本的な方針」(閣議決定（2014)、６頁）によると、独立行政法人の財務運営の適正化、説明責任・透明性、経営努力の促進について、その具体的な手段の一つとして「法人の増収意欲を増加させるため、自己収入の増加が見込まれる場合には、運営費交付金の要求時に、これにより、当該経費に充てる額を運営費交付金の要求額の算定に当たり減額しないこととする。」としている。つまり、運営費交付金は自己収入を増加させるなど経営努力の促進を担う分野である「循環運動」と、本来の公益活動である「片道運動」に用いられる経費に対する財源措置である。ただし、例外的に、「運営費交付金により非償却資産を取得した場合」には資本剰余金として処理されることになる（注解、注12)。

このように、運営費交付金は「循環運動」と「片道運動」の業務の運営（損益取引）に充てられる財源措置であるが、使途を特定しない「渡し切り」の財源（中央省庁等改革推進本部決定（1999）Ⅲ 独立行政法人制度関連 21. 財源措置（３)）である点で補助金等と異なっている。また、例外的な非償却資産の取得（資本取引）に充てることができるのは、補助金等と同様に「片道運動」のみと考えられる。

⑸　寄附金

寄附金は、「寄附者が独立行政法人の業務の実施を財政的に支援する目的で出えんするもの」（「Q＆A」16-２、Ａ１）であるため、「循環運動」、「片道運動」のいずれの業務に関係するものであるかを問わない。それゆえ、寄附金の使用方法が多岐にわたることから、本稿では次の四つに区分できると考える。

一つには、民間出えんを中期計画等に従って独立行政法人の財産的基礎に充てる目的で募った場合には、「独立行政法人の会計上の財産的基礎を構成すると認められることから、資本剰余金として計上する」（注解、注13）。次に、寄附者がその使途を特定した場合、それが「中期計画等の想定の範囲内で、寄附金により、寄附者の意図に従い（中略）非償却資産を取得した場合」には資本剰余金として処理される（注解、注12、２（５）。第85、２（１））。三つ目に、中期計画等の範囲内で、独立行政法人が自ら使途を特定した寄附金によって非償却資産を取得した場合には、資本剰余金に振り替えられる（注解、注66）。最後に、上記三つの区分において資本剰余金に該当しない場合や「寄附者や独立行政法人が寄附金について何らその使途を特定しなかった場合において」は、「企業会計の慣行に立ち返り、寄附金は当該事業年度の収益として計上されることとなる」（「Q＆A」85-７、A）。

このように、寄附金は募集時における寄附者または受領した法人の意図とその取得資産の性質に応じて、それが「循環運動」、「片道運動」のそれぞれにおいて会計上の財産的基礎を構成する場合には資本剰余金として処理（資本取引）され、それ以外については収益に計上（損益取引）されるのである。

以上、図表１の資金源泉とその使途について、独法基準の五つの資金源泉ごとに、それが「循環運動」及び「片道運動」の区分並びに資本取引及び損益取引の区分のいずれに属するのかを検討した。その結果をまとめたものが図表２である。

この図表２から明らかになることは三点ある。一つには、非営利法人課税の

図表2　5つの資金源泉とその使途及び資本取引・損益取引との関係

	資金源泉	損益取引	資本取引	資金の使途
資金の獲得形態	出資	＼	○	収支の因果的な循環運動
	施設費	○	○	
	補助金等	○	＼	
	運営費交付金	○	＼	
	寄附金	○	○	
	出資	＼	○	収支の非因果的な片道運動
	施設費	○	○	
	補助金等	○	○	
	運営費交付金	○	○	
	寄附金	○	○	

注：「○」は資金源泉が利用可能であり、「＼」は利用できないことを表す。

第１の課題に対する結論、すなわち、非営利法人の活動に即した課税を行うためには、資金源泉とその投下形態を結びつけて（資金の拘束性に着目して）対象を決定しなければならないとの結論について、独法基準においても五つの資金源泉ごとにその利用方法が規定されていることを確認できたのである。二つ目として、非営利法人が持つ特徴的な資金の循環過程を「循環運動」と「片道運動」とに区分することが、課税対象を識別するための有用な手段となり得るとした非営利法人課税の第２の課題に対する結論について、独法基準においても補助金等と運営費交付金に典型的に見られるように[(7)]、「循環運動」（自己収入活動）と「片道運動」（無償による給付活動）の区分によって利用方法に差を設けていることが確認できたのである。三つ目として、法人税法では、資本等取引に該当する取引については課税対象とはならないため、特定の資金調達が資本取引となるか損益取引となるかの区分は、新たな課税所得の選択基準を考

（７）　図表２では表示していないが、本文において述べたとおり、独法基準では補助金等と運営費交付金以外の資金源泉についても、「循環運動」と「片道運動」のいずれが原則的な使途であるのかについて規定している。

えるためには不可欠な判断基準となるが、独法基準においては五つの資金源泉ごと資本取引と損益取引とを明確に区分していることが確認できたのである。

もちろん、この検討結果は独法基準を対象としたものであるため、それが他の非営利法人に一般化できるか否かは現時点では確たることは言えない。しかしながら、これにより今後さらに詳細な検討を行うための足掛かりを得たものと考える。

おわりに

このように、本稿の想定した第１の課題の結論（資金の拘束性に着目して課税対象を選択すべきこと）から、現状では無償により譲受した寄附金等が課税対象となり、当該資金拠出者の意図を妨げるという問題の解決に資すること。そして、第２の課題の結論（資金の循環過程の差異に着目して課税対象を選択すべきこと）は、新たな課税所得の選択基準を示すものである。独立行政法人ではその特性を反映して、資本取引を政府の意思決定によって生じる純資産の増減取引としており、企業会計のそれとは異なる。そしてそこでは、収支の循環運動ないしは片道運動が考慮されているものと思われる。

以上による考察の結論として、第１及び第２の課題の視点に法人税法第22条において規定されている資本取引と損益取引との区分を加えたマトリクス（図表３）による、非営利法人の新たな課税所得の選択基準（たたき台）を提示し得えたものと考えるのである。

そして、このたたき台（図表３）は、個別列挙方式をとる収益事業課税への適用（解決手段）に留まらず、非営利法人課税の現行方式からの転換を表している。すなわち、現行の「例外としての収益事業課税」から、原則課税を前提とした、「循環運動（損益取引）から生じた余剰への課税」方式への転換を意味するものである。このことはまた、損益取引は資本取引以外の取引であることから、非営利法人の本質に根ざした資本概念の解明が必要となることでもある。本稿の目的は、この課題を考察するための足掛かりを得るものである。

最後に、本稿で提示した新たな課税所得の選択基準が、法人税法の目的や思考、公平な課税に対してどのような関連性を有しているかという租税法の基本的な問題について触れておきたい。法人税法第１条では、法の趣旨を「納税義務の適正な履行を確保する」旨規定している。そのためには、①租税法律主義に従い、②担税力に即した、③公平な課税を行うことが求められると考えられる。そこで、本稿では、法律の定義としては不適切な現行の個別列挙方式に代わる新たな課税所得の選択基準を示すことで、①の租税法律主義（課税要件明確主義）の要請に応えようとするものである。そして、この新たな選択基準を、「受領資金とその利用の関係性」と「資金の循環過程」から導出することにより、資金の「循環運動」から生じる余剰分を課税対象とし、消費活動のみの「片道運動」を課税対象から除外することにより、②の担税力に即した非営利法人課税を可能にするものである。さらに、循環運動のみを行う営利法人には法人所得のすべてに課税されることから、非営利法人が同様の活動（循環運動）を行った場合には同様の課税がなられることになり、③の公平な課税の実現に資するものと考えるのである。しかし、この点については、租税法律主義や課税における公平性という租税法分野の最も基本的な問題に関わる論点である。それゆえ、本稿では言及できなかった他の問題点、例えば、公益法人会計基準と独法基準による補助金等の取扱の違いや、法人税法上の資本等取引との関連性などの課題とともに今後検討していきたい。

図表３　非営利法人の課税所得の選択基準

<table>
<tr><th></th><th>損益取引</th><th>資本取引</th><th></th></tr>
<tr><td>資金の獲得形態（自己収入）</td><td>課税対象</td><td>課税対象外</td><td rowspan="2">収支の因果的な循環運動</td></tr>
<tr><td rowspan="2">資金の獲得形態（寄附金・補助金等）</td><td>課税対象</td><td>課税対象外</td></tr>
<tr><td>課税対象外</td><td>課税対象外</td><td>収支の非因果的な片道運動</td></tr>
</table>

［参考文献］

・　碧海純一（1973）『新版法哲学概論 全訂第一版』弘文堂。
・　会計検査院（2012）「第４章国会及び内閣に対する報告並びに国会からの検査要請事項に関する報告等 第１節 国会及び内閣に対する報告　第４独立行政法人における政府出資金等の状況について」『平成24年度決算検査報告』。

https://report.jbaudit.go.jp/org/h24/2012-h24-0910-0.htm（2022年8月20日）。

・　会計検査院（2013）「3検査の状況（2）政府出資金の状況 イ 追加出資の状況」『国会及び内閣に対する報告（随時報告）<平成25年報告>〔5〕独立行政法人における政府出資金等の状況について（9月19日報告）』。
https://report.jbaudit.go.jp/org/h24/ZUIJI5/2012-h24-Z5008-0.htm（2022年8月20日）。

・　春日克則（2018）「非営利法人の「所得の金額」をめぐる諸問題」『会計・監査ジャーナル』753号、84-90頁。

・　春日克則（2022）「非営利法人の課税所得の選択基準について－対価概念に基づいた収益事業課税への批判を中心として－」『税務会計研究』第33号、207-214頁。

・　金子良太（2009）「非営利組織における純資産と負債の区分」、日本銀行金融研究所ディスカッションペーパーシリーズ、2009-J-11、日本銀行金融研究所、1-23頁。

・　小西範幸（2017）「第1章 営利・非営利目的の統合財務報告モデル－独立行政法人と公益法人の会計の考察を中心として－」『営利・非営利組織の財務報告モデルの研究<最終報告>』国際会計研究学会研究グループ、7-32頁。

・　総務省Webページ「独立行政法人制度等」。
https://www.soumu.go.jp/main_sosiki/gyoukan/kanri/satei2_01.html（2022年8月20日）。

・　醍醐聰（1981）『公企業会計の研究』国元書房。

・　中央省庁等改革推進本部決定（1999）「中央省庁等改革の推進に関する方針 Ⅲ 独立行政法人制度関連」『平成11年4月27日中央省庁等改革推進本部決定』。

・　日本公認会計士協会（2016）非営利法人委員会研究報告30号「非営利組織会計基準開発に向けた個別論点整理～反対給付のない収益の認識～」。

・　樋沢克彦（2018）「独立行政法人会計における利益業績の特徴－資金拠出者・受領者の意図の観点から－」『プロフェッショナル会計学研究年報』第12号、21-34頁。

・　FASB（1980）SFAC No.4, *Objectives of Financial Reporting by Nonbusiness Organizations*. 平松一夫、広瀬義州訳（2002）『FASB財務会計の諸概念増補版』中央経済社。

（原稿提出：2023年1月10日）
（掲載決定：2023年7月30日）

資料・文献（令和４年）

（主として税務会計に関する論文を集録しました）

氏名	発行年月	論題	掲載誌
《税制（改正）・総論》			
足立　泰美	令4.2	経済ショックと税制改革：国際比較	租税研究　第867号
荒井優美子	令4.2	会計・税務の処理の違いに注意！研究開発税制の改正ポイント	企業会計　第74巻第２号
中塚　秀聡	令4.2	令和３年度税制改正内容（法人税関係）の再確認	租税研究　第868号
弓削　忠史	令4.2	最近の税務会計の通説論等について	税制研究　第81号
稲岡　伸哉	令4.3	令和４年度地方税制改正について	租税研究　第869号
小畑　良晴	令4.3	令和４年度与党税制改正大綱について	会計・監査ジャーナル　第34巻第３号
川田　剛	令4.3	令和４年度における国際課税分野の改正について	国際税務　第42巻第３号
住澤　整	令4.3	令和４年度税制改正（案）について	租税研究　第869号
長戸　貴之	令4.3	米国所得課税改革の動向：バイデン政権の富裕層増税案	日税研論集　第80号
田中　啓之	令4.3	ドイツ所得税改革の動向	日税研論集　第80号
増井　良啓	令4.3	英国所得税改革の動向	日税研論集　第80号
平川　英子	令4.3	フランスの所得税改革の動向	日税研論集　第80号
漆　さき	令4.3	カナダにおける所得税制度の動向：税額控除の利用拡大とその評価	日税研論集　第80号
藤岡　祐治	令4.3	OECD加盟国における所得税改革の動向	日税研論集　第80号
成松　洋一	令4.4	事例からみる最近の法人税の改正点と留意点：令和３年度税制改正後の研究開発税制を中心として	租税研究　第870号
藤田　益浩	令4.4	令和４年度税制改正の経理・財務への影響	企業会計　第74巻第４号
安積　健	令4.5	法人課税①　賃上げ促進税制（令和４年度税制改正のポイント）	税経通信　第77巻第５号
大野　久子	令4.5	法人課税②　グループ通算制度の見直し　ほか（令和４年度税制改	税経通信　第77巻第５号

		正のポイント)	
飯塚　啓至	令4.5	消費課税(令和4年度税制改正のポイント)	税経通信　第77巻第5号
小山　勝	令4.5	納税環境整備(令和4年度税制改正のポイント)	税経通信　第77巻第5号
庄子　雄基	令4.5	2022年度インド国家予算案(税制改正)の概要	国際税務　第42巻第5号
田中　治	令4.5	税制改正の最近の特徴と今後の課題	税研　第38巻第1号
荒井優美子	令4.7	令和4年度税制改正による「子会社株式簿価減額特例」の概要と実務対応のポイント	国際税務　第42巻第7号
川窪　俊広	令4.7	地方財政・地方税制の現状と課題	租税研究　第873号
小竹　義範	令4.7	令和4年度法人税関係(含む政省令事項)の改正について	租税研究　第873号
水野　雅	令4.7	令和4年度の国際課税(含む政省令事項)に関する改正について	租税研究　第873号
中西　佑太	令4.8	令和4年度税制改正　国際課税関係の改正について	国際税務　第42巻第8号
石村　耕治	令4.9	時機を得た物価スライド税制	税制研究　第82号
木村弘之亮	令4.9	租税法律主義の神髄：財産評価通達と固定資産評価基準に寄せて	月刊税務事例　第54巻第9号
富田　愛優 玉岡　雅之	令4.9	納税意欲を考えた税制改革	租税研究　第875号
阿部　泰隆	令4.9-10	租税法の解釈方法論：最高裁判例の分析と私見(上・下)文理解釈・趣旨解釈から予見可能性重視へ	月刊税務事例　第54巻第9-10号
占部　裕典	令4.10	租税法解釈の方法	租税研究　第876号
宗岡　正二	令4.10	令和5年度税制改正に関する租研意見	租税研究　第876号
朝倉　雅彦 荒井優美子	令4.11	令和3年度税制改正による納税管理人制度の拡充と実務上の留意点	国際税務　第42巻第11号
池上　岳彦	令4.11	現代国家における租税の意義・根拠及び機能	税研　第38巻第4号
谷口勢津夫	令4.11	租税法律主義の課題と展望	税研　第38巻第4号
藤田　益浩	令4.11	賃上げ促進税制の概要(優良クライアントを新規獲得する好機賃上げ促進税制適用ガイド)	税経通信　第77巻第12号
山崎　広道	令4.11	租税公平主義	税研　第38巻第4号
渡辺　智之	令4.11	「公平・中立・簡素」の理念	税研　第38巻第4号
北田　泰隆 神田　泰宏	令4.12	令和4年度法人税基本通達等の一部改正について	租税研究　第878号
住澤　整	令4.12	税政の現状と今後の課題	租税研究　第878号

《確定決算主義・公正処理基準・損金経理要件》

小林　裕明	令4.3	法人税法22条４項の制定経緯を踏まえた企業会計と課税所得計算の関係性に関する一考察	会計プロフェッション　第17号
星野有理子 平川　　茂 末次　卓也 星野　宗広	令4.6	中小企業向け会計基準の公正処理基準該当性	かやのもり　第33号
安井　栄二	令4.6	法人税法22条４項における「一般に公正妥当と認められる会計処理の基準」の解釈	租税法研究　第50号
山口敬三郎	令4.8-10	公正処理基準に関する一考察(上・中・下)	月刊税務事例　第54巻第８-10号
池脇信一郎	令4.11	我が国租税法における法人所得の会計方法に関する研究：アメリカ合衆国内国歳入法典との比較分析を中心として	第31回　租税資料館賞受賞論文集
前田　謙二	令4.11	企業会計の前期損益修正と法人税法の公正処理基準との関係に係る一考察：企業会計基準第24号の法人税法への影響評価も含めて	阪大法学　第72巻第３・４号
加納　輝尚	令4.12	確定決算主義におけるわが国中小企業会計について：収益認識基準を中心に	租税実務研究　第13号

《国際課税・租税条約・外国税制》

磯見　竜太	令4.1	国際課税に係る執行状況について	国際税務　第42巻第１号
栗原　克文	令4.1	独立企業原則(ALP)と定式配分	租税研究　第867号
髙久　隆太	令4.1	移転価格課税が管理会計に与える影響	會計　第201巻第１号
宮本十至子	令4.1	ATAD導入によるドイツ離脱課税規定の改正	税研　第37巻第５号
武藤　功哉	令4.1	国際課税ルールに関する新たな合意について	国際税務　第42巻第１号
渡辺　淑夫	令4.1	外国法人の日本支店開設に伴う移管支払利子の源泉徴収	国際税務　第42巻第１号
浅妻　章如	令4.2	居住非関連債権者から非居住関連者への債権譲渡に関する移転価格税制の適用の可否と是非	租税研究　第868号
今枝　侑子 岡村　　学	令4.2	フィリピンにおける最新の税務の動向について：PEZAを含めた優遇税制・VATと租税条約の適用申請に係る状況	国際税務　第42巻第２号
瀬戸　亮介 齋藤　隆一	令4.2	インドネシア国税規則調和法の概要について：法人税率の維持、付加価値税率の引上げ、炭素税の導入などを規定	国際税務　第42巻第２号
村上裕太郎	令4.2	国際課税における先端複合研究	會計　第201巻第２号

河崎　元孝 河崎　嘉人	令4.3	2021年12月にOECDから公表されたGloBEモデルルールの概説と今後の展望	国際税務　第42巻第3号
村松　洋介	令4.3	訪日ツアーの輸出免税取引該当性に関する一考察：裁判例の比較、検討を中心として	税理　第65巻第3号
安井　栄二	令4.3	ドイツ法人税法における繰越欠損金の濫用防止規定	税研　第37巻第6号
渡辺　淑夫	令4.3	グループ法人の中に実質支配関係にあるタックス・ヘイブン法人がいる場合の完全支配関係法人の判定	国際税務　第42巻第3号
坂出　加奈 西　　康之	令4.4-5	中国子会社からの利益還元にあたっての留意点(上・下)	国際税務　第42巻第4－5号
田畑　健隆 中山　　覚	令4.4	最近の相互協議の状況について	国際税務　第42巻第4号
宮本　健一	令4.4	欧州租税回避防止指令(ATAD 3：EU Shell Entities Directive)に関する動向	国際税務　第42巻第4号
山川　博樹	令4.4	OECDの国際課税大改革につながる新ルール	税務弘報　第70巻第4号
渡辺　淑夫	令4.4	外資系内国法人が決算未確定のまま法人税の確定申告書を提出した場合の取扱い	国際税務　第42巻第4号
今村　　隆	令4.5	Toulouse事件租税裁判所判決と外国税額控除[2021.8.16]	租税研究　第871号
田畑　健隆 中山　　覚	令4.5	最近の相互協議の状況について	租税研究　第871号
丸山　裕司	令4.5	2022年1月20日に公表されたOECD移転価格ガイドラインの概要と日本企業への影響	国際税務　第42巻第5号
山岡　利至 荒井優美子	令4.5	COVID-19、ウクライナ情勢等に伴い日系企業が直面する移転価格の問題：移転価格調整金等の実務上の留意点を中心に	国際税務　第42巻第5号
渡辺　淑夫	令4.5	外国法人の赤字日本支店閉鎖後のゼロ申告の継続と日本子会社株式の譲渡所得課税	国際税務　第42巻第5号
青山　慶二	令4.6	21世紀の事業課税：欧州委員会による政策資料文書：Brussel, 18.5.2021 COM(2021) 251 final	租税研究　第872号
荒井優美子	令4.6	国際経済・国際税務の観点からみるウクライナ危機	企業会計　第74巻第6号
坂出　加奈 袁　　維娜 方　　　瑋 黄　　芳燕	令4.6	中国から日本へのサービスフィーの送金にかかる税務手続き	国際税務　第42巻第6号
沼田　博幸	令4.6	EUにおける新たなVAT制度について	租税研究　第872号

日置　重人	令4.6	国際課税を巡る最近の動きについて	租税研究　第872号
前田　章秀	令4.6	我が国の相互協議におけるADRの活用：仲裁手続以外の補完的紛争解決手段の検討	租税研究　第872号
渡辺　淑夫	令4.6	PEを閉鎖して事業撤退する外国法人が販売済製品のメンテナンス・サービスを専門業者に業務委託するなどの場合の課税関係	国際税務　第42巻第６号
南　　繁樹	令4.6-7	３月に公表された「第２の柱・グローバル・ミニマム課税」のモデル規則及びコメンタリーの概要(上・下)	国際税務　第42巻第６‐７号
石川　雅啓	令4.7	地域的な包括的経済連携(RCEP)協定の発効とそれに伴う関税の優遇を受けるための企業の手続及び留意点	税理　第65巻第８号
栗原　克文	令4.7	グローバル・ミニマム税(第２の柱)の課題	税理　第65巻第８号
住倉　毅宏	令4.7	恒久的施設としてのソーシャルメディア・インフルエンサーの『主要な役割』	租税研究　第873号
吉村　政穂	令4.7	第２の柱は租税競争に「底」を設けることに成功するのか？：適格国内ミニマムトップアップ税(Qualified Domestic Minimum Top-up Tax)がもたらす変容	税研　第38巻第２号
林　　徳順	令4.7	韓国における附加価値税の導入と主な課題	月刊税務事例　第54巻第７号
厚地　崇兵	令4.8	グローバル保険サービスに係るドイツ保険税の申告納税義務税	国際税務　第42巻第８号
栗原　克文	令4.8	新たな国際租税ルールの評価と今後について	租税研究　第874号
高橋　隼人	令4.8	移転価格税制における関連者間債務保証取引について：保証料率の独立企業間価格を中心として	日税研究賞入選論文集　第45号
山本　香門	令4.8	国際課税の動向と執行の現状	租税研究　第874号
渡辺　淑夫	令4.8	日本国籍の居住者が相続人不明のまま死亡し、相続財産が相続財産法人となった場合の課税関係	国際税務　第42巻８号
今村　　隆	令4.8-9	租税条約に関する各国の最近の判例(第１・２回)	租税研究　第874・875号
伊藤　公哉	令4.9	デジタル経済の進展と新しい国際課税制度：メタバース時代のビジネスモデルから考察する定式配賦のあり方	税務弘報　第70巻第９号
大沢　　拓	令4.9	金融取引に係る改正移転価格事務運営要領の基本的な考え方と実務対応	国際税務　第42巻第９号

高橋　良輔	令4.9	最近の移転価格税制の執行について	租税研究　第875号
山本　香門	令4.9	国際課税の動向と執行の現状：税務コンプライアンス向上のための施策を中心に	国際税務　第42巻第9号
大山　静雄	令4.10	移転価格事務運営要領(事務運営指針)の一部改正について	国際税務　第42巻第10号
藤原　章子	令4.10	日本・スイス租税条約の一部改正	国際税務　第42巻第10号
青山　慶二	令4.11	環境と税に関する国際協調の取組みの現状	租税研究　第877号
沖野　洋子	令4.11	ポストBEPS時代のわが国の移転価格税制の課題について：実体法と手続法の両面から	第31回　租税資料館賞受賞論文集
黒坂　史明 藤村　崇 安田　和子	令4.11	海外現地の国際課税問題でよくある事例：インド、中国、役務提供と使用料の対価が混合する契約やグループ内再編でよくある事例を解説	国際税務　第42巻第11号
酒井　貴子	令4.11	事前確認制度(APA)を巡る議論の動向 Eaton 事件を契機として	税研　第38巻第4号
渡辺　淑夫	令4.11	外国法人の日本子会社が解散して残余財産の現物分配をする場合	国際税務　第42巻第11号
渡部　公丞	令4.11	移転価格事務運営要領の『金融取引部分』について	国際税務　第42巻第11号
Richard L. Slowinski Stefanie E. Kavanagh	令4.11	Current Developments in U. S. Tax and Transfer Pricing	租税研究　第877号
飯塚　信吾	令4.12	令和5年1月適用　国外居住親族に係る扶養控除等について	国際税務　第42巻第12号
笠間　智樹	令4.12	来年導入予定のアラブ首長国連邦での連邦法人税について	国際税務　第42巻第12号
塩田　英樹 池田　太将	令4.12	第2の柱における各国の実効税率、トップアップ税額の計算方法のポイント・留意点：GloBE ルールにおける計算等の全体概要と実務対応を検討	国際税務　第42巻第12号
髙久　隆太	令4.12	租税条約の進展と多層化	三田商学研究　第65巻第5号
渡辺　淑夫	令4.12	外国船会社の国際運輸業免税所得の範囲	国際税務　第42巻第12号

《企業集団税制（解散・清算等含む）》

荒井優美子	令4.1	組織再編税制の視点から見るグループ通算制度：通算制度の適用開始、通算グループへの加入、離脱時の法人税法上の取扱い	産業經理　第81巻第4号
武田　恭世 内藤　芳斗	令4.1	グループ通算制度の税効果に関連する税務の取扱い	企業会計　第74巻第1号

赤塚　孝江	令4.2	個人に対する外国子会社合算税制の留意点	税理　第65巻第２号
漆　　さき	令4.2	EU におけるプライバシー権・データ保護法制と租税情報の交換	租税研究　第868号
中塚　秀聡	令4.2	グループ通算制度：連結納税制度からの移行に伴う取扱いを中心として	租税研究　第868号
中村　信行	令4.2	CbC 報告書の活用について	租税研究　第868号
小塚　真啓	令4.5	令和４年度税制改正大綱を評価する：グループ通算制度の投資簿価修正を中心に	税研　第38巻第１号
田口　安克	令4.6	M＆Aのパターンと状況別の選択：組織再編税制の適格要件までを考慮する	税務弘報　第70巻第６号
宮崎　直樹	令4.6	債務超過状態の注意点：特有の税務論点をカバーできるように	税務弘報　第70巻第６号
角野　崇雄 藤村　千秋 吉田　健吾	令4.6	買い手側の税務：手法ごとの取扱いの違いに注意する	税務弘報　第70巻第６号
大森　斉貴	令4.6	休廃業になってしまった場合の税務：残余財産の有無でスキームを整理する	税務弘報　第70巻第６号
菅原　英雄	令4.7	開始・加入と離脱に伴う時価評価と繰越欠損金の取扱い	税研　第38巻第２号
多田　雄司	令4.7	組織再編税制との整合性	税研　第38巻第２号
西本　靖宏	令4.7	損益通算と欠損金の通算	税研　第38巻第２号
藤吉　裕子	令4.7	組織再編税制における実務上の留意点	租税研究　第873号
渡辺　徹也	令4.7	グループ通算制度：連結納税制度の見直しと新制度の基本的枠組	税研　第38巻第２号
吉村　政穂	令4.9	グループ通算制度導入と投資簿価修正	税務事例研究　第189号
荒井優美子	令4.10	グループ通算制度における加算税の取扱い	税務弘報　第70巻第10号
大野　久子	令4.10	投資簿価修正・外国税額控除（グループ通算制度に係る通達改正と移行の留意点）	税務弘報　第70巻第10号
武田　恭世 内藤　芳斗	令4.10	初年度決算と申告までの対応（グループ通算制度に係る通達改正と移行の留意点）	税務弘報　第70巻第10号
賀須井章人	令4.10	赤字子会社の経営改善の取組みと整理手法の概要（赤字子会社の整理手法としての合併・譲渡・清算）	税経通信　第77巻第11号
飯塚　啓至	令4.10	子会社を吸収合併するケースと税務上の留意点（赤字子会社の整理手法としての合併・譲渡・清算）	税経通信　第77巻第11号

山田　勝也	令4.10	子会社を第三者に譲渡するケースと会社分割等の留意点(赤字子会社の整理手法としての合併・譲渡・清算)	税経通信　第77巻第11号
鹿志村　裕	令4.10	子会社を解散・清算するケースと税務上の留意点(赤字子会社の整理手法としての合併・譲渡・清算)	税経通信　第77巻第11号
佐藤　正樹	令4.10	グループ通算制度と実務上の留意点	租税研究　第876号
武田　恭世 内藤　芳斗	令4.10	連結・単体納税制度からの移行時期ごとに整理　初年度決算と申告までの対応	税務弘報　第70巻第10号
栗原　宏幸	令4.12	組織再編における経済合理性の判断(組織再編・総則6項……「経済合理性」・「合理的な理由」の判断)	税経通信　第77巻第13号

《中小企業税制・事業承継税制》

荒川　勝彦	令4.4	法人版事業承継税制の特例承継計画の提出期限の延長	税務弘報　第70巻第4号
白土　英成	令4.4	事業承継税制(特例措置)の概要と適用におけるリスク(顧客と税理士の双方にベストな選択はどう説明する？　事業承継税制の難しさ)	税経通信　第77巻第4号
北澤　淳	令4.4	要件充足面での難しさ：免除事由クリアのハードル(顧客と税理士の双方にベストな選択はどう説明する？　事業承継税制の難しさ)	税経通信　第77巻第4号
村崎　一貴	令4.4	各種手続及び費用負担面での難しさ(顧客と税理士の双方にベストな選択はどう説明する？　事業承継税制の難しさ)	税経通信　第77巻第4号
木村　英幸	令4.4	適用・検討時の実務において判断に迷うケース(顧客と税理士の双方にベストな選択はどう説明する？　事業承継税制の難しさ)	税経通信　第77巻第4号

《益金・権利確定主義・収益認識基準（時期)》

菅　隆徳	令4.2	受取配当益金不算入と法人税累進課税　大企業減税の源流と変遷、抜本改革と財源試算	税制研究　第81号
佐古　麻理	令4.3	消費税法における権利確定主義：その問題意識としての側面から	税研　第37巻第6号
齋藤　真哉	令4.11	収益認識単位に関する会計と税務の乖離	Monthly Report　第166号
野口　浩	令4.11	不法行為に基づく損害賠償請求権の益金計上時期	會計　第202巻第5号
倉田　幸路	令4.11	収益認識会計基準の開発の経緯と	日税研論集　第82号

		その概要		
岡村　忠生	令4.11	法人税法第22条第２項、22条の２の規定の意義と検討	日税研論集	第82号
佐藤　修二	令4.11	収益認識に関する会計基準における契約の概念と租税裁判実務における契約の認定	日税研論集	第82号
渡辺　徹也	令4.11	法人税法と収益認識会計基準	日税研論集	第82号
古田　美保	令4.11	収益認識会計基準における「履行義務の充足」と法人税務における「引渡し」	日税研論集	第82号
齋藤　真哉	令4.11	追加の財又はサービスを取得するオプションの付与：ポイントプログラム等	日税研論集	第82号
坂本　雅士	令4.11	収益認識会計基準が税制にもたらした影響：特殊販売等、デジタル化による変容	日税研論集	第82号
尾上　選哉	令4.11	本人と代理人の区分、サブスクリプション収入	日税研論集	第82号
成道　秀雄	令4.11	役務の提供と無形資産のライセンスの供与、譲渡	日税研論集	第82号
柳　　綾子	令4.11	収益認識計上に関する租税判例：相栄産業事件・大竹貿易事件・ビックカメラ事件	日税研論集	第82号

《資本取引・資本（純資産）の部》

朝倉　雅彦	令4.2	みなし配当最高裁判決を受けた国税庁公表の取扱い	税務弘報	第70巻第２号
勢〆　健一	令4.2	第三者割当増資・株式譲渡の税務上の留意点（M＆Aとともに広がる利用に備える　中小企業の資本業務提携の基本）	税経通信	第77巻第２号
松永真理子	令4.7	混合配当に係るタックス・インセンティブの検討：税負担を異にする要素と配当手段を勘案して	産業經理	第82巻第２号
太田　達也	令4.12	増資・減資の税務・会計	租税研究	第878号

《報酬・賞与・退職金》

小山　充義	令4.1	同族会社において親族を役員とする場合の税務上の留意点等（役員として業務実態が必要に　親族の役員報酬　その決め方と妥当性）	税経通信	第77巻第１号
山口　亮子	令4.1	みなし役員：「法人の経営に従事している者」の意義（役員として業務実態が必要に　親族の役員報酬　その決め方と妥当性）	税経通信	第77巻第１号
草間　典子	令4.1	過大役員給与が問題になった近年の裁判例・裁決例（役員として業務実態が必要に　親族の役員報酬	税経通信	第77巻第１号

		その決め方と妥当性)	
濱田　法男	令4.1	経営状況が厳しい場合の役員報酬に対する金融機関の考え方(役員として業務実態が必要に　親族の役員報酬　その決め方と妥当性)	税経通信　第77巻第1号
福住　　豊	令4.1	役員退職給与をめぐる実務上の諸問題(役員として業務実態が必要に　親族の役員報酬　その決め方と妥当性)	税経通信　第77巻第1号
荒井優美子	令4.3	令和4年以後の退職給与に係る税務上の留意点：従業員の短期退職手当等及び株式報酬による役員の退職給与の取扱い	税務弘報　第70巻第3号
齋藤　　滋	令4.3	納税者と課税庁の不対等性：過大な役員給与の損金不算入規定および行為・計算の否認規定を例として	月刊税務事例　第54巻第3号
藤曲　武美	令4.3	特定譲渡制限付株式による役員退職給与と業績連動給与	税務事例研究　第186号
安倍　嘉一	令4.4	賃金・賃上げに関する法知識：賃上げ促進税制が企業に与える影響と賃上げ手法	税務弘報　第70巻第4号
税務会計研究学会特別委員会	令4.4	インセンティブ報酬に関する諸制度の改正と現状：インセンティブ報酬に関するアンケート調査を参照して	産業經理　第82巻第1号
高橋　隆幸 野間　幹晴 岡川　真実	令4.8	確定給付企業年金における年金資産配分に対する課税の影響	會計　第202巻第2号
荒井優美子	令4.9	賃上げ促進税制の適用要件！　マルチステークホルダー方針の開示ポイント	企業会計　第74巻第9号
一高　龍司	令4.9	退職時の給付に関する課税上の問題点：国際的側面を含めて	租税研究　第875号

《租税特別措置》

立岡健二郎	令4.1	租税特別措置の実態把握を試みる	税研　第37巻第5号
藤谷　武史	令4.1	租税特別措置法の性格と課題	税研　第37巻第5号
神尾　篤史	令4.7	最近の租税特別措置の適用状況	税研　第38巻第2号

《租税回避・隠蔽仮装行為・行為計算否認》

渡辺　淑夫	令4.2	タックス・ヘイブン子会社の繰越欠損金の繰越期間の徒過回避を目的とするグループ内取引	国際税務　第42巻第2号
吉岡　伸朗 和泉　義治	令4.4	改正子会社株式簿価減額特例の実務ポイント：複雑な制度の再確認から令和4年度改正まで	税務弘報　第70巻第4号
川田　　剛	令4.7	タックス・ヘイブンの濫用防止に	国際税務　第42巻第7号

		向けた米国の動き：H.R.1786法案から	
溝口　史子 岩元　聡美	令4.7	BEPS 包摂的枠組みの国際合意とデジタルサービス税の行く末：既存の一方的措置への当面の向き合い方とは	税務弘報　第70巻第７号
渡辺　淑夫	令4.7	公益法人等に対するタックス・ヘイヴン税制の適用の有無	税務弘報　第70巻第７号
木原　大策	令4.9	OECD/G20『BEPS 包摂的枠組み』２つの柱の合意：昨年10月合意以降の議論の進展	租税研究　第875号
渡辺　淑夫	令4.9	タックス・ヘイブンのペーパー子会社を清算する場合の赤字補填	国際税務　第42巻第９号
渡辺　淑夫	令4.10	タックス・ヘイブンのペーパー子会社を利用した粉飾決算	国際税務　第42巻第10号
川端　康之	令4.11	租税回避の否認理論	税研　第38巻第４号

《租税判決・裁決》

長島　　弘	令4.1	設備の一部の資産に中古資産がある場合に簡便法の適用を否定した裁判例[東京地裁令和3.3.30判決]	月刊税務事例　第54巻第１号
佐藤　孝一	令4.1	売主が非居住者であるか否かの確認注意義務を尽くしても確認できない場合には所得税法212条１項に基づく源泉徴収義務を負わないとの納税者の主張(同項の限定解釈)を上記義務を尽くしたとは認められないとして排斥し納税告知処分を適法とした事例：同項の限定解釈の当否を中心として[東京高裁平成28.12.1判決]	月刊税務事例　第54巻第１号
髙橋貴美子	令4.2	過年度における損益の是正方法について：最高裁平成４年10月29日判決を検証する	月刊税務事例　第54巻第２号
長島　　弘	令4.2	底地の評価における財産評価通達25の借地権価額控除方式の合理性[最高裁一小平成30.11.15決定]	月刊税務事例　第54巻第２号
長島　　弘	令4.2	不動産評価に関する近年の総則６項事案と東京高判令和２年６月24日の問題点	税制研究　第81号
山崎　　昇	令4.2-3	「資産の運用又は保有により生ずる所得」の範囲(上・下)平成31年３月25日裁決(裁決番号：平30-114)について	国際税務　第42巻第２‐３号
伊藤　剛志 増田　貴都	令4.3	最判令和３年３月11日(混合配当事件)後の国税庁の対応と税制改正の動向	企業会計　第74巻第３号
小坂井　博	令4.3	国税不服審判所の現状と最近の裁決	租税研究　第869号
長島　　弘	令4.3	最近の相続開始の数か月前購入不	月刊税務事例　第54巻第３号

			動産に対する総則６項適用事例［東京高裁令和3.4.27判決］	
岡村	忠生	令4.4	サンリオ事件判決への疑問	国際税務　第42巻第４号
北澤	達夫	令4.4	専門職が高齢者から家族信託支援業務の委任を受けて信託契約公正証書を作成したが、これが信託口口座開設金融機関において有効なものと認められなかったため、「信託口」口座が開設できず、不法行為等による損害賠償責任を問われた事例(令和３年９月17日東京地裁判決)を踏まえて、家族信託支援業務に税理士が関わっていくことの重要性について	月刊税務事例　第54巻第４号
佐藤	孝一	令4.4	遺産分割の調停成立を理由とし、前訴判決が認定した株式評価額に基づく更正の請求(相続税法32条１号)に対する更正すべき理由がない旨の通知処分及び他の共同相続人に対する減額更正に伴う増額更正(同法35条３項)の各取消請求につき、前者は不適法であり、後者には理由がないとした事例：前者の請求の適否を中心として［最高裁令和3.6.24第一小法廷判決］	月刊税務事例　第54巻第４号
長島	弘	令4.4·12	ケイマン諸島ダブルSPCに関するTH課税事件(１・２)	月刊税務事例　第54巻第４・12号
小山	浩	令4.5	近時の企業実務上留意すべき租税裁判例・裁決例の解説	租税研究　第871号
河井	厚	令4.5	令和３年５月20日裁決の実務上の留意点	税務弘報　第70巻第５号
佐藤	孝一	令4.5	出訴期間を徒過したことには「正当な理由」があり、受遺者発行の非上場株式と受遺者に対する貸付金債権の遺贈に係る譲渡所得の計算における株式の「その時における価額」を純資産価額によって算定するに当たり受遺者の上記債権に係る債務を負債として計上すべきであるとした事例［東京地裁令和3.5.21判決］	月刊税務事例　第54巻第５号
長島	弘	令4.5	寡婦控除と寡夫控除の相違が問題とされた事例［東京地裁令和3.5.27］	月刊税務事例　第54巻第５号
増田	英敏	令4.5	通達課税と租税法律主義の形骸化：評価通達総則６項の適用の問題を中心に	税研　第38巻第１号
佐藤	孝一	令4.6	納税者(求償債権者)の代理人に回収不能が客観的に明らかになった以上、納税者にとっても客観的に回収不能であることが明らかになったものとして、所得税法64条２項を適用すべきであるとした事例：回収不能時点の認定基準を中心として［那覇地裁令和1.5.28判決］	月刊税務事例　第54巻第６号

長島　　弘	令4.6	財産評価基本通達総則６項の適用を認めた最高裁判決[令和4.4.19]	月刊税務事例　第54巻第６号
堀江　知洋	令4.6	東京高裁　みずほ銀行事件でタックス・ヘイブン対策税制に係る課税処分を取り消し	国際税務　第42巻第６号
太田　　洋 増田　貴都	令4.7	ユニバーサルミュージック事件最高裁判決の分析と検討	国際税務　第42巻第７号
長島　　弘	令4.7	実質所得者課税に基づき源泉徴収義務があるとした原処分が否定された裁判例[東京地裁判令和4.2.1]	月刊税務事例　第54巻第７号
佐藤　孝一	令4.8	時価より高額で購入した棚卸資産(土地)を翌期に売却した場合につき、時価との差額を売上原価として同期の損金の額に算入することはできないとした事例：棚卸資産の高額購入と法人税法の適用を中心として[東京高裁令和2.12.2判決]	月刊税務事例　第54巻第８号
髙橋貴美子	令4.8	「租税法律主義」は絵に描いた餅か？：東京高裁令和４年５月18日判決を検証する	月刊税務事例　第54巻第８号
長島　　弘	令4.8	多国間を移動する役員が所得税法上の「居住者」に該当しないとされた事例[東京高判令元.11.27]	月刊税務事例　第54巻第８号
馬場　　陽	令4.8	財産評価基本通達による評価額を上回る価額にもとづいて行われた課税処分の適法性[最高裁令和4.4.19判決]	月刊税務事例　第54巻第８号
増田　英敏	令4.8	最高裁令和４年４月19日判決の問題点の検証：租税法律主義と租税正義の視点から	税務弘報　第70巻第８号
南　　繁樹	令4.8･10	移転価格税制：残余利益分割法に関する新判断：東京高裁令和４年３月10日判決(上・下)	国際税務　第42巻第８・10号
佐藤　孝一	令4.10	所得税更正処分等を取り消す旨の判決確定により支払を受けた過納金に係る還付加算金の雑所得の計算上、当該訴訟に要した弁護士費用のうち還付加算金に対応する金額につき、必要経費に該当しないとした事例：外れ馬券の購入代金の必要経費該当性を肯定した最高裁判例等との関係を中心として[平成31.3.28第一小法廷判決]	月刊税務事例　第54巻第10号
長島　　弘	令4.10	アマゾン手数料の仕入税額控除に関する裁判例[東京地裁令和4.4.15判決]	月刊税務事例　第54巻第10号
佐藤　孝一	令4.11	相続時精算課税に係る贈与税相当額の還付金請求権は相続開始日の翌日から起算して５年を経過した時点で時効消滅するとした事例：「その請求をすることができる日」(国税通則法74条１項)の意義を中	月刊税務事例　第54巻第11号

		心として[東京高裁令和2.11.4判決]	
髙橋貴美子	令4.11	法人税法132条の２の「不当性要件」該当性判断：東京地裁令和元年６月27日判決を素材として	月刊税務事例　第54巻第11号
長島　　弘	令4.11	不動産所得の必要経費算入における借入金利子の判断基準[千葉地裁令和2.6.30判決]	月刊税務事例　第54巻第11号
髙橋貴美子	令4.12	これでいいのか？　上告不受理決定の理由：上告不受理決定の正当性は何によって担保されるのか？[最高裁令和4.10.27]	月刊税務事例　第54巻第12号
山口敬三郎	令4.12	帳簿等の提示がない場合の仕入税額控除の可否に関する一考察[最高裁一小平成16.12.16判決]	月刊税務事例　第54巻第12号

《電子商取引・デジタル課税》

藤田　益浩	令4.1	電子取引データの実務対応	税経通信　第77巻第１号
泉　　絢也	令4.3	NFT(ノンファンジブルトークン)と所得税法上の課税問題	月刊税務事例　第54巻第３号
泉　　絢也	令4.3	NFT(ノンファンジブルトークン)の譲渡による所得は譲渡所得か？　もしそうであれば非課税所得か？：NFTの「生活に通常必要な動産」該当性	千葉商大論叢　第59巻第３号
八木橋泰仁	令4.5	NFT取引の会計・税務上の取扱い	税務弘報　第70巻第５号
泉　　絢也	令4.7	暗号資産の期末時価評価課税問題と解釈論の限界：自社発行のガバナンストークン等に対する課税は回避できるか？	税務弘報　第70巻第７号
泉　　絢也	令4.7	法人税法における暗号資産税制の問題点(１・２)	千葉商大論叢　第60巻第１号 千葉商大紀要　第60巻第１号
倉見　智亮	令4.7	ギグ・エコノミーと所得税制	租税研究　第873号
泉　　絢也	令4.8	問屋契約と消費貸借契約に関わる仮想通貨(暗号資産)ビットコインの返還債務の損失見積額を法人税法上の損金に算入することが認められなかった事例[国税不服審判所令和2.12.4裁決]	月刊税務事例　第54巻第８号
下尾　　裕	令4.8	NFT関連取引を巡る税務上の論点整理	租税研究　第874号
酒井　克彦	令4.8-9	デジタル化による税務行政の変革(１・２)	月刊税務事例　第54巻第８－９号
西山　由美	令4.9	デジタル経済と消費課税：シェアリングエコノミーを中心として	租税研究　第875号
本田　光宏	令4.9	デジタル課税の新たな枠組み	租税研究　第875号
菊地貴加志	令4.11	暗号資産の税務上の取扱い(暗号	税経通信　第77巻第12号

		資産を中心としたデジタル財産の税務上の取扱いと相続）	
栗原　克文	令4.11	メタバース、NFT、暗号資産の取引をめぐる税務上の課題	税理　第65巻第14号
藤岡　祐治	令4.11	暗号資産取引に対する課税のタイミング	税研　第38巻第４号

《SDGs・ESG と課税》

荒井優美子	令4.1	SDGs、ESG と我が国の税務政策②	会計・監査ジャーナル　第34巻第１号
鎌田　恭幸	令4.1	ESG は税理士にどう関わるのか	税務弘報　第70巻第１号
吉野　直行 湯山　智教	令4.3	コロナ禍の炭素税、ESG 投資／グリーン投資	税研　第37巻第６号
須崎　洋介	令4.5	ESG 評価の観点からの税務情報・国別情報開示と税務ガバナンスの最新動向	租税研究　第871号

《消費税・適格請求書等保存方式（インボイス方式）》

土師　秀作	令4.1	消費税のインボイス制度と事業者免税点制度	税研　第37巻第５号
湖東　京至	令4.2	新国会にインボイス制度の廃止を求める：インボイス制度はなぜダメなのか	税制研究　第81号
佐々木重徳	令4.2	不動産取引におけるインボイス導入後の留意点	税務弘報　第70巻第２号
佐藤　敏郎	令4.3	消費税のインボイス制度適用までの実務上の留意点	会計・監査ジャーナル　第34巻第３号
加藤　博之	令4.4	なぜ、デジタルインボイスなのか	会計・監査ジャーナル　第34巻第４号
佐藤　明弘	令4.4	消費税還付申告をめぐる現状（スムーズな還付手続のための消費税還付申告の対応）	税経通信　第77巻第４号
矢頭　正浩	令4.4	還付申告における明細書作成のポイント（スムーズな還付手続のための消費税還付申告の対応）	税経通信　第77巻第４号
嵜山　　保	令4.4	近年の不正還付スキーム防止の改正（スムーズな還付手続のための消費税還付申告の対応）	税経通信　第77巻第４号
中村　元彦	令4.5	今から押さえるべき電子インボイスの仕様	税務弘報　第70巻第５号
平井　伸央	令4.5	インボイス制度導入に向けた事前対応の実務（中小企業で原則課税事業者の場合の消費税インボイス必要最低限の対応）	税経通信　第77巻第５号
森口　直樹	令4.5	売上側として発行するインボイスと課税売上高の計算（中小企業で原則課税事業者の場合の消費税イ	税経通信　第77巻第５号

		ンボイス必要最低限の対応)		
市川　祐介	令4.5	仕入側として受領するインボイスと仕入税額控除(中小企業で原則課税事業者の場合の消費税インボイス必要最低限の対応)	税経通信	第77巻第5号
小池　　俊	令4.5	主要な取引先に免税事業者がある場合の具体的な対応(中小企業で原則課税事業者の場合の消費税インボイス必要最低限の対応)	税経通信	第77巻第5号
天木　雪絵	令4.5	電子インボイスの税法上の取扱いと今後の展望(中小企業で原則課税事業者の場合の消費税インボイス必要最低限の対応)	税経通信	第77巻第5号
酒井　貴子	令4.5	EUにおける付加価値税の事例検討：仕入税額控除とインボイスを中心に	租税研究	第871号
和氣　　光	令4.5	インボイス方式の再確認	租税研究	第871号
田井　良夫	令4.7	「電子帳簿保存法の改正」と「適格インボイス制度の創設」および「日本版電子インボイス義務化の必要性」	産業經理	第82巻第2号
荒井優美子	令4.8	ポイント制度に関する消費税課税の論点	税務弘報	第70巻第8号
田中　康雄	令4.8	国税庁の「処理例」と大手共通ポイントの動き：運用変更に伴う税務インパクトを探る	税務弘報	第70巻第8号
朝倉　雅彦	令4.8	共通ポイント付与に係る対価性：大阪高裁令和3年9月29日納税者逆転勝訴判決	税務弘報	第70巻第8号
齋藤　吉英	令4.8	共通ポイント利用時の加盟店における消費税の課税標準の額：国税不服審判所令和3年5月17日非公開裁決	税務弘報	第70巻第8号
竹原　昌利	令4.8	ポイントにまつわる税務調査の動向と対応策：自社ポジションと疎明資料の早急な整理を	税務弘報	第70巻第8号
右崎　大輔 藤田　侑也 松澤　　瞭	令4.8	ポイントの法的性質と関連法令：ポイント税務の検討の一側面として	税務弘報	第70巻第8号
鈴木　　修	令4.8	「一般的な処理例」と租税法律主義：予測可能性・理解可能性への配慮を	税務弘報	第70巻第8号
川上　悠季	令4.8	現物出資が行われた場合の消費税の課税標準に関する一考察	日税研究賞入選論文集	第45号
溝口　史子	令4.9	EC型付加価値税制度におけるインボイス方式の意義：本邦の導入準備段階における覚書として	税務弘報	第70巻第9号
室　　和良	令4.9	共通ポイント取引における税務上の取扱いの全体像(悩ましさが残ったままの現状を踏まえて　共通	税経通信	第77巻第10号

		ポイント取引消費税の実務)	
矢頭　正浩	令4.9	共通ポイント付与時・使用時の消費税の論点：「一般的な処理例」を参考に(悩ましさが残ったままの現状を踏まえて　共通ポイント取引消費税の実務)	税経通信　第77巻第10号
草間　典子	令4.9	ポイント交換訴訟を読む：令和３年９月29日大阪高裁判決から(悩ましさが残ったままの現状を踏まえて　共通ポイント取引消費税の実務)	税経通信　第77巻第10号
徳田　貴仁	令4.9	補論　自己発行ポイントの法人税務上の取扱いと収益認識(悩ましさが残ったままの現状を踏まえて共通ポイント取引消費税の実務)	税経通信　第77巻第10号
藤巻　一男	令4.12	消費税法における「事業」の意義：インボイス制度の導入を視野に入れて	三田商学研究　第65巻第５号

《その他》

安間　陽加	令4.1	設備投資に与える税制の影響	第17回　税に関する論文入選論文集
岩武　一郎	令4.1	遺産の再分割に係る課税上の問題点	税研　第37巻第５号
太田　達也	令4.1	繰越欠損金等の実務	租税研究　第867号
酒井　克彦	令4.1	ソフトローによる予測可能性の担保：文書回答手続の改正を契機に	月刊税務事例　第54巻第１号
成道　秀雄	令4.1	サービスの開発のための試験研究費	税務事例研究　第185号
平野　潔範	令4.1	再更正処分の要件に関する検討：課税処分の打直しの問題を中心として	第17回　税に関する論文入選論文集
富岡　幸雄	令4.2	岸田政権の「新しい資本主義」論の学理的検討：体制としての資本主義と経済政策を混同	税制研究　第81号
大鹿　行宏	令4.3	税務行政の現状と課題	租税研究　第869号
酒井　克彦	令4.3	文書回答手続の改正にみる適用対象の拡大	税理　第65巻第３号
佐藤　修二	令4.3	会社法と租税法：法律実務家の雑感	租税研究　第869号
八ツ尾順一	令4.3	相続財産法人は法人税等の申告をすべきか：主として特別縁故者との関係から	税研　第37巻第６号
安部　和彦	令4.4	法人の支払保険料に係る生命保険数学を用いた損金性の判断基準	税理　第65巻第４号
越智　信仁	令4.4	書面添付制度の浸透に向けた追加的誘因付与	産業經理　第82巻第１号

小岸健太郎　令4.4　法人税申告に当たっての留意事項　租税研究　第870号

嶋田　一成　令4.4　大規模法人の法人税申告に当たっての留意事項　租税研究　第870号

髙橋　祐介　令4.4　税務調査・争訟と専門職責任　租税研究　第870号

葭田　英人　令4.4　内部通報制度の限界と機能向上　税理　第65巻第4号

吉川　宏延　令4.4-5　地方法人二税の中間申告制度に関する検証(上・下)　税理　第65巻第4・6号

石川　祐二　令4.5　「税務リスク」関連項目の貸借対照表計上をめぐるドイツ側の一見解：解釈指針第二三号・アジェンダ決定の公表に関わって　會計　第201巻第5号

植田祐美子　令4.5　租税法の解釈・適用に係るソフトローの対象領域と今後の課題　租税研究　第871号

小田　智典　令4.5　令和3年改正民法(物権法)の税務論点：不動産の所在等不明共有持分のキャッシュアウト制度の課税関係　税務弘報　第70巻第5号

鈴木　一水　令4.5　売上原価等の年度帰属と金額決定　税務事例研究　第187号

濱田　洋　令4.5　証拠書類のない簿外経費と必要経費・損金不算入　税研　第38巻第1号

山口敬三郎　令4.5　低額譲渡による贈与税の決定と錯誤　税理　第65巻第6号

谷口　智紀　令4.6　財産評価基本通達総則6項の適用と平等原則違反の有無　税理　第65巻第7号

足立　好幸　令4.7　所得計算・税額控除等と通算調整項目　税研　第38巻第2号

酒井　克彦　令4.7　加算税制度の複雑化と抑止的効果・インセンティブ効果　月刊税務事例　第54巻第7号

白土　英成　令4.7　金銭債権の譲渡と債務者の課税関係　税務事例研究　第188号

長谷川記央　令4.7　相続税法における営業権の取扱い：割引現在価値法等に関する税務会計学的視点からの意見　月刊税務事例　第54巻第7号

安西　雅弘　令4.9　改正少額減価償却資産損金算入制度等の留意点：貸付けの用に供した資産、主要な事業として行われる貸付けとは　税務弘報　第70巻第9号

金子　善行　令4.9　課税所得計算と使用権モデル：フローの年度帰属の観点　會計　第202巻第3号

富岡　幸雄　令4.9　戦争による世界の税金の系譜と増大する日本の危機：財政を強化することが国防の基盤　税制研究　第82号

長島　弘　令4.9　雑所得者に対する簿外経費否認規定適用の問題点　税制研究　第82号

馬場　陽　令4.9　「税法上の時価」に関する覚書：事実認定か、法解釈か、それとも　税制研究　第82号

		あてはめか	
村上裕太郎	令4.9	税法遵守研究の新展開：フィールド実験を中心に	税経通信　第77巻第10号
望月　爾	令4.9	北野税法学の萌芽：立命館法学別冊学生論集の二論文の紹介	税制研究　第82号
八代　司	令4.9	変貌する加算税制度の検討	税制研究　第82号
山口敬三郎	令4.9	遺産分割協議の解除と再分割	税理　第65巻第11号
稲村健太郎	令4.10	事業承継税制の現状と行方：ドイツと日本	産業經理　第82巻第３号
加藤　城啓	令4.10	円安下の個人金融資産への課税	税務弘報　第70巻第10号
金子　友裕	令4.11	総合償却法による減価償却	税務事例研究　第190号
倉見　智亮	令4.11	修正申告が前後する更正の請求拒否通知と訴えの利益	税研　第38巻第４号
坂本　雅士	令4.11	税務会計学における新井学説の底流：税務会計学生成史序説	會計　第202巻第５号
平川　雄士	令4.11	税務調査段階における頻出論点と実務対応	租税研究　第877号
北村　導人	令4.12	相続税の財産評価における平等原則の観点からの合理性の検討（組織再編・総則６項……「経済合理性」・「合理的な理由」の判断）	税経通信　第77巻第13号
瀧谷　耕二	令4.12	課税要件事実の認定における経済的合理性の判断（組織再編・総則６項……「経済合理性」・「合理的な理由」の判断）	税経通信　第77巻第13号
佐藤　正勝	令4.12	全世界共通最低法人税率の導入：柱２の概要	三田商学研究　第65巻第５号
山口敬三郎	令4.12	相続財産の土地評価における裁判所の鑑定結果の合理性	税理　第65巻第15号

学会誌等編集委員会

e-mail : jtaa.editorialcommittee@gmail.com

編集後記

税務会計研究学会において論文の査読制度が導入されることとなり、学会誌等編集委員会が立ち上がってから早くも１年半以上が経ちました。平成元年に設立された税務会計研究学会は、このたび学会誌と会報をそれぞれ独立させることで、学会誌がこれまで以上に充実した研究の場となることが期待されることと存じます。

学会誌等編集委員会幹事として、投稿論文の査読を先生方に依頼し、査読結果を投稿者にお伝えするなどの事務作業を仰せつかる中で、投稿者、査読者、そして編集委員会の先生方が研究に真摯な姿勢で臨まれるのを間近で拝見し、一人の研究者としてより一層襟を正して研究活動に邁進し、微力ながら学会活動にも貢献したいと思います。

不慣れな業務ゆえ、皆様にはご迷惑をおかけする場面も多々あったかと思いますが、今後は業務を軌道に乗せ、円滑に進めていけるように努めます。

（李　焱）

〔事務局連絡先〕
〒171-8501
東京都豊島区西池袋3-34-1
立教大学経済学部内
税務会計研究学会事務局
坂本雅士研究室　TEL　(03)3985-2348
FAX　(03)3985-4096
e-mail：masashi@rikkyo.ac.jp

税務会計研究　第34号

コロナ禍で生じた税務会計の諸問題

2023年9月25日発行

編　集　©税務会計研究学会
発行人　成道　秀雄
発売所　**第一法規株式会社**
東京都港区南青山2丁目11－17

税研(34)　ISBN978-4-474-09351-5 C3033 ¥3300E(8)

Various Problems in Tax Accounting Caused by COVID-19 Pandemic

Tax Accounting Research

September 2023 No. 34

Japan Tax Accounting Association

発売所 第一法規株式会社 東京都港区南青山2丁目11-17 TEL 0120-203-694

定価 3,630円 (本体3,300円+税10%)

ISBN978-4-474-09351-5 C3033 ¥3300E (8)